JN409990

징계의 이론과 실무

징계의 이론과 실무

김성진

전북대학교출판문화원

머리말

모든 일하는 사람들은 스스로 사업자이거나 아니면 사업자에 고용된 근로자일 것이다. 또한 거의 대부분의 사람들은 다수의 근로자가 채용되어 있는 집단적인 사업체에서 일을 하고 있고, 그런 사업체에서는 사업을 효율적으로 운영할 필요성 때문에 징계가 필수불가결하다. 이 경우, 사업자든 근로자든 모든 사람들은 징계의 대상자 혹은 징계권자로서 잠재적으로 혹은 상당한 경우에는 현실로 징계와 관련을 맺게 된다. 그런데, 이토록 사람들의 법률관계 혹은 생활관계와 밀접히 관련을 맺는 문제에 대해서 대부분의 사람들은 일상적으로 무관심하다. 단지, 그것이 본인 혹은 그와 가까운 사람들과 관계될 경우에만 관심을 갖는다. 그런데 이와 같은 경향을 반영하기라도 한 듯이 그 동안 징계에 관한 논문이나 저작들도 많지 않았다. 징계에 관한 그 간의 글들은 학자 혹은 실무가들의 단편적인 논문이나 기업의 수요를 맞추기 위한 일부 노무사들의 책이 대부분이다.

그 동안 노동법의 주요 주제인 징계에 대해서 학계나 실무에서는 양과 질의 측면에서 많은 관심을 보여주지 않았다. 그 이유는 학자들의 경우, 징계를 실무적인 문제로 보면서 이론적인 연구를 경시하는 경향이 있었기 때문인 듯하다. 얼마 안 되는 논문조차도 징계의 절차나 실체적인 내용 중 한쪽의 단편적인 쟁점에 머물러 있어 양쪽의 내용을 체계적으로 아우르면서 헌법이나 노동법의 법리를 종합적으로 적용하여 법리를 전개한 논문은 거의 없다. 한편, 실무(법원)에서는 징계를 사건별로 개별적으로 다루다보니 체계적이고 일관된 관점으로 이해하기 보다는 해당 사건의 합리적인 해결에만 초점을 맞추게 되었다. 그러한 배경으로 인해서 그 동안 우리 학계나 실무에서는 징계에 대해 이론적이고 체계적인 정리의 기회를 갖지 못하였다.

이 책은 필자가 수년간 노동사건 전문변호사를 하면서 갖게 된 문제의식과 그 후 로스쿨의 노동법 교수로 재직하면서 징계에 관하여 쓴 다수의 논문을 기초로 하여 작업한 결과물이다. 필자가 이 책을 쓰면서 시종일관 중점을 둔 부분은 기업에 있어서의 징계의 필요성과 그것에 대응한 근로자의 보호필요성이라는 상충되는 가치의 접점을 찾는 것이었다. 그리고 그러한 작업은 헌법이 보장하는 기업의 경영권과 근로자들의 근로권이 한 치의 오차도 없이 조화롭게 보장되어야 한다는 전제하에 수행되었다. 또한, 필자는 징계문제에 관한 단편적인 쟁점에서 벗어나 징계 그 자체의 본질에 천착해보려는 노력도 시도하였다. 그 결과, 그 동안 징계에 대한 일반적인 시각(질서벌)에서 벗어나 징계를 계약책임으로 구성하는 색다른 논리를 전개할 수 있었다. 필자는 그와 같은 입장을 전제로 하여 지금까지 나온 징계에 관한 여러 개별적인 쟁점들을 정리하였고, 필자가 노동사건 전문변호사로 활동하기 시작한 2000년도 전후부터 최근까지의 판례를 일별하면서 그에 대한 해석론을 전개하였다.

이 책을 쓰면서 나름 최선을 다한다고는 했지만 여러 지점에서 미약한 부분이 보이기도 한다. 그에 대해서는 필자의 미천한 능력을 탓해주실 것을 고대한다. 필자는 아무쪼록 이 책이 노동법 연구자들이나 징계문제를 다루는 실무가들 혹은 기업의 인사노무담당자나 불가피하게 징계에 연루된 모든 사람들에게 있어서 문제해결의 자양분이 될 수 있다면 더 이상 바랄 것이 없겠다.

끝으로, 이 책을 내기까지 그리고 지금의 내가 있기까지 물심양면으로 밑거름이 되어주셨던 부모님들과 특히 나를 학문의 길로 나아갈 수 있도록 격려해준 사랑하는 나의 아내(고은아)에게 감사의 마음을 표하고 싶다.

2016년 2월

지은이

목 차

제1장 서설

제2장 징계의 본질과 개념

제3장 징계의 일반이론

제4장 징계권의 범위와 제한

제5장 징계의 수단

제6장 징계의 절차적 정당성

제7장 징계의 실체적 정당성

제1장 서설

Ⅰ. 징계의 현실

(1) 현실에서 징계(懲戒, Disciplinary, Betriebsbuße)[1]는 실로 다양한 분야에서 이루어지고 있다. 첫째, 공무원관계에서 공무원을 임명할 권한이 있는 자는 그 아래 공무원을 징계할 수 있다. 대통령은 그 아래 국무총리부터 국무위원 혹은 그에게 임명권한이 있는 모든 공무원을 징계한다. 그 아랫단계의 개별 공무원들도 자신들이 임명권한이 있는 공무원들에 대해 징계를 한다. 국가의 출연에 의해 운영되는 공기업에 있어서는 해당기관의 장이 직원들에 대해 징계를 한다. 둘째, 근로계약에 의해서 형성되는 근로관계에서는 사용자가 근로자를 징계할 수 있다. 사용자는 개인이든 법인이든 불문한다. 국민 중 상당수의 사람들이 사기업에서 근로자로 종사하고 있기 때문에 이 영역에서 가장 많은 징계가 이루어지고 있다. 셋째, 징계는 비영리로 운영되는 민법상 사단(또는 조합)관계에서도 이루어진다. 사단은 그 구성원들을 통제하기 위해서 징계를 한다. 사단으로 등기를 할 수도 있고, 그렇지 않더라도 실질상 사단이기도 한 노동조합에서는 조합원들을 통제하기 위해서 징계를 한다. 넷째, 각급 학교의 장은 교육목적의 달성을 위해서 그 학교의 학생들을 징계한다(초·중등교육법 제18조). 다섯째, 종교단체에서도 그 단체의 하급기관이나 종교인들을 징계한다. 어떤 종교는 신이 인간을 징계한다고도 한다. 여섯째, 부모는 자식에 대해서 훈육이라는 형태로 징계를 한다(민법 제915조). 이렇듯 징계는 개인이 어떠한 법률관계나

1) 이 항목에서 기술하는 '징계'는 반드시 징계라는 형식을 통해 이루어지는 것에 한하지 않는다. 그것을 포함하여 징계대상자에 대한 모든 불이익취급을 포함한다.

생활관계를 형성하고 있든 간에 일상에 존재하는 현실이다.

(2) 징계의 본래적인 속성은 징계권자에 의해 일방적으로 이루어진다는 데 있다. 징계권자는 징계에 관련된 거의 모든 의사결정을 독점한다. 징계를 위한 사전 전제로서 규율과 질서를 어떻게 설정할 것인지, 어느 경우에 징계의 필요성이 있는 것인지, 징계를 통해 이루고자 하는 목적을 달성하기 위해서 징계제도를 미리 설정하여 두고 운영할 것인지, 구체적인 징계사유와 절차를 어떻게 설정할 것인지, 징계대상자의 어떤 행위가 구체적으로 징계에 해당되고 실제로 징계를 할 것인지, 구체적인 징계의 결정과 결정된 징계의 집행에 이르기까지 징계의 전 과정은 거의 전적으로 징계권자에 의해 통제된다.

징계하는 이유도 다양하다. 징계의 이유는 징계권자에 의해 사전에 규범 혹은 지시 등 여러 형태로 설정되어 있을 수도 있고, 그렇지 않을 수도 있다. 징계의 사유가 사전에 명시적으로 설정되어 있지 않다고 하여 징계권자가 징계를 못하는 것도 아니다. 징계의 사유는 징계의 필요성이라는 차원에서 객관적으로 정당한 사유일 수도 있고, 그렇지 않은 것일 수도 있다. 법령으로 금지하는 사항이 될 수도 있고, 사회의 윤리나 정의 관념에 반하는 것일 수도 있다. 징계권자의 징계대상자에 대한 사적인 감정에 의해 이루어질 수도 있다. 그 경우 별다른 징계의 이유가 없기도 하다.

한편, 현실에서 징계는 징계권자 개인이든 단체든 또는 해당 법률관계나 생활관계의 유지·존속의 필요에 의해서 그 필요성이 인정된다. 개인이든 단체든 그 자체의 존재이유와 목적이 있고, 그것들을 효율적으로 달성하기 위해서는 소위 '채찍과 당근'이 모두 필요하기 때문이다. 본래 인간은 스스로의 의지대로 활동할 때 큰 성과를 이루는 자율적인 존재이지만 그 의지가 약해질 때는 게으름에 빠지기도 하므로 그런 경우에는 어느 정도의 강제된 힘에 의해 자극을 받아야 성과를 낼 수 있는 타율적인 존재이기도 하다. 징계는 징계대상자에게 채찍으로서의 역할을 하는 것이다.

Ⅱ. 징계의 문제

(1) 징계의 속성을 다른 측면에서 보면 징계에 관한 사항에 있어서 징계대상자는 징계권자의 의사에 사실상 종속되어 있다는 것을 의미하고, 이로 인해서 징계대상자는 상시적으로 불안정한 지위에 노출되어 있다. 자신이 어떠한 지위에 있든 간에 징계는 거의 피할 수 없는 상황이다. 징계과정에서 징계권자의 징계가 일정한 규범통제의 대상이 됨으로써 징계대상자가 보호 될 수는 있으나 징계의 속성상 징계권자의 자의에 따른 결정을 배제할 수 없기 때문에 징계의 위험에서 자유롭지 못하다. 따라서 대부분의 사람들은 자연스럽게 일상생활에서 자신의 행위와 관련하여 불이익을 당하지 않기 위해서 자기검열에 들어가지 않을 수 없다. 그런 측면에서 징계대상자의 지위를 보호할 필요성이 있다. 다만, 여전히 징계의 필요성도 긍정되므로 징계권의 행사에 따른 여러 문제로 인해 발생하는 징계대상자의 불이익과 징계권행사의 필요성이 적정한 수준에서 조화롭게 조정될 수 있도록 하는 노력이 필요하다.

징계 혹은 징계제도 자체도 불안정하다. 이는 그것을 운용하는 주체가 자의적인 결정을 할 수 밖에 없는 사람이 행하는 것이고, 그 자에 의해서 징계제도가 설정되어 있기 때문이다. 징계가 일정한 기준 혹은 질서에 의해서 안정적으로 운영되지 않을 수 있다는 것이다. 그로 인해 징계제도 자체의 안정성이 위협받고, 징계의 정당성과 징계권자의 권위가 흔들린다. 실제로도 각 분야에서 징계에 대한 사회적 논란과 법적인 분쟁은 실로 다양하고도 많다. 징계 혹은 징계제도에 대해 법리의 측면에서도 개별 실체법적 해석의 측면에서도 그에 대한 법적 정당성을 부여하여 제도로서 안착시키기 위한 체계적인 노력이 필요하다.

위와 같은 두 가지 이유, 즉 징계권자과 징계대상자의 이해의 합리적인 조정과 징계제도 자체의 안정적인 운용의 목적을 달성하기 위해서도 징계의 본질과 특성을 체계적으로 이해하고, 헌법 및 관련 법령들의 기준에 맞추어 현실에서 발생하는 다양한 징계문제를 합리적으로 처리할 수 있는 징계법리를 개발하고 재정비할 필요가 있다.

(2) 앞서 본대로, 징계는 다양한 분야에서 문제가 되고 있지만, 필자가 이 책에서 관심의 대상으로 삼는 분야는 사기업에 있어서의 징계다. 그 이유는 생존을 위해 노동을 해야 하는 대부분의 사람들은 현실적으로나 잠재적으로 근로관계형성을 통해 노무를 제공할 가능성이 높고, 실제로도 노사관계 현장에서 가장 많은 징계가 이루어지고 있다. 그런데 공무원관계에 비해 사기업에 있어서의 근로자들은 현실적으로 징계의 위험에 더 노출되어 있다. 공무원관계에 있어서는 징계문제에 대해 제도적으로 상당한 수준에서 정비되어 있고, 공무원신분 자체가 헌법에 의해서 신분보장이 이루어지고 있다 보니 일정한 규범통제에 의해 징계제도가 비교적 안정적으로 운용되고 있다.

그러나 사기업에 있어서는 제도적으로도 완비되어 있지 못하고, 징계제도의 운영과정이 사용자들의 자의적인 결정에 좌우되고 있는 현실이다. 즉, 노사관계 현실에서 징계는 모든 과정이 대부분 사용자에 의해 주도되고 있다. 기업에 징계제도를 둘 것인지, 근로자의 어떠한 행위를 징계사유로 삼을 것인지, 징계절차를 둘 것인지, 징계절차에 근로자 측 혹은 징계대상 근로자의 참여를 허용할 것인지 여부 및 징계수단의 선택과 집행 등 징계의 모든 과정은 사용자에 의해 실행되고 있다. 징계제도의 설정과 종국적인 실행자가 사용자인 것이다. 한편, 사용자의 징계에 의해 근로자들이 입는 생존의 위험은 지대하다. 징계의 수단에 따라서는 해고까지 당할 수 있는 근로자의 입장에서는 생존의 문제에 있어서 대단히 위험한 지경에 빠질 수 있다. 따라서 이 논의에 있어서는 가장 징계가 많이 이루어지고 있고, 법적인 측면이나 생활상의 측면에서 가장 문제가 많이 발생하는 사기업에 있어서 사용자의 근로자에 대한 징계문제를 다루는 것으로 하였다. 이를 통해 사기업에 있어서 기업이 기업운영을 위해서 징계를 할 필요성과 그에 따라 불이익을 당하게 되는 근로자의 이익을 합리적으로 조정하고, 징계제도의 합리적 설정과 운용을 위해 징계문제를 이론적으로 체계화하는 작업을 하는 것이 이 책의 목적이다. 다만, 다른 분야에 있어서의 징계문제는 사기업에 있어서의 징계의 본질과 특성을 규명하고 징계문제를 전반적으로 체계적으로 이해하는데 있어서 도움을 주는 경우에 한하여 비교검토의 대상으로 하였다.

징계의 이론과 실무

제2장 징계의 본질과 개념

제1절 징계의 본질

Ⅰ. 문제점

(1) 어떤 문제를 해결하는 데 있어서 가장 간명하고 정확한 방법은 바로 그 문제의 핵심, 즉 그 사안의 본질로 직행하는 것이다. 특히, 문제가 복잡하고 다양한 논의들이 불거져 있는 사안일수록 그 사안의 본질을 바로 꿰뚫고 있지 않으면 논의과정에서 혼란을 일으킬 수도 있고, 각각의 사안들에 대한 일관된 해결책을 제시하기 힘들다. 사기업의 징계문제 역시 마찬가지다. 기업들마다의 징계제도나 관행이 다르고, 개별 근로자에 대한 징계의 태양도 천차만별인 상황에서 일관된 논리로 징계가 이루어지기를 바라기는 어렵다. 또한 개별 사건의 해결에 집중하는 법원의 업무구조 상, 징계에 대해서 법원판결에만 그 법적논리의 구성을 맡겨둘 경우 그에 관한 체계적인 이론 정립을 기대할 수는 없다. 나아가 근로관계의 보호에도 한계가 있을 수밖에 없다. 따라서 징계의 본질에 관한 깊이 있는 검토는 사법실무에 있어서의 징계권의 행사에 대한 규범적 판단에 조력하는 것이기도 하고, 사용자의 일방적인 징계권 행사에 노출되어 있는 근로자를 보호하는 길이기도 하다.

어떤 문제의 본질에 접근하는 방법은 해당 문제에만 천착해서는 안 되고, 그 문제가 발생하게 된 구조나 주변 사정 전반을 꿰뚫는 이해를 할 수 있어야 한다. 사용자의 징계에 대한 본질을 이해하기 위해서도 근로관계의 생성 배경과 근로관계의 내용과 특성, 실제 징계가 이루어지는 과정과 실태 등을 전반적으로 이해하고 있어야 한다. 이러한 논의를 토대로 근로관계에 있어서 사용자가 근로자에 대해 행하는 징계의 본질을 명확히 이해할 수 있다면 그 결과에 따라 징계의 개념도 정립할 수 있을 것이다. 특히, 근로관계는 근로기준법이 적용되는 분야이기 때문에 근로기준법 제23조 제1항 규정에 따른 징계의 개념을 명확히 하여야한다.

(2) 기업에서 사용자가 근로자에 대해 행하는 징계는 무엇인가? 지금까지 이에 관한 우리 학계의 통론은 징계는 계약책임[1])이 아니라는 것을 전제로 하여 논의를 진행하여왔다. 즉, 징계에 관한 통상적인 설명은 이렇다. 즉, 사용자는 기업의 경영목적을 달성하기 위한 필요에서 기업질서를 정립하고 근로자의 기업질서위반행위에 대하여 불이익을 가하는 조치를 부과하게 되는데 이러한 불이익조치가 징계다.[2]) 징계는 근로계약위반에 따른 계약책임이라기보다는 사용자가 권력적 작용에 기하여 가하는 일종의 질서벌 혹은 제재벌이다.[3]) 징계는 집단적 경영질서의 유지를 목적으로 부과되는 조치로서 형벌적 성격을 가지고 있다.[4]) 따라서 징계는 노사의 대등성을 전제로 하는 근로기준법의 원리 혹은 채권관계의 본질과 조화될 수 없다. 한편, 대법원의 입장[5])역시도 징계에 대해 "과거의 근로자의 비위행위에 대해 기업질서 유지를 목적으로 행하여지는 징벌적 제재"라고

---

1) 이와 관련하여 위약벌(Vertragsstrafe), 계약벌 등의 용어들이 사용되고 있으나 법적으로 정확한 의미여하를 떠나서 계약책임이라는 용어가 근로자의 징계책임과 대비하여 가장 적절히 사용할 수 있는 용어로 보인다. 따라서 이 글에서 사용하는 계약책임은 다른 문헌에서 사용되고 있는 위 유사용어들을 모두 포섭하는 의미로 사용한다.

2) 김형배, 「노동법」, 박영사(제20판), 2011, 547쪽.

3) 김유성, 「노동법 Ⅰ」, 법문사, 2006, 260쪽: 박지순, "징계제도의 법적구조 및 개별쟁점의 재검토", 「노동법포럼」(제1권 제1호), 노동법이론실무학회, 2008, 222쪽: 도재형, "징계해고의 절차적 제한", 서울대 석사학위논문, 1997, 9쪽.

4) 박지순, "징계제도의 법적구조 및 개별쟁점의 재검토", 222쪽.

5) 대법원 1996. 10. 29. 선고 95누15926판결.

정의하고 있으므로 크게 다르지 않다.

그런데, 징계는 사용자가 근로자에 대한 책임을 묻는 것이고, 근로자와 사용자의 관계는 근로계약에 기초해서 맺어지는 것인데, 근로자가 부담하는 책임이 계약책임이 아니라고 하는 것이 과연 설득력이 있는 것인가 하는 의문이 든다. 근로자가 기업질서위반행위에 대하여 부담하는 책임을 계약책임으로 구성할 수는 없는 것일까?

이와 같은 문제의식을 기초로 이하에서는 먼저, 종래 근로관계의 생성의 배경과 함께 징계가 이루어지고 있는 현장인 근로관계의 내용과 그 특성을 알아본 후에, 이를 토대로 근로관계에서 징계의 대상이라 할 수 있는 기업질서위반의 의미를 분석하고, 이후 징계의 본질에 관한 설명을 이어가도록 하겠다.

Ⅱ. 근로관계의 생성연원

근로관계는 근로자와 사용자의 근로계약으로 형성되는 관계이다. 근로관계는 그 자체 계약적인 성질이 반영된 것이기도 하지만 종래 이와 관련된 역사적인 경험의 산실이기도 하다. 따라서 근로관계의 구체적인 내용이나 특성을 제대로 이해하기 위해서는 근로계약에 의해 근로관계로 형성되기 이전의 사실에 대해서도 관심을 가질 필요가 있다.

유럽에서는 중세에서 근대로의 사회적 발전과정을 설명할 때 흔히 '신분에서 계약으로'라는 표현을 많이 사용한다. 이는 근로관계의 생성연원을 설명할 때도 유용하게 쓰일 수 있는 표현이다. 역사적으로 근대 유럽으로의 전환을 이끌었던 두 가지 중요한 사건을 들자면 영국에서의 산업혁명과 프랑스 대혁명일 것이다.

먼저, 18세기 말에 영국에서 시작된 산업혁명은 유럽 각국의 경제·사회구조에 큰 영향을 끼쳤다. 종래의 생산방식은 가내구성원들끼리의 작업 혹은 길드제도라 불리는 전문직종 내에서의 도제관계로 운영되었던 가내수공업 방식의 작업이었다. 그와 같은 방식 하에서 생산의 역할을 담당하는 자는 가족의 구성원이거나 신분적으로 완전히 예속된 노예에 불과하였고, 길드체제 내에서 도제기간 중에 있던 자는 어떠한 노동의 대가도 지급받을 수 없었으며 마스터에 대한 복종과 충성을 강요당하는 관계였다. 이러한 생산방식에서의 당사자들의 관계는 가족이나 노예라는 신분, 혹은 도제관계라는 지위에 사실상 종속된 것으로 신분관계를 벗어나지 못하였다.[6] 그런데 산업혁명의 결과 생산의 방식이 가내수공업에서 공장제 기계제조업으로 바뀌게 되자 생산과정의 참여자들은 각자의 기능과 역할에 따른 책임을 갖게 되었고, 근로자의 입장에서는 스스로 생산수단을 소유하지 못한 상태에서 생산과정의 부품으로 전락되었다. 이러한 변화는 근로자가 자신의 노동력을 고용주에게 처분하고 경제적으로 그의 지배관계에 들어서게 되는 고용관계를 형성하게 하였다(경제적 종속).

다음으로, 자유와 평등의 프랑스 대혁명의 사조는 1804년의 프랑스 민법전에 반영되어 고용계약에 있어서도 자유롭고 평등한 당사자들 간의 계약으로 설정되었다.[7] 이와 같이 변화된 사회 환경은 당시 산업혁명의 결과 공장으로 유입된 미숙련공들과 고용주의 관계에도 영향을 끼치게 되었고, 그에 따라 이들의 관계에서도 계약의 자유가 적용되었다. 그러나 대규모 공장제 생산방식에서 고용주의 기업조직에 대한 관리·지배의 필요성과 고용주에게 경제적으로 종속된 근로자들의 현실은 계약의 자유가 형식에 불과하다는 것을 보여주었고, 이는 노동법이 태동한 배경이기도 하다.

이러한 근로관계의 변화는 경제적인 환경과 밀접한 관련이 있으므로 개별 나라들에 있어서는 산업화가 진전되는 것에 따라 변화의 방향이

---

6) 이러한 관계를 징표하는 사례로 당시 독일에서는 장인, 집안 내 하인과 광부들을 다루는 경우에 있어서 이들을 가족법에 의해 규율하기도 하였다(Hepple, The Making of Labour Law in Europe, Hart Publishing, 2010, 54쪽).

7) Hepple, The Making of Labour Law in Europe, 55쪽.

대체로 일정한 경향을 보이고 있다. 그것은 종래의 신분에 따른 지배종속관계에서 근로계약에 기초한 경제적인 종속으로의 변화다. 한편으로는 이와 같은 변화에도 불구하고 종래의 신분관계에 따른 유습은 여전히 남아있다. 이에 따라 과거 독일에서는 근로자가 사용자에게 인적으로 종속된다는 것을 근거로 하여 근로관계를 인법적 공동체관계로 보는 견해가 제시되기도 하였다.[8)] 생산의 방식이나 고용관계의 모습이 종래에 비해 많은 변화를 가져왔다고 하더라도 사람의 노동에는 상품의 교환이나 매매와 달리 근로하는 자의 인신 및 인격과 관련된 문제를 도외시할 수 없으므로 현재의 근로관계에도 그러한 성격들이 여전히 남아있을 수밖에 없다고 할 것이다.

Ⅲ. 근로관계의 내용과 특성

1. 근로제공의무의 미확정성과 사용자결정성

(1) 근로계약은 근로자가 사용자에게 근로를 제공하고, 사용자는 그에 대한 반대급부로 임금을 지급할 의무를 부담하는 채권계약이다(민법 제655조). 근로계약에 따라 근로자는 사용자에게 근로를 제공할 의무를 부담하는데, 이것이 근로계약에 따른 근로자의 주된 급부의무이다. 근로제공의무는 근로계약에 따라 정해지는 것이 원칙이다. 그러나 근로제공의무의 구체적인 내용(예컨대, 근로의 종류, 근로제공의 장소, 근로시간, 근로의 양과 질, 근로제공의 방법 등)은 근로계약체결 시에 추상적·개괄적으로만 정해질 뿐 구체적으로 확정되어 있지 않는 것이 일반적이다. 근로계약에 따라 제공되는 근로자의 근로는 사용자의 수령이 필요한 급부이고, 사용자가 필요로 하는 근

8) Hueck/Nipperdey, Lehrbuch des Arbeitsrechts Bd. I, 7. Aufl., S. 129.

로의 내용은 계속적 근로관계 하에서 사업 환경에 따라 얼마든지 변동할 수 있다. 사용자가 근로자를 고용하여 행하는 경제적 활동은 고정된 것이 아니라 계속 변화하는 활동이며, 그것은 업무의 내용에서부터 형태, 장소, 수행방법 등 모든 내용이 가변적이다. 그런 현실에서 사용자의 목적활동은 처음부터 확정적일 수 없다.[9)]

근로계약의 당사자는 계약상의 주된 급부의무 이외에도 계속적 채권관계에서 발생하는 신의칙상의 부수적 의무를 부담한다. 부수적 의무는 신의칙상의 의무이기 때문에 근로계약체결교섭의 시작과 함께 발생한다.[10)] 사용자는 자신이 고용한 근로자에 대해서 안전배려의무를 부담하고, 근로자는 충실의무(혹은 성실종사의무)를 부담한다.[11)] 근로자가 부담하는 신의칙상의 의무로 통상 비밀유지의무, 경업피지의무, 수뢰금지의무 등이 거론되나 그 외에도 구체적인 내용은 얼마든지 다양하게 나타날 수 있다. 일반적으로 기술하면 근로자가 사용자의 이익을 적극적으로 침해하지 않을 의무, 사용자에게 발생할 수 있는 손해(위험)를 예방하고, 기 발생한 손해를 최소화하도록 노력할 의무를 부담한다고 할 수 있다.

근로자가 근로제공의무를 위반하거나 부수적 의무를 유책하게 위반한 경우에는 채무불이행책임을 진다.

(2) 근로계약체결 시에 근로계약에 따른 근로자의 의무가 구체적으로 확정되어있지 않거나(근로제공의무) 추상적(부수적 의무)이기 때문에 근로자가 부담할 의무의 세부적인 내용은 가능한 한 확정이 필요하다. 근로자의 의무는 근로계약, 취업규칙이나[12)] 단체협약, 노동

---

9) 박종희, "근로기준법상 근로자개념-근로기준법의 적용확대와 선별적용과 관련하여-", 「노동법학」(제16호), 한국노동법학회, 2003. 6, 97-98쪽.

10) 김형배, 「노동법」, 254쪽.

11) 김형배, 「노동법」, 303쪽.

12) 근로기준법 제93조(취업규칙의 작성ㆍ신고)는 상시 10명 이상의 사업장에서 사업장의 전체 근로자에게 적용될 근로조건에 관련된 제반사항들을 취업규칙에 규정하도록

관행, 사용자의 지시에 의해서 정해진다.

사용자는 사전에 취업규칙이나 단체협약을 통해 개별 근로자가 부담하여야 할 근로제공의무나 부수적 의무의 내용을 정하는 것이 일반적이다. 다만, 이는 모든 근로자들을 대상으로 하는 규범이므로 그 의무내용이라는 것도 추상적인 내용일 수밖에 없다. 또한 규범에 의해서 혹은 다음에서 보는 사용자의 지시에 의해서도 정해지지 않은 내용에 대해서는 당해 사업부문 일반에서 통용되는 일반적인 노동관행이나 해당 사업체에 특유한 노동관행에 의해 정해진다. 단, 이 경우도 의무내용이 추상적일 수밖에 없다.

개별 근로자가 사용자에게 부담하는 의무의 세부적인 내용은 사용자의 지시에 의해서 확정된다. 먼저, 주된 급부의무인 근로제공의무에 관하여 보면, 근로자는 자신의 근로제공의무를 이행하기 위해서 현실적으로 근로를 실행(이행의 제공)하여야 할 필요는 없고, 단지 자신의 노동력을 사용자가 이용할 수 있는 상태에 두는 것으로 족하다. 이 단계에서 사용자는 구체적인 지시를 통해 개별 근로자가 부담하여야 할 근로제공의무의 내용을 정해주는 것이다. 따라서 사용자의 지시는 사용자가 근로계약을 통해 이루려는 목적을 구체적으로 실현시키는 의사표시라 할 수 있다. 다음으로, 부수적 의무에 관하여 보면, 부수적 의무는 그 의무내용이 막연하여 구체적인 내용을 확정하기도 어렵거니와 일단 확정할 수 있는 내용들은 이미 근로계약, 취업규칙, 단체협약 등으로 규범화시키는 것이 일반적이다. 따라서 사용자의 지시에 의해 확정되는 근로자의 부수적 의무는 구체적인 상황에서 사용자의 그 때 그 때의 필요에 따라 다양한 형태로 행해지는 것이 보통이다.

위와 같이 근로자의 의무는 근로계약에 의해 발생되지만 대부분의 내용은 사용자에 의해 결정된다. 취업규칙 등의 규범에 의해 일

하고 있고, 그 중 제1호는 업무의 시작과 종료 시각, 휴게시간, 휴일・휴가 및 교대근로에 관한 사항 등 업무와 직접 관련이 있는 내용이다.

반적으로, 혹은 사용자의 지시에 의해 구체적으로. 이러한 근로계약에 따른 근로자의무의 미확정성과 사용자결정성에 대해 근로계약의 본질적 특성으로 이해하는 견해도 있고,[13] 근로계약에 따라 근로자는 사용자에게 자신의 노동력의 처분을 사용자에게 맡기고 사용자의 구체적인 지휘·명령에 따른 근로를 제공할 의무를 부담한다는 견해도 있다.[14] 표현만 달리할 뿐, 근로의무의 내용을 사실상 사용자가 일방적으로 결정한다는 점은 동일하다.

2. 근로관계의 개별성과 집단성

근로관계는 근로자와 사용자의 개별적인 근로계약에서 비롯되는 것이므로 그 본질은 근로관계의 '개별성'에 있다. 그러나 대부분의 사업장에 다수의 근로자가 존재하는 현실에서 근로관계는 '개별성'과 '집단성'의 두 측면을 모두 가지고 있다. 즉, 근로자는 개별적으로 사용자와 근로계약을 맺음으로써 사용자에게 개별적으로 근로제공의무를 부담하는 동시에 다수의 근로자와 함께 집단적으로 그러한 의무를 부담하는 측면도 있는 것이다.

사용자는 개인 혹은 법인 형태의 기업을 운영하든 근로자수의 다소에 불구하고 모든 근로자들과 개별적인 근로계약을 맺어 근로관계를 형성한다. 그러나 공장제노동을 근간으로 하는 근대자본주의의 태동 이후, 소수의 근로자만을 고용하여 사업을 영위하는 방식은 극히 예외적인 형태가 되었고, 그와 같은 경우는 노동법의 적용이 그다지 문제되는 사업장도 아니다. 일반적으로 노동법의 적용이 문제되는 사업장은 다수의 근로자가 개별 사용자에 고용되어 노무를 제공하는 모습을 가지고 있다.

이러한 근로관계의 양면적 특성에 의해서 근로자가 부담하는 근로의

13) 방준식, "사용자 지시권에 관한 연구", 고려대 박사학위논문, 2006, 40쪽.
14) 임종률, 「노동법」(제11판), 박영사, 2013, 337쪽.

무의 내용은 개별적 계약에 머무를 때와 차이가 있을 수밖에 없다. 사용자는 개별 근로자를 상대할 때와는 달리 다수의 근로자를 기반으로 하여 사업운영을 하여야 하므로 개별근로자들에게 근로의무의 내용을 다양하게 요구할 필요가 있다. 또한 그 과정에서 사용자는 자신이 의도하는 사업목적을 달성하기 위하여 다수 근로자들의 근로제공을 효율적으로 이용할 필요성이 있다. 사용자가 다수의 근로자들을 이용하는 구체적인 양상은 업무의 분업 혹은 협업과 공동의 사업목적을 달성하기 위하여 근로자들에게 공통된 행위를 요구하는 형태로 나타난다. 이러한 과정에서 사용자는 자신의 사업목적달성을 위하여 다수의 근로자들을 조직할 수 있는 조직형성자로서의 지위를 가지고,[15] 그에 따라 근로자가 부담하는 근로의무의 내용은 변경될 수밖에 없다.

3. 근로관계의 인격성과 계속성

근로관계는 단순히 법적으로 보면 근로계약에 의해서 근로제공과 임금의 지급을 대가적으로 거래하는 채권계약이라고 할 수 있지만, 근로관계의 실질은 다음과 같이 일반적인 채권계약과는 조금 더 다른 특색이 있다.

먼저, 근로관계는 근로자와 사용자 사이의 인격적 관계가 중요시된다. 이는 근로계약의 이행을 위해서는 양 당사자가 시간적·공간적으로 밀착된 관계일 수밖에 없다는 당연한 측면과는 다른 이유다. 즉, 근로자는 자신의 노동력에 대한 처분권을 전적으로 사용자에게 위임하면서 사용자에게 인격적 대우에 대한 기대를 갖는다. 사용자 역시도 자신의 사업상의 기반인 시설일체를 사실상 근로자에게 위탁하고, 근로자의 노무제공에 대해 구체적인 지시권을 행사하기는 하지만 근로자가 제공하는 노동의 질이나 양에 대해서는 근로자 자신의 인격에 기대하지 않을 수 없다. 이와 같은 상호간의 인격 의존적 관계가 충족이 될 경우에는 상호

15) 방준식, "사용자 지시권에 관한 연구", 44쪽 참고.

간에 신뢰로 나타나지만 반대의 경우에는 근로관계의 지속성에 위험이 발생하게 된다. 그와 같은 상대방에 대한 인격적 기대를 안정적으로 유지하기 위해서 이에 대한 규범화의 필요성이 요청된다.

다음으로, 근로관계는 급부의 이행이 계속·반복적으로 이루어지는 계속적 채권관계로서의 특색을 가지고 있다. 근로계약은 계약기간을 정하는지 여부에 따라, 혹은 기간의 장단기 여부에 불구하고 급부제공관계가 계속적으로 이어진다. 계속적 채권관계 하에서는 사용자의 사업의 영속성을 위해서든 근로자의 안정적 생존기반의 유지를 위해서든 상호간에 신뢰가 중요시될 수밖에 없다. 단 한 번의 근로계약을 통해 계속적 채권관계를 유지해야 하는 당사자의 입장에서는 근로계약의 체결 시부터, 그 이후 근로관계의 유지 중에 상대방에 대해서 신뢰를 유지하기 위해서 노력하고 기대한다. 또한 당사자는 근로관계의 계속을 위해서 상대방에 대해서 장래의 근로관계의 지속적 유지를 위한 신뢰도 기대한다.

위와 같은 근로관계의 두 가지 특색은 근로관계 속에서 양 당사자 간에 근로제공과 임금지급의 주된 급부의무 외에 신의칙에 기반하고 있는 부수적의무의 확대·강화요청으로 귀결된다. 근로기준법은 이를 반영하여 근로자의 노동인격권과 근로관계의 존속보호를 위한 관련 규정들을 두고 있다.16) 한편, 근로자의 인격적 이익에 관련된 사항들은 법령에 규정된 여부를 떠나서 인정되는 것이다. 따라서 근로기준법에 규정되지 않은 사항들이라 하더라도 근로자의 인격적 이익은 보호를 할 필요성이 있고, 이는 민법상의 대표적인 일반규정인 신의칙 규정(민법 제2조)을 근거로 실행된다.17)

---

16) 근로자의 노동인격권 보호를 위한 근로기준법 규정들로 대표적인 것은 균등처우(제6조), 강제근로 금지(제7조) 등이 있고, 근로관계의 존속보호를 위한 규정으로는 해고 등의 제한(제23조) 규정을 들 수 있다.

17) 대법원은 민법상의 신의칙에 대해 "민법상의 신의성실의 원칙은 법률관계의 당사자는 상대방의 이익을 배려하여 형평에 어긋나거나 신뢰를 저버리는 내용 또는 방법으로 권리를 행사하거나 의무를 이행하여서는 아니 된다는 추상적 규범을 말하는 것으

4. 근로관계의 대등성과 일방성

근로계약은 근로자와 사용자 쌍방 간에 채권・채무관계를 발생케 하는 채권계약으로(민법 제655조, 근로기준법 제2조 제4호) 출발하여 근로관계를 형성하는 것이므로 기본적으로 노사쌍방이 대등하다고 전제하고 있다. 근로기준법 역시 제4조에서 근로조건의 결정은 근로자와 사용자가 동등한 지위에서 자유의사에 따라 결정하여야 한다고 규정하여 근로관계의 대등성을 선언하고 있다.

그러나 흔히들 '근로관계의 현실은 대등하지 않다'고, '사용자에 의한 일방적인 관계'라고 얘기한다. 근로제공의무의 내용을 규범에 의해서건 지시권의 행사에 의해서건 사용자가 일방적으로 결정한다는 점에서도 그렇다. 근로자가 근로제공의무를 제대로 이행하지 않을 경우에 따르는 사용자의 제재의 측면에서도 일방성이 두드러진다. 이런 점을 들어 근로관계를 종속노동의 관계로 부르기도 한다.[18]

그렇다면 근로관계의 대등성은 현실에서 전혀 유지되고 있지 않은 것일까? 사실은 그렇지 않다. 사용자가 규범으로 혹은 지시권의 행사로 제아무리 근로제공의무를 구체화하여 근로자에게 요구해도 궁극적인 근로제공은 오로지 근로자의 몫이다. 사용자가 근로자의 시・공간의 움직임을 전적으로 통제할 수 없고, 근로자의 내면의 인격을 통제할 수 없는 이상, 근로의 질과 양은 상당부분 근로자의 결정에 달려있다. 근로계약의 이행에 있어서의 일방성은 근로자도 가지고 있는 것이다. 제재의 측면에서의 일방성은 어떤가? 사용자는 근로자가 제대로 근로계약의 이행을 하지 않을 경우 일방적으로 제재를 가할 수 있다고 하지만, 근로자는 그것이 정당하지 않다고 판단되면 사용자에 대해서 태업을 통

로서, 신의성실의 원칙에 위배된다는 이유로 그 권리의 행사를 부정하기 위해서는 상대방에게 신의를 공여하였다거나 객관적으로 보아 상대방이 신의를 가짐이 정당한 상태에 이르러야 하고, 이와 같은 상대방의 신의에 반하여 권리를 행사하는 것이 정의 관념에 비추어 용인될 수 없는 상태에 이르러야 한다."는 입장을 보이고 있다(대법원 1997. 1. 24. 선고 95다30314판결 등).

18) 김형배, 「노동법」, 210쪽.

해서 사실상의 제재를 가할 수도 있고, 노동3권의 조력을 통해 또는 사용자의 제재에 대한 외부적 정당성 통제(근로기준법 제23조)의 방법으로 사용자의 일방적 권한행사를 제지할 수 있다. 비록 완전하지는 않다고 하더라도 현실에서도 근로관계의 대등성은 일응 유지되고 있다고 봐야한다. 그렇지 않다는 견해는 심리적인 요소가 강하게 투영된 것이다. 물론, 현실에서 노동조합이 존재하지 않는 사업장도 있고, 외부적인 규범통제가 완전하게 작동하고 있다고도 할 수 없으므로, 그 간극을 메우기 위한 적극적인 해석노력이 필요한 것도 사실이다.

Ⅳ. '기업질서위반'의 의미

1. 기업질서의 의의

질서의 사전적 의미를 찾아보면 "사물들의 규칙적인 배치나 배열, 또는 그 원칙", "하나의 사회에서 지켜야할 도리로 간주되는 차례나 절차"등으로 정의되어 있다. 이를 기업에 대입해 보면 기업질서는 기업체 내에서 근로관계 당사자가 지켜야할 의무[19]에 관한 규율 · 규범으로 정의할 수 있다. 사업운영의 당사자의 측면에서 보면 기업질서는 사용자와 근로자 개인 간에 혹은 근로자들 상호 간에도 작동한다.

기업질서 설정의 주체는 아무래도 사용자일 수밖에 없다. 사용자는 사업체 자체의 물적 기반 및 사업의 목적과 운영, 그 결과의 귀속에 있어서 주체이고, 사업운영을 위해 개별근로자와의 근로관계형성을 주도하고 있기 때문이다. 근로자는 근로계약의 체결과정 혹은 취업규칙이나 단체협약 등의 일반적 규범의 형성과정에서의 참여 등을 통해 기업질서 형성에 제한적으로 참여할 수 있을 뿐이다. 필자가 이 부분 논의에서

19) 근로관계는 기본적으로 근로계약에 의해 맺어지는 법적인 관계이므로 도리나 도덕률에 관한 내용은 법적인 의무로 대치될 수밖에 없다.

관심을 갖는 영역은 사용자가 근로자에게 요구하는 질서이다.

사용자가 기업질서를 설정하는 이유는 명백하다. 사용자의 사업의 존재이유는 사업목적의 원활한 달성을 위한 것이고, 사용자는 이를 위해 물적 시설과 인적 자원을 효율적으로 배치하고, 그 운영이 사업목적에 가장 부합할 수 있는 방향으로 작동될 수 있도록 일정한 질서를 형성하고자 하는 것이다. 이 점에 대해서는 판례도 같은 취지로 “기업질서는 기업의 존립과 사업의 원활한 운영을 위해 필수불가결한 것이므로, 기업은 기업질서를 정립하고 유지할 권한을 가진다.”고 보고 있다.[20)]

사용자의 기업질서는 근로자의 존재를 전제해야 의미가 있는 것이므로, 사용자의 기업질서형성권한의 근거는 근로계약에서 비롯된다.[21)] 사용자는 근로계약의 체결을 기점으로, 나아가 취업규칙이나 단체협약 등을 통해 일반적인 질서규범을, 지시권의 행사를 통해 구체적인 질서규범을 형성한다.

2. 기업질서의 내용

근로관계에서 기업질서규범의 수범자는 주로 근로자일 수밖에 없으므로 기업질서의 내용도 근로계약에 의해서 근로자가 부담하는 의무의 내용으로 구성된다. 역으로, 근로자가 부담하여야 할 기업질서준수의무도 사용자의 사업목적의 원활한 달성을 위해 기능한다. 따라서 기업질서의 의미는 본래 근로계약에 따라 근로자가 사용자에게 부담하는 의무를 구체화해 놓은 규범을 달리 표현한 것에 불과하다. 근로계약상의 근로자의 의무를 사용자의 입장에서 표현해 놓은 것이 기업질서인 것이다.

구체적으로 분류하면 다음과 같다. 즉, 기업질서의 내용은 넓게는 근

20) 대법원 1994. 6. 14. 선고 93다26151판결.

21) 기업질서와 사용자의 지시권에 대해 심층적인 연구를 수행하였던 방준식은 기업질서와 사용자지시권의 법적근거를 계약으로 보고 있다(방준식, “사용자 지시권에 관한 연구”, 35쪽).

로자의 주된 급부의무인 근로제공에 관한 규범, 기업시설의 관리·이용에 관한 규범, 근로자들의 개인 혹은 집단의 행위에 관한 규범, 기업 내외부에서 근로자가 지켜야 할 신의칙에 따른 부수적 의무에 관한 규범 등으로 분류해 볼 수 있다. 이와 같이 기업질서의 내용은 근로자가 부담하는 주된 의무와 부수적 의무를 모두 포괄한다.[22] 신의칙에 따른 부수적 의무가 포함되는 이유는 다음과 같다. 즉, 사용자의 입장에서 사업목적의 원활한 달성을 위해서는 사업목적에 직접적으로 장애가 되는 위험들을 통제하는 것으로 족하지 않고, 간접적으로도 발생할 개연성이 있는 위험들을 통제할 필요가 있다. 근로관계가 근로자와 사용자 간의 밀착된 인격적 관계의 특성을 가질 수밖에 없는 이상 상대방에 대한 신뢰의 기대를 근로자의 내면의 양심에 맡겨두는 것만으로는 한계가 있으므로 가능한 것들은 규범으로 설정해 놓을 필요가 있다. 따라서 이와 관련된 규범들은 신의칙에 바탕을 둔 부수적 의무에 관련된 것이다.

기업질서는 다시 적용대상으로 보면 근로자와 사용자, 근로자 상호간에 지켜야 할 규범으로 분류할 수 있다. 질서의 개념에는 종적 질서의 개념도 포함되므로 개별 근로자와 사용자간에도 형성된다. 구체적으로는 특정사안에 대한 사용자의 개별적 지시권의 행사를 들 수 있다. 근로자 상호 간에 지켜야 할 질서규범은 노무제공이 집단화된 현상과 관계가 깊다. 집단화된 기업에서 사업목적을 효율적으로 달성할 수 있기 위해서는 근로자들 상호 간의 분업과 협업이 필수적이므로 근로자들 상호간에 지켜야 할 업무상 혹은 신의칙상의 규범들이 필요하다.

또한 기업질서는 그 규율내용이 현재의 기업운영에 있어서 드러나고 있는 문제들을 직접적으로 규율하는 것일 수도 있고, 장래의 기업운영에 위험을 초래할 문제를 사전에 예방하기 위한 규범일 수도 있다. 이는 근로관계가 계속적 채권관계로서의 특색을 보이는 것과 관련이 있다.

---

22) 이와 관련하여서는 근로자의 기업질서준수의무를 부수적의무로만 구성하는 견해도 있다{방준식, "징계해고규제법리의 재검토", 「강원법학」(제35권), 강원대 비교법학연구소, 2012. 2, 186쪽}.

즉, 사용자의 사업운영의 목적은 현재뿐만 아니라 장래에도 지속적으로 안정적인 사업을 운영하는 데 있으므로 현재의 사업운영에 장애가 되는 위험뿐만 아니라 장래의 사업의 유지·존속에 장애가 되는 위험을 사전에 차단·제거할 필요가 있는 것이다.

3. 기업질서'위반'은 근로계약상의 의무위반

기업질서의 의미가 본래 근로계약에 따라 근로자가 사용자에게 부담하는 의무를 구체화해 놓은 규범이라고 한다면 기업질서 '위반'의 본질은 근로자의 근로계약상의 의무위반이라고 보아야 한다. 다만, 앞서 검토한 대로 근로계약상의 의무는 주된 의무든 부수적 의무든 모든 내용을 확정해서 구체화·규범화할 수는 없는 것이므로 외견상으로 보면 기업질서가 근로계약상의 의무위반보다 양적으로 좁게 보일 수 있다. 그러나 그와 같은 현상은 사업변동의 가능성이나 부수적의무가 추상적인 이유 등 현실적인 한계에서 비롯된 것이므로 아직 확정(규범화·질서화)되지 못한 근로계약상의 의무라고 하더라도 행위시점에서 그것이 구체화된 경우라면 근로자는 그것의 이행을 거부할 수 없다. 만약, 근로자가 추후 확정된 근로계약상의 의무를 이행하지 않을 경우, 이 역시도 기업질서위반에 해당하는 것으로 보아야 한다.

V. 징계의 본질

1. 개요

징계책임과 관련된 문헌들을 살펴보면 징계의 성격에 관하여 일반적으로 형벌 혹은 질서벌의 성격을 갖고 있다고 설명하고 있다. 그런데 자세히 살펴보면 형벌이나 질서벌, 징계의 성격에 대해 명확한 비교검토 없이 개략적인 언급만을 하고, 바로 그와 같은 결론을 맺으면서 형벌이나 질서벌에서 요구되는 법리들을 징계에 도입하고 있다. 또한 쌍무적 채권관계를 토대로 대등한 당사자관계를 지향하는 근로관계에서 사용자가 일방적으로 징계권을 행사하는 것에 대해서 계약책임으로 설명하기 어렵다고 하는 견해들은 각종의 징계수단에 대해서도 계약책임으로는 설명하기 어려운 면이 있다고 한다.

이하에서는 징계의 본질에 대한 결론에 앞서 징계책임과 비교되는 형벌·행정벌의 특징 및 징계제도의 운영과정에서 나타나는 징계의 특성을 검토하고, 또한 각종 징계수단을 계약책임으로 설명할 수 없는 것인지 분석한 후에 최종적으로 징계의 본질에 대한 의견을 개진할 것이다.

2. 형벌·행정벌의 특징

형벌은 국가가 형벌권에 기해 범죄를 저지른 자에 대해 가하는 제재(징역형과 벌금형)이다. 질서벌은 그 개념이 주로 사용되는 분야가 행정법이고, 행정질서벌은 행정벌의 한 분류이니 행정벌에 대한 설명을 통해 이해해야 한다. 행정벌은 국가가 행정권에 기해 행정상의 의무위반자에 대하여 부과하는 제재이다. 이는 행정형벌과 행정질서벌로 분류된다. 양자는 행정목적을 직접 혹은 간접으로 침해하는가 여부, 형법상의 형벌 또는 행정법상의 과태료가 부과되는가 여부로 구별된다.

형벌·행정벌은 국가전체나 국가의 행정질서유지를 위해 의무를 부과하고, 위반자에 대해 제재를 가하는 점에서 징계와 유사하다. 국가에 의한 제도의 운영과정에 있어서의 일방성도 기업과 유사하다. 따라서 국가나 사용자의 자의로부터 국민과 근로자를 보호할 필요성이 있다는 점도 유사하다. 이러한 점을 기초로 징계에 대해서도 죄형법정주의의 원리가 적용되어야 한다는 견해가 있다.[23)]

그러나 국가는 기업과 비교하여 다음과 같은 차이가 있다. 첫째, 국가

23) 이승욱, “징계처분의 범위와 한계”, 「노동판례비평」, 민주사회를 위한 변호사모임, 1997, 120-123쪽.

의 질서규범형성의 필요성이 기업에 비해서 강하지 않다. 이는 기업이 사업 환경에 따라 존재의 위험이 상존하고 있음에 반해 국가는 존재가 사실상 영속적인 점과 관련이 있다. 둘째, 국가를 국민을 구성원으로 하는 하나의 조직으로 볼 경우, 국가는 기업에 비해서 조직구성의 긴밀성이 떨어진다. 근로자는 기업의 구성원이 되는 것이 선택적이지만, 국가의 구성원이 되는 방식은 타율적인 점에서, 기업의 존재(사업) 목적은 명확하지만 국가의 경우에는 그렇지 않다는 점에서[24], 근로자는 직접 혹은 부분적으로 규범제정에 관여하지만 국민은 규범제정에 직접적으로 관여하지 않는다는 점에서, 근로자와 기업은 직접적으로 조직을 맺지만 추상적 개념의 국가와 국민 사이에는 중간에 공무원조직이 있다는 점에서 차이가 있다.

이러한 국가의 특징으로 인해 형벌·행정벌은 죄형법정주의의 원리가 엄격히 작동된다. 즉, 국가의 질서유지를 위해 국가가 형벌·행정벌 등의 입법을 하는 경우에 그 규범대상인 국민은 사실상 외부자에 불과하므로 국민들에 대한 규범통제는 예측가능성을 담보할 수 있어야 한다. 국가는 어떠한 행위가 제재대상인지, 어떠한 제재수단이 적용되는지 사전에 규범으로 명확히 정하고 있어야 한다. 그렇지 않을 경우 국민은 예측할 수 없는 제재의 위험에 노출될 수밖에 없으므로 기본적 인권에 중대한 침해를 받게 된다. 이에 비해 기업은 기업질서형성의 권한이 포괄적인 점에서, 근로자는 기업에 있어서 내부자로 볼 수 있는 점에서, 근로자는 기업의 존재목적이 명료하므로 어떠한 사항이 기업질서로서 제재대상이 되고, 어떠한 제재수단이 동원될 것인지 어느 정도 예측이 가능하다는 점에서 특별히 불측의 손해를 입을 염려가 적다.

따라서 징계에 대해서도 죄형법정주의의 원리가 일반적으로 적용된다면 근로자보호의 요청에 부응하는 것이겠지만 그렇다고 반드시 엄격히 적용할 것은 아니며, 경우에 따라서는 그것에 대한 강조가 사용자의

---

24) 기업은 이윤의 창출 혹은 경영의 효율성 등 존재목적이 명확하다. 그러나 국가의 존재목적은 국민의 수만큼 다양할 수밖에 없다.

권리와의 형평성의 측면이나 근로자 보호의 요청에 조응하지 못하는 경우도 있을 수 있다.

3. 징계의 일방성과 포괄성

가. 일방성

노사관계 현실에서 징계는 거의 모든 과정이 사용자에 의해 일방적으로 실행되고 있다. 사용자는 근로계약의 한쪽 당사자로서 기업질서(근로계약상의 의무)를 위반한 상대방 당사자인 근로자에게 일방적으로 책임을 물을 수 있다. 즉, 기업질서를 위반한 근로자를 징계할 것인지의 여부에 대한 결정, 징계절차에 근로자 측 혹은 징계대상 근로자의 참여를 허용할 것인지 여부, 징계수단의 선택과 집행 등 징계의 모든 과정은 사용자에 의해 일방적으로 실행되고 있다. 근로자는 징계의 일부 과정에서 수동적으로 참여할 수 있을 뿐이다.

징계가 사용자에 의해 일방적으로 진행된다고 하여 그 과정에 사용자와 근로자 사이에 권력적관계가 작용한다고 할 수 있을까? 그렇지 않다. 앞서 검토한 대로 이 경우에도 근로관계의 대등성은 근로자의 사실상의 대응, 사용자의 징계권 행사에 대한 정당성 통제를 통해 일단 유지되고 있다고 봐야 한다.

나. 포괄성

사용자의 징계는 다음과 같이 징계제도 설정의 권한, 징계의 대상, 징계수단의 측면에서 포괄적이다. 그 외 징계규범으로 사전에 설정되지 않은 사항에 대해서도 사용자가 포괄적 징계권한을 갖는지가 문제될 수 있다. 뒤에서 보겠지만 필자는 이를 긍정[25]하고 있으므로 그 점에 있어서도 포괄적이다.

---

25) 이에 대해서는 이 책 제3장 제3절 징계권의 범위에서 다루고 있다.

(1) 사용자는 기업에 징계제도를 둘 것인지 여부, 나아가 징계제도를 설정하면서 근로자의 어떠한 행위를 기업질서(징계사유)로 삼을 것인지, 징계절차규정을 둘 것인지 여부 등에 있어서 포괄적인 권한을 가지고 있다.

먼저, 사용자는 사업목적의 효율적 달성을 위해서 기업의 규모나 사업의 성격 등을 고려하여 자신의 사업체에 징계제도를 둘 것인지, 아니면 별도로 징계제도를 두지 않고 근로계약 자체를 근거로 근로자에 대한 통제권을 행사할 것인지 결정한 권한이 있다. 징계제도는 통상 취업규칙으로 설정하는 데, 이에 대한 제정권한은 본래 사용자에게 인정되기 때문이다(근기법 제93조). 다만, 징계규범의 최초 설정 이후에 근로자에게 불이익하게 변경하는 경우에는 근로자집단의 동의를 얻어야 하는 제한이 따른다(근기법 제94조 제1항).

다음으로, 사용자는 징계규범을 설정함에 있어서도 사업의 목적에 맞게 기업질서의 내용, 즉 징계사유를 자유롭게 정할 수 있다. 판례는, 단체협약에서 설정하고 있지 않은 징계사유에 대해서는 사용자가 재량껏 취업규칙에서 설정할 수 있다고 본다.[26] 사용자는 징계과정에서 징계위원회를 두는 등의 징계절차규정을 설정할 것인지에 대해서도 재량이 있다. 이는 징계과정에서 사용자가 스스로 자기의 권한을 제약하는 측면이 있는 것도 사실이지만 그에 반해 징계에 신중성을 기하여 이에 관한 분쟁을 사전에 예방한다는 점에서 사용자에게 긍정적인 측면도 있다.

(2) 징계의 대상이 되는 근로자의 행위가 포괄적이다. 실무상으로도 보면, 취업규칙에 '기타 제 규정을 위반한 경우', '기타 기업운영에 손

26) 판례는 '단체협약에 반하지 않는 한 사용자는 취업규칙에서 새로운 징계사유를 정할 수 있고, 그 징계사유에 터 잡아 징계할 수도 있는 것인바, 회사 취업규칙이 단체협약 소정의 징계사유와는 관련이 없는 새로운 징계사유를 규정한 것이라면 이는 단체협약의 규정에 반하는 것이라 할 수 없고, 따라서 취업규칙을 적용하여 징계해고 한 것을 위법하다 할 수 없다'고 한다(대법원 1997. 6. 13. 선고 97다13627판결).

실을 끼친 경우' 등 포괄적인 징계사유규정을 두는 기업이 많다. 여기서는 그 보다도 더 넓은 의미를 가진다. 사용자는 근로자의 근로계약상의 의무위반과 관련된 사항이면 그것이 주된 급부의무위반이든 부수적 의무위반이든 모두 징계대상으로 할 수 있다. 또한 그 사유의 경중을 묻지 않으며, 경우에 따라서는 근로자의 행위가 사업장 밖에서의 행위[27], 근로계약체결과정에서의 행위더라도 근로계약상의 의무위반에 해당하는 것이면 징계할 수 있다.

또한, 징계(특히, 해고)는 과거의 비위행위에 대한 책임에만 머무르지 않고 미래의 계약상위험에 대한 책임도 포괄하고 있다. 판례는 직위해제와 징계의 구별사례에서 직위해제는 '장래의 업무상의 장애를 예방하기 위한 일시적 조치'이고, 징계는 '과거의 근로자의 비위행위에 대한 징벌적 제재'라고 하여 성격을 달리 판단하고 있다.[28] 그러나 근로관계는 계속적 채권관계로서의 특성을 가지고 있으므로 현재의 근로계약상의 의무위반이 장래의 계약상의 위험을 초래하는 경우에는 그 위험도 징계의 대상에 포함된다고 할 수 있다.[29][30][31] 예컨대, 근로자의 업무특성이나 지위에 따라서는 단 1회

---

27) 근로자의 범법행위는 직접 사용자에 대해서 또는 제3자에 대해서 한 것이라도 사용자에 대한 의무이행에 부정적 영향을 미치거나 회사의 신용・명예에 중대한 손상을 초래하는 경우에는 해고의 사유가 될 수 있다(이상윤, 「노동법」(제3판), 법문사, 2007, 416쪽).

28) 대법원 1996. 10. 29. 선고 95누15926판결.

29) 해고의 경우 미래에 발생할 것으로 예측되는 계약장애 위험에 대한 대응수단이라고 보는 견해도 있다(권혁, "해고・해고사유・해고동기", 「노동법학」(제22호), 한국노동법학회, 2006, 290쪽).

30) 판례는 "해고는 사회통념상 고용관계를 계속할 수 없을 정도로 근로자에게 책임 있는 사유가 있는 경우에 행하여져야 그 정당성이 인정되는 것이고, 사회통념상 당해 근로자와의 고용관계를 계속할 수 없을 정도인지의 여부는 당해 사용자의 사업의 목적과 성격, 사업장의 여건, 당해 근로자의 지위 및 담당직무의 내용, 비위행위의 동기와 경위, 이로 인하여 기업의 위계질서가 문란하게 될 위험성 등 기업질서에 미칠 영향, 과거의 근무태도 등 여러 가지 사정을 종합적으로 검토하여 판단하여야 한다."(대법원 2003. 7. 8. 선고 2001두8018판결)는 판결요지처럼 장래의 기업질서의 문란위험성을 해고의 정당성 판단요소로 보고 있다.

31) 독일 연방대법원은 혐의해고를 인정하고 있는데, 혐의해고는 과거의 잘못된 행위를 벌하기 위한 것이 아니라 부정적 장래예측에 대한 반응이다(유성재, "독일 노동법상

의 사소한 선물이나 뇌물의 수수라도 징계해고의 사유에 해당될 수 있는데 그와 같은 사례에 있어서는 장래의 근로계약상의 위험도 징계의 대상이 되는 것이다.[32)]

(3) 징계의 수단 역시도 근로자에 대한 다양한 불이익취급을 모두 포괄하고 있다. 근로기준법 제23조 제1항이 근로자에 대한 불이익취급의 내용으로 "해고, 휴직, 정직, 전직, 감봉, 그 밖의 징벌"을 예정하고 있는 것에 터 잡아 사용자는 근로자의 근로계약상의 의무위반에 대해 어떠한 내용의 징계든 다양하게 사용할 수 있다. 실무상으로 나타나고 있는 예를 추가적으로 들면, 견책(경고, 주의조치), 출근정지, 직위해제와 대기발령, 강등 등을 들 수 있다. 이와 같이 징계의 수단은 근로자에게 직접적인 불이익을 주지 않는 견책에서부터 근로관계를 종료시키는 해고까지, 근로관계를 일정기간 혹은 전면적으로 단절시키거나 급여를 삭감하는 방안까지 다양하고 포괄적이다.

4. 징계수단과 민법상 계약책임

(1) 민법상 일반적인 계약에 있어서 당사자 일방은 상대방의 채무불이행에 대해 계약책임을 묻는다. 채무불이행은 채무자가 고의·과실로 채무의 내용에 좇은 이행을 하지 않는 행위를 말하며(민법 제390조), 그 종류에는 이행지체, 이행불능, 불완전이행 등이 있다. 계약책임은 금전배상이 원칙이며, 그 외에 해제(해지)권(민법 제543조)이 인정된다. 특히, 고용계약의 경우 사용자는 '약정한 노무가 특수

의 협의해고", 「노동법논총」(제20집), 한국비교노동법학회, 2010. 10쪽).

32) 판례 중에는 버스운전기사가 800원의 운송수입금을 횡령한 사건에서 "버스운전기사가 횡령한 운송 요금이 소액이라 하더라도 횡령의 경위, 버스운송회사와 버스운전기사 사이의 신뢰관계, 단체협약의 내용, 횡령의 횟수, 버스운전기사들이 입사 시에 한 서약의 내용 등에 비추어 그 운송요금을 횡령한 버스운전기사를 징계해고 한 것이 명백히 부당하다고 단정할 수는 없다."고 한 판결이 있다(서울행정법원 2011. 12. 2. 선고 2011구합25876판결).

한 기능을 요하는 경우에 노무자가 그 기능이 없는 때' 고용계약을 해지할 수 있고(민법 제658조 제1항), '부득이한 사유가 있을 때'에는 언제든지 계약을 해지할 수 있는 외에 그 사유가 노무자 일방의 과실로 인하여 사용자에게 손해가 생긴 경우에는 손해배상을 요구할 수 있다(민법 제661조).

(2) 사용자가 근로자에 대해서 행하는 각종의 징계수단을 민법상 계약책임의 내용으로 설명할 수 있을까? 이에 대해 정직이나 감봉, 징계해고시의 퇴직금의 감액조치 등을 예로 들면서 일반적인 사법법리로는 설명이 어렵다는 견해[33]가 있다. 그러나 징계 역시도 계약책임으로 충분히 설명할 수 있다. 먼저, 해고는 근로관계를 종료시킨다는 점에서 계약관계를 종료시키는 해제(해지)와 사실상 동일하다. 정직은 근로자의 비위행위에 대해 일정기간 사용자가 근로제공의 수령을 거부한다는 점에서 동시이행의 항변권(민법 제536조)을 행사하는 것으로 볼 수 있다.[34] 양적인 측면에서는 근로계약의 부분해지로서의 성격도 있다. 감봉(감급) 등의 금전적인 제재처분은 사용자 일방에 의한 손해전보로 손해배상청구권의 행사로 볼 수 있다. 징계해고시의 퇴직금의 감액조치는 근로계약의 해지와 금전적인 제재(손해전보)가 중복적으로 행해지고 있다는 점에서, 또는 퇴직금의 공로보상으로서의 성질의 측면에서 이루어지는 감액조치이므로 급부의 대등성이 인정된다는 측면에서 계약책임으로 설명할 수 있다. 경고나 견책 등은 계약당사자 간에 계약책임을 묻기 전에

---

33) 이승욱, "징계처분의 범위와 한계", 118쪽.

34) 민법학계에서는 "쌍방의 급부가 일정기간 회귀적 또는 계속적 가분급부를 목적으로 하는 경우(계속적 공급계약, 고용 등)에, 일방이 어떤 시기의 채무를 이행하지 않으면, 타방은 그 후의 시기의 채무의 이행을 이에 대응하는 범위에서 거절할 수 있다는 것이 통설"(곽윤직, 「채권각론」, 박영사, 1993, 98-99쪽)적 견해로 받아들여지고 있으며, 판례도 동일하다. 예컨대, 대법원 1970. 3. 10. 선고 69다2076판결은 계속적 물품공급계약에서 이미 공급된 물품의 대금의 일부를 지급받지 못한 때에는 물품공급자는 그 대금을 지급받을 때까지 장래의 공급을 거절할 수 있다고 한다.

상대방에 대해서 사전에 책임추급에 대한 경고를 하는 것이 관행이라는 점에서 유사하다. 결국, 각종 징계의 수단 중 특별히 계약책임으로 이해될 수 없는 경우는 존재하지 않는다.

엄밀히 보면 징계의 수단과 계약책임의 수단을 분리해서 볼 수도 있지만 징계수단이 계약책임의 본질에서 벗어나지 않는다고 보는 이유는 근로관계의 특성에서 기인한다. 근로관계가 근로자와 사용자의 개별적 관계에서 집단적인 근로제공의 관계로 확대됨으로 인해서 기업경영의 효율성 제고를 위해서 근로제공의무의 내용과 기업질서의 내용이 통상의 계약에 비추어 변형될 수밖에 없는 점, 그에 비해 인격적・계속적 관계로서의 특성을 갖는 근로관계에서 사용자가 통상의 계약책임수단을 그대로 사용할 경우 일정한 한계[35)]가 있고, 따라서 이를 다양하게 변형해서 사용할 수밖에 없는 점에서 그렇다. 그러나 그렇다고 하더라도 그 변형된 징계수단도 충분히 계약책임으로 설명될 수 있는 이상 양자를 달리 볼 필요는 없다.

이에 대해서는 민법에 관련 근거규정도 있다. 즉, 민법 제398조는 계약당사자 간에 채무불이행에 관한 손해배상액을 예정할 수 있다고 규정하면서, 그 경우 당사자가 금전이 아닌 것으로써 손해의 배상에 충당할 것을 예정한 경우에도 적용하도록 하고 있다(동조 제5항). 이는 금전 이외의 것을 통한 손해충당의 가능성을 열어 둔 것으로서 금전적인 제재 이외의 다른 징계수단에 대해서도 계약책임의 성격을 인정할 수 있는 근거다.[36)]

---

35) 예컨대, 근로자의 비위행위에 대해서 사용자는 일반적으로 손해배상소송을 제기할 수 있겠지만 해고를 하지 않는 이상 계속적인 신뢰관계 하에서 근로관계를 이어가야 하므로 소송을 제기하는 것이 용이하지 않다. 해고가 아닌 다양한 징계수단을 통해서 책임을 묻는 것이 합리적이다. 그 경우 사용자 일방에 의해서 징계여부나 징계정도가 결정된다는 점에서 대등한 당사자를 전제로 하는 계약책임으로 이해하기가 쉽지 않은 측면도 있지만 징계가 적정한 수준이 아니라면 다시 근로자의 제소를 통해서 정당성에 대한 통제가 이루어지므로 그렇게 못 볼 것도 아니다.

36) 박종희, "노동조합의 통제권의 법적기초와 사법심사의 범위", 「노동법학」(제9호), 한국노동법학회, 1999, 208쪽.

따라서 "질서벌은 위약에 대하여 계약적으로 허용되는 범위를 뛰어넘는 제재(Sanktion)이고, 징벌적 성격(Strafcharakter)을 가진다."[37]고 하면서 징계가 계약책임과 구별된다고 설명하는 견해는 설득력이 약하다. 당사자 간의 합의가 있는 경우에는 전형적인 계약책임수단 이외의 제재도 가할 수 있고, 그 역시도 '합의'가 존재한다는 점에 있어서는 계약책임이기 때문이다. 사용자의 징계권에 대해 법적인 근거가 인정되지 않는다면 모를까 그렇지 않은 경우[38]라면 징계가 계약책임이 아니라는 주장은 수긍할 수 없다.

한편, 징계를 계약책임으로 이해할 경우, 노사 간의 합의에 의해 설정하는 징계제도의 설정이 근로기준법 제20조의 위약금 또는 손해배상액의 예정금지 규정에 저촉되는 것은 아닌지 의문이 들 수 있다. 그러나 이 규정은 모든 종류의 손해배상액이나 위약금의 예정계약을 금지하려는 취지가 아니고 그와 같은 계약이 근로자에게 불리하거나 부당하게 체결되어 근로자의 근로를 강제하거나 근로계약의 이행을 강제하는 경우에 적용[39]되는 것으로 징계제도에 적용할 것은 못된다.

5. 징계의 본질은 계약책임

(1) 징계의 본질은 다음과 같은 점에서 계약책임이다.

첫째, 계약책임이 채무자의 계약위반(채무불이행)에 대한 제재라면 징계는 근로계약상의 근로자의 의무가 변형・확장된 기업질서 위반에 대한 제재라는 점에서 두 책임은 본질상 같다.

둘째, 계약책임의 실행과정도 징계처럼 채권자 일방에 의해서 계약위반여부에 대한 판단부터 책임의 추급까지 이루어진다는 점에

37) 이승욱, "징계처분의 범위와 한계" 118쪽.

38) 사용자의 징계권의 법적근거에 대해서는 이 책 제3장 제2절 참조.

39) 대법원 1992. 2. 25. 선고 91다26232판결 등 판례도 대체적으로 이 규정을 제한적으로 적용하고 있다.

서 일방적이다.[40] 궁극적으로 계약책임을 묻기 위해서는 법원의 관여가 필요하지만 징계의 경우도 그 정당성을 사법적으로 인정받기 위해서는 법원의 개입이 필요하므로 그 점에서도 동일하다.

셋째, 책임의 대상의 측면에서도 같다. 채무자는 주된 급부의무의 불이행 외에 부수적의무의 불이행에 대해서도 책임을 부담한다.[41] 계속적 계약에 있어서 해지권의 행사는 장래 이행불능의 가능성을 고려한다는 점에서 징계해고와 본질상 같다.

넷째, 책임의 개별성의 측면에서도 같다. 이와 관련하여 징계와 계약책임을 구별하는 견해 중에 징계를 집단적 복무규율위반에 대한 제재로서 사업내의 집단적 제재수단으로 보면서 개별적인 급부장애에 대한 손해배상인 계약책임과 다르다고 보는 견해가 있다.[42] 그러나 징계 역시도 개별책임일 뿐이다. 기업의 복무규율이 집단으로서의 근로자들을 규범대상으로 한다고 하더라도 규범을 위반하고 그에 대한 책임을 지는 것은 근로자 개인이다. 징계를 집단적 제재수단이라고 볼 것은 아니다. 판례가 징계해고의 정당성 판단에서 '사회통념상 근로계약을 계속할 수 없을 정도로 근로자에게 책임이 있는 사유'를 판단기준으로 사용하고 있는 것도 징계책임이 근로자 개인의 책임임을 전제로 하고 있는 것이다. 해당 견해에 의하면 기업이 개별 소비자와의 거래에 있어서 약관에 규정하고 있는 내용을 위반한 소비자들에 대해서 계약책임을 묻게 되는 경우에 있어서도 집단적인 책임이라고 해야 하는 논리로도 연결될 수 있다.

다섯째, 계약적 사고에 의할 경우 계약 당사자의 지위는 대등하고 책임관계에 있어서도 대등하다. 그런데 근로자와 사용자의 관계는 본래 대등하지 못하다. 이를 단순히 시민법적 거래관계에 놔둘 경우

40) 다만, 근로제공급부의 사용자결정성은 근로관계에 특유한 현상이므로 그 점에 있어서는 일반 계약과 차이가 있다.

41) 민법상 계약의 양 당사자는 신의칙에 기한 부수적 의무를 부담한다. 채무불이행의 한 유형으로 불완전이행의 경우에도 주로 부수적의무의 불이행과 관련된 내용이 많다.

42) 박지순, "징계제도의 법적구조 및 개별쟁점의 재검토", 235쪽.

당사자의 지위와 책임에 있어서의 대등성은 확보되지 못한다. 그러나 근로기준법은 열세에 있는 근로자의 지위와 책임의 대등성을 보정해주는 역할을 한다. 사용자가 근로자에 대해서 일방적으로 징계권을 행사한다고 하더라도 근로기준법 제23조가 사용자의 징계에 대해서 일정한 제한을 가하고 있는 이상, 나름대로는 책임관계의 대등성도 유지되고 있다고 보아야 한다.

(2) 이상 검토한 내용을 토대로 징계의 본질을 설명하면 이렇다. 근로계약에 따라 근로자가 사용자에게 부담하는 근로제공의무는 확정되어 있지 않고, 사용자가 사업목적달성을 위해 이를 확정·구체화시켜 놓은 것이 기업질서다. 근로자가 기업질서를 위반하는 것은 그 실질이 근로제공의무를 충실히 이행하지 않는 것이다. 사용자는 근로자의 기업질서위반행위에 대한 제재로 징계를 하는 것이므로 징계는 곧 근로자가 근로계약상의 의무를 이행하지 않는 것에 대한 책임을 묻는 계약책임이다.[43)]

제2절 징계의 개념

Ⅰ. 유사 개념

앞서 징계의 본질이 근로자의 기업질서(근로제공의무)위반행위에 대한 계약책임이라고 설명한 것만으로는 징계가 무엇인지에 대하여 충분

43) 일부 견해 중에는 징계의 본질에 관하여 자세히 설명하고 있지는 않지만 징계에 대해 "근로자가 자신의 귀책사유로 인하여 법령·단체협약·취업규칙 및 근로계약 등에 위반하는 행위를 한 경우에 이에 대하여 사용자가 취하는 제재조치"라고 정의하여 징계의 본질이 계약책임에 있다는 점을 유사하게 설명하는 기술을 하고 있기도 하다 (이상윤, 「노동법」, 380쪽).

한 설명이 될 수 없다. 징계제도에 적용될 법원리를 명확히 규명하기 위해서는 징계권의 체계적 지위나 다른 유사개념과의 비교검토를 통해 징계의 개념을 분명히 하여야 할 필요가 있다.

사용자의 징계권을 체계적으로 이해하기 위해서는 사용자의 경영권, 인사권, 지시권 등과의 관련성을 검토하여야 한다.

1. 경영권

일반적으로 징계권은 사용자의 권리로서 경영권의 한 내용(그 중에서도 인사권)으로 이해된다. 이와 관련하여 근로계약에 의해 주어지는 사용자의 경영권에 대해서 권리로서 인정할 수 있는 법적인 근거가 없다거나 경영에 속하는 각종 권리의 집합체로서 파악되는 단순한 사실상·정책적 개념이라고 하면서 그 권리성을 부인하는 견해[44]도 있다. 그러나 헌법은 개방성을 가진 규범이기에 명시적인 규정을 두고 있지 않더라도 해석상 권리로서의 실체가 인정되면 기본권으로 인정될 수 있고, 경영권의 경우도 헌법의 개별규정들의 해석에 의해 그 실체성을 인정할 수 있을 것이다.[45] 대법원도 2003년의 판결[46]이래 긍정하고 있다.

경영권의 실체개념을 설명하면 이렇다. 경영권은 헌법 제119조의 규정을 통해 확인되고 국가에 의해서 보장된 경제질서체제 하에서, 거주이전의 자유가 보장되는 개인 혹은 결사의 자유를 통해 형성된 경제주체가 재산권보장 규정을 통해 재산을 형성할 동기를 가지고, 헌법 제10조에 기반을 둔 일반적 행동자유권을 통해 경제생활의 영역에서 구체적으로 계약을 체결하고, 영업을 수행하는 등의 경제적 활동을 할 수 있는 경제적 자유권이라 설명할 수 있다. 또한 경영권의 구체적인 내용은 물적 자산과 인적 자산(근로자의 노동력)의 결합체로서의 사업체(사업)를

44) 김유성, 「노동법Ⅱ」, 법문사, 2001, 144쪽; 이병태, 「최신노동법」, 중앙경제사, 2008, 214-217쪽 등.

45) 자세히는 김성진, "경영권의 단체교섭대상여부", 「노동법학」(제45호), 한국노동법학회, 2013. 3, 192~199쪽 참조.

46) 대법원 2003. 7. 8. 선고 2002도7225판결.

소유하고 운영할 수 있는 권리, 사업체의 운영에 대한 경영상의 의사결정권으로 이루어져 있다.

여기서 징계권은 경영권의 내용 중 인적자산에 관한 사용자의 경영상의 의사결정과 관련이 있다. 인적자산에 관한 사용자의 의사결정은 다시 전체 사업체의 운영과정 속에서 발생하는 인적자산의 수급 및 구조에 관한 결정과 그에 따라 형성된 인적자산을 조직하고 사용하는 조치로 나눌 수 있다. 이와 관련하여 기업의 전체 인력구조에 관한 결정과 인력수급계획에 관한 결정 및 집행과 관련된 사항을 광의의 인사권으로, 개별 근로자의 구체적인 근로제공과 관련된 배치전환에 관한 부분을 협의의 인사권으로 구분하는 견해가 있다.[47] 이 견해는 광의의 인사권에 관한 사항은 개별 근로계약과의 관련이 직접적이지 않으므로 인사권의 개념보다는 경영상의 결정대상 영역으로 분류하자고 한다. 필자 역시 같은 의견이다. 나아가 필자는 해당 사항에 대해서는 광의의 인사권이라는 용어를 사용하여 협의의 인사권에 해당하는 사항과의 해석상 혼란을 유발할 필요도 없이 그대로 경영권에 관한 사항으로 분류해 두고 협의의 인사권에 해당하는 인적자산의 조직 및 이용에 관한 사항만을 인사권에 포함시키는 것이 낫다고 본다.[48] 인력수급에 관한 문제는 기업전체 재산으로서의 '노동력'에 관한 문제이지, 근로자 개인의 '인사'에 관한 문제는 아니기 때문이다.[49]

2. 인사권

기업실무에서는 취업규칙이나 단체협약에서 인사권과 징계권을 분

47) 박종희, "경영권에 관한 연구", 노동경제연구원, 2004. 6. 27-29쪽.

48) 같은 견해 : 박홍규, 「고용법 · 근로조건법」, 삼영사, 2005, 288쪽(저자는 인사권을 채용직후의 인사배치, 그 후의 인사지휘 및 인사이동을 총칭하는 용어로 사용한다.).

49) 이와 관련하여 "인사라 함은 모집, 채용, 배치, 교육훈련 · 능력개발, 인사평가, 인사이동, 휴직, 징계, 퇴직, 해고 등 근로관계 전개과정에서 발생되는 인적 계약관계의 모든 변동과 현상"이라고 설명하는 견해(김형배, 앞의 책, 527쪽)가 있으나, 기업의 인력수급에 관한 사항인 근로자의 모집이나 채용에 관한 문제는 인사권의 개념에서 배제해야 할 것이다.

리해서 규정하는 경우도 있고, 함께 취급하기도 한다. 그와 같은 규정태도 여하를 떠나서 통상 인사권은 징계권을 포함하는 의미로 쓰이고 있다. 판례도 단체협약에 인사권과 징계권이 별도로 분리 규정되어 있지 않은 사업장에서의 판결례에서 '인사'에 관한 사항에 '징계'해고를 포함시켜 해석하고 있다.[50] 한편, 단체협약에 인사와 징계를 구분하여 규정하고 있는 경우에는 '인사'에 '징계'가 포함되지 않는다는 판례[51]도 있는데, 이 경우에는 해당 단체협약 규정에 따라 '인사'와 '징계'를 구분한다는 것일 뿐, 일반적으로 인사권에 징계권이 포함되지 않는다는 의미라고는 할 수 없다.

인사권은 사용자가 사업의 효율적 운영을 위해서 근로자들을 조직하고 사용할 수 있는 권리로서 개별 근로자들에 대해서는 여러 형태의 인사조치로 나타난다. 사용자의 인사권의 행사는 개별 근로자들에게 있어 신분(지위)의 측면이든 혹은 경제상·정신상·생활상의 측면이든 유리한 경우도 있고, 불리한 경우도 있다. 불리한 인사조치로 대표되는 것은 징계다. 사용자는 사업의 효율적 운영을 위해 근로자들을 조직·사용하기 위해 기업질서를 설정할 수 있고, 이를 위반한 근로자에 대해서 징계를 통해서 책임을 묻는다. 이와 같이 효율적인 사업운영을 위해 개별 근로자들에게 불리한 인사 조치를 할 수 있는 징계권은 인사권에 포함시킬 수 있는 것이다.

징계는 통상 징계사유와 징계절차를 사전에 규범화시켜 집행하는 제도화된 불이익한 인사조치 이다. 반면에, 통상의 경우 근로자에게 있어 인사상의 모든 불리한 조치가 징계에 해당되는 것은 아니다. 사용자는

---

50) 대법원 1992. 5. 22. 선고 91다22100판결; 대법원 1992. 9. 22. 선고 92다13400판결; 대법원 1995. 3. 10. 선고 94다33552판결 등.

51) 대법원 1997. 4. 25. 선고 97다6926판결은 "단체협약이 인사와 징계를 구분하여 인사권이라는 제목 아래 회사는 대의원 이상의 조합간부에 대한 전보, 부서 및 직무 변경 시는 노동조합과 합의하고, 조합원에 대한 승진발령 시는 사전에 노동조합과 협의한다고 규정하면서 징계라는 제목 아래 조합원에 대한 징계사유가 발생하였을 때는 조합에 사전 통고한다고 규정하고 있다면, 위 단체협약에서 규정하는 인사에는 징계는 포함되지 않는다."고 한다.

근로자의 책임을 묻기 위해서 징계제도를 이용하지 않고, 징계 이외의 인사 조치를 통해서 근로자에게 불리한 결과를 주기도 한다. 경우에 따라서는 사용자의 의도하지 않은 인사권의 행사가 개별 근로자의 입장에서는 불리한 결과로 나타나기도 한다.

이렇듯 실제로는 근로자에게 불리한 결과로 나타나는 인사 조치이지만 징계의 수단을 취하지 않은 경우를 인사권의 내용으로 보아야 할지 징계권의 내용으로 보아야 할지 분류하기에 난해한 점이 있다. 그와 같은 사정에는 사법실무가 징계제도를 이용한 인사조치에는 비교적 엄격한 정당성 통제를 하면서도 그에 해당하지 않은 인사권의 행사에 대해서는 관대한(사용자의 인사권행사의 재량을 넓게 인정해주는) 태도를 보이는 것이 원인으로 작용하고 있다. 이를 추종하여 사용자는 가급적 정당성 통제를 덜 받는 징계 이외의 인사 조치로 근로자들의 책임을 추궁하려는 경향성을 띤다.

그러나 징계와 그 이외의 불이익 조치는 다음과 같은 이유에서 근로자에게 있어 실질상 동일한 인사 조치이다. 첫째, 사용자는 근로자에게 책임을 묻는 방식에 대해 징계로 할지 다른 인사권의 행사로 할지 수단 선택권이 있다. 둘째, 징계에 의하든 그렇지 않든 근로자가 입는 불이익이라는 점에서 동일하다. 오히려, 징계의 경우 사용자가 절차적 신중성을 기할 수 있지만 그 이외의 불이익 조치는 그렇지 못하다는 점에서 근로자에게 불리할 수도 있다.

결국, 외형상 징계의 수단을 취하지 않는 근로자에 대한 인사조치라고 하더라도 그것이 근로자에게 불이익으로 나타나는 경우는 실질상 징계라 할 수 있다.

3. 지시권

근로계약에 따른 근로자의 의무는 근로계약 당시에 아직 확정되어 있지 않고, 실제 구체적인 의무의 이행을 위해서는 사용자의 별도의 결정이 있어야 한다. 이 과정에서 필요한 것이 사용자의 지시권의 행사이다. 사용자의 지시권은 우리 사법실무에서 사용하는 '노무지휘권'이나 '업무명령권'을 포괄하는 용어로서 사용되고 있다. 이러한 사용자의 지시권은 사용자에게 노무급부 구체화기능과 사업장질서 유지기능을 가지고 있다. 지시권의 내용으로는 노무급부의무의 구체화와 관련된 지시, 근로자의 조직·배치에 관한 지시, 사업장의 질서 및 근로자의 행태에 관한 지시 등이 포함된다.

사용자의 지시권을 이와 같이 이해할 때, 사용자의 지시권의 행사는 징계권 행사의 전제가 되는 기업질서(근로제공의무)를 형성한다는 점에서 양자는 긴밀한 관련성을 갖고 있다. 한편, 징계권의 행사는 그 자체로 사업장의 질서유지를 위한 사용자의 명령이기 때문에 그 형식에 있어서 징계는 사용자의 지시권의 행사에 의해서 이루어진다고 할 수 있다.

Ⅱ. 징계의 개념

앞서 검토한대로 징계의 본질이 사용자가 근로자의 근로계약상의 의무위반에 대한 책임을 묻는 계약책임이라고 한다면 징계의 개념을 '근로자의 근로계약위반에 대한 제재'라고 하는 것은 어떨까? 이와 유사하게도 징계의 개념을 '근로자가 자신의 귀책사유로 인하여 법령·단체협약·취업규칙 및 근로계약 등에 위반하는 행위를 한 경우에 이에 대하여 사용자가 취하는 제재조치'라고 하는 견해도 있다.[52] 그러나 징계의 본질이 계약책임이라고 하더라도 징계가 이루어지는 현상을 고려하면 징계의 개념을 굳이 이에 맞출 필요는 없다. 징계는 사용자가 행하는 것이고, 징계의 전제가 되는 기업질서라는 것도 사용자가 사업목적의 원활한 달성을 위해서 근로자에게 의무를 부과하려는 목적으로 설정하는 것이다. 따라서 징계의 개념에 대해 '근로자의 기업질

52) 이상윤, 「노동법」, 380쪽.

서위반행위에 대한 제재'라는 지금까지의 통상적 설명을 그대로 따르는 것도 무방하다. 다만, 기업질서위반행위는 근로자의 입장에서 혹은 법적으로는 여전히 그 본질이 근로자의 근로계약상 의무위반에 해당되는 것이다.[53)]

한편, 사용자는 징계라는 형식을 빌지 않더라도 다른 일반적인 인사권 행사를 통해서 근로자에게 불이익한 조치를 할 수 있다. 이 역시도 실질은 징계라는 점에서 징계의 개념요소에 반영하여야 한다.

결국, 위와 같은 사정을 반영하여 징계의 개념을 확정하면 '사용자가 근로자의 기업질서위반행위에 대하여 제재로서 부과하는 일체의 불이익한 인사조치'로 정의할 수 있다.

제3절 다른 분야의 징계

Ⅰ. 공무원에 대한 징계

1. 개요

공무원은 직접 또는 간접적으로 국민에 의하여 선출 또는 임용되어 국가나 공공단체와 공법상의 근무관계를 맺고 공공적 업무를 담당하고 있는 사람들을 의미한다.[54)] 공무원의 임용행위는 통상적으로는 쌍방적 행정행위로서의 성격을 띠나 계약직 공무원의 경우는 공법상계약에 해

53) 근로자의 기업질서위반행위 그 자체를 얘기할 때는 '비위행위'라는 표현을 쓴다. 박홍규는 "비위행위란 비행 내지 위법행위를 말하고, 근로자가 사용자에게 지는 각종의 의무에 위반하는 행위"라고 비위행위를 정의하고 있는데, 같은 취지의 견해로 볼 수 있다(박홍규, 「고용법 · 근로조건법」, 삼영사, 2005, 300쪽).

54) 헌법재판소 1992. 4. 28. 선고 90헌바27 전원재판부 결정.

당한다. 공무원은 국민전체에 대한 봉사자이며, 국민에 대하여 책임을 진다(헌법 제7조 제1항).

공무원이 담당하는 업무는 공공적 성격을 띠고 있기 때문에 공무원은 공정하게 행정업무를 수행하여야 하고 이를 위해서는 공무원의 신분보장이 필수적이다. 이에 따라 헌법 제7조 제2항은 "공무원의 신분과 정치적 중립성은 법률이 정하는 바에 의해 보장 된다."고 공무원의 신분보장을 천명하고 있다. 그리고 국가공무원법 제68조 제1항은 "공무원은 형의 선고, 징계처분 또는 이 법으로 정하는 사유에 따르지 아니하고는 본인의 의사에 반하여 휴직 · 강임 또는 면직을 당하지 아니한다."는 규정을 두고 있다. 이와 같이 공무원의 신분이 보장된다고 하더라도 국가도 하나의 조직체로서 국가행정업무의 효율적인 운영이나 공직사회 내부의 질서유지를 위하여서는 공무원에 대한 징계가 불가피하다.

공무원은 공적업무를 수행한다는 특수성과 그 사용자가 일반인이 아닌 국가라는 점에서 특별한 책임 또는 의무를 부담하게 된다.[55] 이러한 특수성에 기인하여 공무원은 직무상 여러 가지 의무를 부담하는데, 그 중 공무원의 법령준수의무는 일반 국민에 비해 보다 엄격히 요구된다.

2. 법적근거와 성질

공무원에 대한 징계에는 법치주의가 적용되므로 법률의 수권을 필요로 한다. 이에 따라 공무원에 대한 징계의 근거규정으로 공무원 일반에 적용되는 국가공무원법이 있고, 각각의 공무원의 직역별로 해당 공무원에 적용되는 징계근거 법령이 있다.[56] 국가공무원법 제78조 제1항은 공무원에 대한 징계사유로 ①국가공무원법 및 이 법에 의한 명령에 위반하는 행위, ②직무상 의무(다른 법률에서 공무원의 신분으로 인하여 부

---

55) 법제처, 「헌법주석서」(제2판), 2010, 173쪽.

56) 예컨대, 지방직 공무원에 대해서는 지방공무원법, 경찰에 대해서는 경찰공무원법 등이 적용되고 시행령으로 공무원 징계령, 경찰공무원 징계령 등이 있다.

과된 의무를 포함)에 위반하거나 직무를 태만히 한 경우, ③직무의 내외를 불문하고 그 체면 또는 위신을 손상하는 행위를 규정하고 있다. 판례는 징계사유의 발생에 있어서의 행위자의 고의·과실을 불문한다.[57] 그 외 같은 법 제82조에서는 징계의 절차를, 동법 제79조는 징계의 종류를 규정하고 있다. 공무원에 대한 징계의 종류는 파면·해임·강등·정직·감봉·견책 6가지가 있다. 파면과 해임은 당해 공무원을 공무원관계에서 완전히 배제시키는 배제징계이고,[58] 강등·정직·감봉·견책은 공무원관계를 유지하면서 장래의 의무위반을 방지하기 위하여 신분상 이익의 일부를 일시적으로 박탈하는 교정처분이다.[59]

한편, 공무원에 대한 징계는 계약직 공무원의 경우 달리 볼 여지도 있으나, 일반적으로는 공무원관계의 질서유지를 위해 징계사유와 종류, 절차를 엄격히 법정하고 있으므로 질서벌로 볼 수 있다.

3. 징계권의 범위

(1) 공무원에게 징계사유가 발생하는 한 징계권자는 반드시 징계를 요구하여야 하는데(국가공무원법 제78조 제1항), 법문의 규정상 이러

57) 대법원 1979. 11. 13. 선고 79누245판결.

58) 해임과 파면은 공무원의 신분을 박탈하는 처분이라는 점에서는 동일하나 파면의 경우에는 5년간, 해임의 경우는 3년간 공직취임이 금지되고(국가공무원법 제33조 제1항 제7호, 제8호), 파면의 경우에는 퇴직수당이 감액되나, 해임의 경우는 감액이 없다(공무원연금법 제64조 제1항)는 점에서 차이가 있다.

59) 강등은 1계급 아래로 직급을 내리고 공무원신분은 보유하나 3개월간 직무에 종사하지 못하며 그 기간 중 보수의 2/3을 감한다(국가공무원법 제80조 제1항). 정직은 1월 이상 3월 이하의 기간으로 하고, 정직처분을 받은 자는 그 기간 중 공무원의 신분은 유지하나 직무에 종사하지 못하며 보수의 2/3을 감한다(제80조 제1항). 그리고 정직기간 종료 후 18개월까지는 보수에 있어 승급이 제한된다(제80조 제5항). 감봉은 1월 이상 3월의 기간 동안 보수의 1/3을 감하는 것이다(제80조 제2항). 감봉기간 종료 후 12개월까지 보수에 있어 승급이 제한된다(제80조 제4항). 견책은 전과에 대하여 훈계하고 회개하게 하는 것을 말하는 데 견책집행 종료 후 6개월까지 보수의 승급이 제한된다(제80조 제5항). 모든 유형의 징계처분을 받은 자는 그 징계처분을 받는 날 또는 그의 집행이 종료된 날로부터 대통령령이 정하는 기간 동안 승진 임용 또는 승급이 되지 아니한다(제80조 제5항).

한 의미에서 결정재량은 부인되고, 이는 기속행위에 해당한다.[60] 다만, 어떠한 징계를 선택할 것인가에 관하여는 대법원은 기속적 재량행위로 본 것도 있고, 자유재량행위로 본 경우도 있다.[61]

(2) 공무원 징계권자의 권한과 관련하여 최근 논란이 되었던 사안을 검토한다. 이 사안은 법률에 대상자에 대한 임명권만 규정되어 있었는데, 임명권자에게 징계(해임)권이 인정되는지 논란이 되었던 사안이다. 즉, 사안은 2008년 대통령이 한국방송공사 사장을 해임한 것과 관련하여 해임 당사자는 방송법 제50조 제2항에 대통령이 한국방송공사 사장을 임명한다고 되어있을 뿐 면직 등에 관련된 규정은 없으므로 대통령에게 해임권이 없다고 주장하였고, 이에 대해 정치·사회적으로 큰 논란이 빚어졌다. 이에 대해 대법원은 비록 법이 그와 같이 규정하였다고 하더라도 임명권자에게 징계의 권한이 있다고 보았다.[62] 이 판결의 정당성은 공무원 임용권자의 포괄적인 권한에서 찾을 수 있다. 설령 법이 명시적으로 해임에 관하여 규정하고 있지 않다고 하더라도 공무원에 대해서는 헌법이나 법률에 의해서 명시적으로 임기를 보장하는 규정이 없는 이상 임명권자가 포괄적으로 징계권을 행사할 수 있다고 보는 것이 이치에 맞다.

4. 검토

공무원에 대한 징계는 기업에 있어서의 근로자에 대한 징계와 다음과 같은 점에서 차이가 있다. 첫째, 공무원에게 있어 공법상 근로관계의 형성은 통상 쌍방적 행정행위로 이루어지고 있다. 둘째, 공무원에 대해서는 헌법상 신분보장 규정을 통해 추상적으로 그에 대한 징계가 제한되지만 기업의 근로자는 근로기준법의 구체적인 규정을 통해 보호된다.

---

60) 대법원 2007. 7. 12. 선고 2006도1390판결.

61) 대법원 2008. 10. 9. 선고 2008두11853판결, 11860판결.

62) 대법원 2012. 2. 23. 선고 2011두5001판결.

셋째, 공무원에 대한 징계에 대해서는 징계의 사유와 종류, 절차가 법정되어 있는 등 엄격히 법치주의 원리가 적용되지만 기업의 근로관계는 그렇지 못하다. 이러한 차이점들은 기업에 있어서 사용자의 징계권의 범위나 제한 등에 대한 논의에 있어서 해석상 고려되어야 한다.

Ⅱ. 민법상 사단(社團)에서의 징계

1. 개요

우리가 통상 단체로서 지칭하는 민법상 사단은 사람을 구성원으로 하여 조직된 단체로서 이에는 사단법인, 법인격 없는 사단이 해당된다. 구체적으로는 변호사협회 등의 각종 자격사단체, 각종 스포츠단체, 종중, 종교단체 등을 들 수 있다. 재단법인은 사원을 구성원으로 하지 않으므로 제외된다. 사단은 일정한 목적을 위하여 결합된 단체로서 이를 위해 정관을 두어 조직의 설립 및 구성과 운영, 구성원들의 권리와 의무에 관한 사항을 규정하고 있다. 그러한 사항들은 사단 자체의 자율성에 기초해 이루어진다(사단자치).

일반적으로 민법상 사단의 경우에도 단체의 목적활동을 원활하게 하기 위해서 정관에 구성원들의 의무(혹은 질서)에 관한 규정을 두고 이를 위반할 경우에 일정한 제재를 가한다. 기업에서의 징계처럼 흔하지는 않지만 사단에 있어서도 구성원에 대한 징계문제가 종종 발생한다. 그와 관련해서는 주로 정관에 징계규범이 없는 경우에 사원에 대한 징계를 행할 수 있는지, 사단자치의 이념에 비추어 사원에 대한 징계에 대해 사법심사가 허용되는지, 개별 단체의 특성에 따른 징계의 정당성 등의 문제가 주를 이루고 있으며, 그 전제로 정관의 법적성질이나 징계의 본질에 관한 논의도 전개되고 있다.

2. 정관의 법적성질과 징계의 본질

(1) 정관의 법적성질

사단에서의 징계는 정관에 기초해서 이루어진다. 따라서 사단에서의 징계와 관련하여 문제되는 사항들을 해결하고 징계의 본질을 이해하기 위해서는 정관의 법적성질이 무엇인가에 관한 논의가 선행될 필요가 있다. 이에 대해서는 정관을 규범으로 보는 견해와 계약으로 보는 견해로 대별되는데, 그러한 논의는 주로 종래 독일에서의 논의를 기초로 하고 있다.[63)]

규범설은 정관을 규범의 일종으로 이해한다. 이 견해는 사단자치의 이념을 강조하고 단체의 법인격을 강조한다. 그에 기초해 사단은 구성원들의 정관작성을 통해서 자신의 조직에 대해 독자적이고 자발적인 규율을 할 수 있는 권한을 규범적으로 보장받는 것으로 이해한다. 이 견해는 사단과 구성원의 관계를 일종의 민사상의 특별권력관계로 보면서 구성원은 단체에의 가입을 통해서 단체의 징계권에 스스로 복종하는 것으로 본다. 초기의 규범설에 비해 수정된 규범설은 정관의 작성행위는 계약이지만 완료된 정관은 규범으로 보고 있다. 우리 대법원은 '사단법인의 정관은 이를 작성한 사원과 그 후에 가입한 사원, 사단법인의 기관도 구속하는 점에 비추어 그 법적성질을 자치법규로 보는 것이 타당하다'고 하여 규범설에 입각하고 있고,[64)] 일부 견해가 이를 지지하고 있기도 하다.[65)]

계약설은 정관을 계약의 일종으로 이해한다. 정관은 구성원들의 다면적인 계약으로 성립하는 것이고, 구성원들은 단체의 가입을 통해 징계

63) 독일의 논의를 자세히 소개한 글로는 박종희, "사단의 구성원에 대한 통제권의 법적 기초와 사법심사의 범위", 「안암법학」, 안암법학회, 1998.

64) 대법원 2000. 11. 24. 선고 99다12437판결.

65) 남기연, "프로선수 징계에 관한 정당성 검토", 「스포츠와 법」(제14권 제3호), 한국스포츠엔터테인먼트법학회, 2011. 8, 197쪽; 정준영, "사단법인의 회원에 대한 징계처분", 한국회의법학회지, 53쪽 등.

규정을 포함한 사단과의 모든 규정에 관하여 합의를 한 것으로 본다. 이 견해는 오늘날 사단자치가 갖는 의미는 사단내부의 구성원들 사이에 발생할 수 있는 이해관계를 구성원들이 자율적으로 조정하는데 있다고 보면서 그런 점에서 정관은 규범이기 보다는 계약으로 본다. 이 견해에 의하더라도 계약자체가 당사자를 구속하는 효력이 있는 이상, 그 한도에서 정관의 규범력이 부인되지는 않지만 그 본질은 여전히 계약이라고 보는 것이다.[66)]

한편, 이러한 논의에 대해 단체자치의 원리를 강조하는 규범설의 배경에는 '우월한 그리고 윤리적인 단체의 내부질서를 구성원이 위반하였다는 행위자에 대한 반윤리적인 평가'가 있다고 하면서 '단체의 본질은 윤리적인 평가와는 무관하다. 단체내부의 제재는 단체와의 이해가 상충되는 당사자에 대한 제재로서 징계는 단체내부에서 이익관계의 구체적인 산물에 불과하다'는 논리로 계약설의 입장을 지지하는 견해가 있다.[67)] 계약설이 정관의 규범성을 인정하고 있는 전제에서 단체의 본질에 접근하는 논리로 규범설과의 차이를 드러내고 있다는 점에서 설득력이 있다.

(2) 징계의 본질

사단법인의 정관의 법적성질을 규범으로 이해하는 입장에 의하면 사단에서 구성원에 대한 징계는 단체의 목적달성이나 질서유지를 위한 내부적 통제수단으로써 질서벌로 이해하게 된다.[68)] 그에 비해 계약설은 정관에 규정한 징계에 대해서도 구성원들의 합의가 성립한 것으로 보면서 징계관련 규범에 기해 구성원들은 계약상의 의무를 부담하고 그 위

---

66) 계약설의 입장에 선 견해로는 송호영, "소속사원에 대한 단체의 징계권에 관한 연구", 「재산법연구」(제26권 제2호), 재산법학회, 2009. 10, 7-8쪽; 최신섭, "도핑선수에 대한 스포츠단체의 징계권제한과 선수보호", 「스포츠와 법」(제14권 제3호), 한국스포츠엔터테인먼트법학회, 2011. 8, 175쪽.

67) 박종희, "사단의 구성원에 대한 통제권의 법적기초와 사법심사의 범위", 369-370쪽.

68) 남기연, "프로선수 징계에 관한 정당성 검토", 197쪽.

반은 계약위반에 해당하며 그에 대한 제재는 일종의 계약벌로 이해하게 된다.[69]

3. 징계의 종류와 내용

(1) 사단에서 행해지고 있는 징계의 종류로는 각 단체의 특성에 따라 견책, 경고, 과태료, 제재금의 부과, 자격정지, 선거권 및 피선거권의 제한, 제명 등 다양한 형태로 행하여지고 있다. 한편, 앞서 본바와 같이 사단에서의 징계권의 행사를 계약위반에 따른 제재로 이해한다면 구성원의 정관위반에 따른 제재는 반드시 금전에 의한 배상에 국한할 필요는 없고, 정관상 사단과 구성원사이의 위약효과에 관한 약정에 따라 다양한 징계종류와 내용이 결정된다. 다만, 징계의 종류로 반 인격적인 것(예컨대, 체벌)이나 국가형벌권에 의해서만 가능한 것(예컨대, 구금)은 인정될 수 없다.[70]

(2) 사단법인의 정관에는 징계에 관한 규범이 없거나 불충분한 경우가 있을 수 있다. 그러한 경우의 징계가능성에 대해 대체적으로는 사단법인에 있어서도 징계사유 등이 명확히 기재될 필요성을 강조하면서도[71] 일부 견해는 단체에 있어서의 징계에 대해서는 징계규범의 명확성의 원칙을 엄격히 강조할 필요는 없다고 한다. 그에 따르면 현실적으로 정관에 징계제도를 둘 경우 단체 내의 우호적인 분위기를 해할 우려가 있기에 일부러 징계규정을 두지 않는 경우도 있고,

---

69) 최신섭, "도핑선수에 대한 스포츠단체의 징계권제한과 선수보호", 175-176쪽; 송호영, "소속사원에 대한 단체의 징계권에 관한 연구", 8쪽.

70) van Look, Vereínsstrafen als Vertragsstrafen. S. 127 ff.(송호영, "소속사원에 대한 단체의 징계권에 관한 연구", 16쪽에서 재인용)

71) 최신섭, "도핑선수에 대한 스포츠단체의 징계권제한과 선수보호", 179쪽; 남기연, "프로선수 징계에 관한 정당성 검토", 206쪽은 스포츠단체에 있어서 징계의 수단으로서의 사회봉사명령 등은 그 취지는 좋으나 명시적으로 규정하고 있지 않는 한 그러한 징계를 할 수 없다고 한다.

그에 반해 현실적으로는 징계규정이 없더라도 단체에 해를 끼친 사원에 대해서 징계할 필요가 있다는 점, 단체에서의 징계는 계약책임이고 계약에 있어서 계약위반사실에 대한 손해배상의 예정을 하지 않는 경우는 얼마든지 있을 수 있다는 점을 들면서 형벌의 경우는 죄형법정주의 원칙이 엄격히 적용되지만 사적 제재에 해당하는 징계에 있어서는 엄격히 적용될 필요가 없다고 한다. 그 경우 단체는 법의 일반원칙(신의성실의 원칙, 비례성의 원칙, 절차적 정의의 원칙)에 따라 사회통념상 합당한 징계를 할 수 있다고 한다.[72]

다만, 단체 중에는 징계규범이 명확히 규정되어야 할 단체가 있다. 예컨대, 단체의 구성이 법적으로 강제되는 전문 자격사단체에 있어서의 징계는 일정한 행정질서를 유지하는 성격이 강하므로 징계규범이 명확히 규정될 필요가 있다.[73]

한편, 단체의 정관에 따라서는 징계제도를 두면서도 관련 절차규정을 두지 않는 경우도 있다. 예컨대, 프로축구연맹, 한국농구연맹 및 한국배구연맹은 징계심리 단계에서 당사자의 소명기회부여에 대한 명시적인 규정을 두고 있지 않은데, 그러한 경우에 있어서 징계대상자의 절차적 권리의 보장문제에 대해서 징계의 정당성을 확보하는 차원에서 소명기회의 부여를 필수적인 요건으로 보자는 견해가 있다.[74]

4. 검토

사단의 징계논의를 이해함에 있어서는 사단과 기업이 대체로 다음과 같은 점에서 차이가 있다는 점을 염두에 두어야 한다.

첫째, 사단은 사원들의 다면적인 계약(합동행위)에 의해서 조직됨에 비해 기업은 사용자와 근로자의 양면적인 계약으로 이루어진다.

---

72) 송호영, "소속사원에 대한 단체의 징계권에 관한 연구", 16-17쪽.
73) 김두형, "전문자격사의 책임과 역할", 「법조」(통권 575호), 2004. 8, 190쪽.
74) 남기연, "프로선수 징계에 관한 정당성 검토", 208쪽.

둘째, 사단에서의 사원은 사단을 구성하는 주체임에 비해 기업의 근로자는 기업을 구성하는 주체로 인정되지 않는다.

셋째, 사단의 정관은 구성원들의 합의로 제정되지만 기업의 취업규칙은 사실상 근로자들의 관여가 배제된 상태에서 일반적으로 사용자의 의사가 주로 반영되어 제정된다.

넷째, 일반적인 사단의 모습은 비영리로 운영되는 것에 비해서 기업은 명백히 영리를 추구한다.

다섯째, 사단의 목적은 구성원 전체의 이익을 위한 것임에 비해 기업의 목적은 오로지 기업주의 이익을 위한 것이다.

이러한 차이를 바탕으로 사단에서의 징계와 기업에서의 징계는 다음과 같은 차이가 발생한다.

먼저, 사단에서의 정관이나 징계규범은 그 제정과정에 구성원의 의사가 반영되므로 해당 규범의 구성원들에 대한 구속력이 강하다. 이는 사단에서의 징계에 대해서도 사단자치의 원리가 작동되어 징계에 대한 사법의 개입가능성이 논란이 되는 현상으로 나타난다. 그러나 기업에 있어서의 취업규칙의 제정은 사용자의 일방성이 두드러지고 근로자의 의사가 반영되기 어려우므로 근로자에 대한 징계에 대해서는 자치의 원리가 적용될 수 없고, 사법의 개입이 당연히 전제된다.

다음으로, 사단에서의 징계규범은 개별 구성원의 의사가 반영되고 전체 구성원의 합의가 전제되므로 당사자들의 해당 규범에 대한 구속력이 강하게 작용하는 결과 징계사유와 수단이 명확히 기재될 것이 요구되고 규범화되어 있지 않은 징계의 허용가능성이 낮다. 그에 비해 기업의 경우 징계규범의 제정에 사용자의 일방성이 작용하여 근로자에 대한 규범의 구속력이 떨어지므로 규범의 명확성도 상대적으로 완화되어 나타날 소지가 있다.

Ⅲ. 노동조합에서의 징계[75)]

1. 개요

노동조합은 법인으로서 등기할 수도 있고, 실질적으로도 사단으로서의 성격을 가지고 있지만 헌법상 노동3권의 보장을 통해 그 존재가 수인되고 있는 만큼 일반 사단과는 구별되는 특수한 성격을 가진 단체이다. 즉, 노동조합은 그 자체 근로조건의 유지・개선과 근로자지위의 개선이라는 분명한 존립목적을 가지고 있어야 하며, 이를 실현하기 위해서 노동3권이 보장되고 있다. 또한 노동조합의 존재목적은 그 자체의 특성으로 인해 다른 단체의 경우보다 내부적으로 더 강력한 통제력을 행사할 것을 요청하고 있다. 노동조합은 궁극적으로 사용자와의 교섭을 통해서 존재목적을 달성하여야 하고, 이는 실제적인 힘에 의해서 그 결과가 나타나며, 이를 위해 다수의 조합원을 확보하고 조합원들의 단결된 힘을 유지할 필요가 있기 때문이다. 그에 기초해 노동조합은 조합원들의 단결력을 확보하기 위해서 자체 규약을 정하여 조합원들의 의무사항을 정하고, 조합원들의 통일적 행동을 위해서 지시・명령을 행하기도 하며, 그러한 사항들을 위반할 경우에는 조합원들에 대해 징계를 하기도 한다. 노동조합이 행하는 징계의 종류도 다른 단체와 유사하게 견책, 제재금의 부과, 권리정지, 제명 등이 이루어진다.

노동조합의 징계와 관련해서는 노동조합이 조합원들에 대하여 행하는 징계권행사의 근거가 무엇인지, 사단자치의 이념 혹은 자주성의 원리에 비추어 조합원에 대한 징계에 대해 사법심사가 허용되는지 등의

---

75) 노동조합이 조합원들에 대해서 제재를 가하는 것에 대해 노동법학계에서는 통상 '통제권의 행사'라는 용어를 일반적으로 쓰고 있다. 이는 노조법이 규약의 필요적 기재사항으로 '통제에 관한 사항'이라는 규정을 두고 있는 것과 관련된 것으로 보인다. 그러나 노동조합이 조합원에 대해 실시하는 제재에 대해서 단체나 공무원관계, 기업 등에서 이루어지는 징계와 달리 보아야 할 하등의 이유가 없으므로 이 책에서는 동일하게 징계라는 용어를 사용한다.

문제가 논의되고 있다.

2. 징계권의 근거

(1) 노동조합의 조합원에 대한 징계와 관련해서는 노동조합 및 노동관계조정법(이하 '노조법'이라 함)에 관련규정이 있다. 즉, 노조법은 노동조합의 '대표자와 임원의 규약위반에 대한 탄핵에 관한 사항' 및 '규율과 통제에 관한 사항'을 규약의 필요적 기재사항으로 규정하고 있다(노조법 제11조 13호와 15호). 이와 같이 노동조합의 규약은 징계에 관한 사항을 포함하고 있기도 하고, 더 본질적으로는 노동조합의 조직과 운영에 관한 사항을 정하고 있다. 노동조합이 단체로서의 성질을 가지고 있는 이상, 앞서 사단에서의 논의와 같이 노동조합의 정관이라고 할 수 있는 노동조합규약의 법적성격에 관한 논의도 유사하게 전개되고 있다.[76] 즉, 노동조합이라는 단체의 우월한 권능을 전제로 노동조합의 규약을 하나의 자치법규로 이해하는 법규범설과 노동조합을 대등한 구성원간의 합의체로 이해하고 규약을 계약으로 보는 계약설의 대립이 그것이다. 이러한 견해차이는 다음의 징계권의 근거에 관한 논의에 있어서도 차이를 발생시킨다.

(2) 학설의 개요

노동조합의 규약을 법규범으로 이해하는 견해는 노동조합의 징계권의 근거에 대해 다음과 같은 견해들을 취한다.

첫째, 단체고유권설[77]의 논리는 다음과 같다. 즉, '단체는 그 존립을 위하여 또는 그 단체의 고유한 목적수행을 위해서 내부적 규제를 필요로 한다. 단체의 목적수행과 활동에 반하는 행동을 하는

76) 노동조합규약의 법적성격에 관한 자세한 논의는 김인재, "노동조합 내부문제의 법적 규율", 서울대 박사학위논문, 1996, 28-32쪽 참조.

77) 石井照久,「勞働法總論」, 1979, 312쪽.

구성원에 대해서는 단체의 원활한 운영을 위해서 통제력을 행사하는 것이 당연히 필요하고, 어떤 특별한 규정을 필요로 하지 않는다. 노동조합도 단체인 이상 단체로서의 고유한 권리에 기해 통제권을 행사할 수 있다.'

둘째, 단결권설[78)]의 논리는 다음과 같다. 즉, '노동조합이 근로조건의 향상이라는 단결권 보장의 목적을 실현하기 위해선 단결의 유지·강화를 위한 내부적인 통제력의 행사가 필요하다. 헌법 제33조 제1항의 단결권의 보장 속에는 단결의 유지·강화를 위한 노동조합의 통제권이 포함되어 있다. 노동조합의 통제권은 사단 일반의 그것과는 차원을 달리하는 것이다.'

셋째, 위 두 견해의 관점을 모두 인정하여 노동조합의 징계권은 사단 고유의 통제권에 속하는 동시에 단결권 보장에서 유래하는 특성도 가지고 있다는 견해[79)]도 있다.

다음으로, 노동조합의 조합원에 대한 징계권의 근거를 계약에서 구하는 견해의 요지는 다음과 같다.[80)] 즉, '노동조합은 조합원들의 권익을 위해 만들어지는 단결체로서 그 결성과 가입에 따라 발생되는 조합원의 지위에 관한 법적기초는 사법상의 계약이다. 노동조합의 조합원 징계의 문제는 내부적인 문제로서 여기에 적용되는 법률관계는 대등한 사법적 관계일 뿐이다. 따라서 징계권의 근거는 당사자의 의사에서 구해야 한다. 노조설립에 참여한 조합원은 규약의 작성 시에 이미 조합에게 상호간에 합의한 사항을 이행하지 않을 경우 제재가 가해질 것이라는 데에 사전 동의를 한 것이고, 나중에 가입한 조합원은 규약에 따라 행동할 것과 이를 위반할 경우 규약

78) 이상윤, 「노동법」, 574쪽; 이병태, 「최신노동법」, 165쪽; 김인재, "노동조합 내부문제의 법적규율", 35-37쪽.

79) 김형배, 「노동법」, 779-781쪽; 임종률, 「노동법」, 8쪽.

80) 박종희, "노동조합의 통제권의 법적기초와 사법심사의 범위", 197-209쪽.

에서 정한 바에 따라 제재를 받겠다는 것을 약정한 것이다.'고 한다. 이에 따르면 규약상의 의무를 위반한 조합원에 대한 제재조치는 위약벌로 이해하게 되며, 이에 대해서는 우리 민법 제398조를 근거로 들 수 있다고 한다.

(3) 검토 및 의견

다음과 같은 점에서 노동조합의 조합원에 대한 징계권의 근거는 계약에서 찾아야 한다.

첫째, 단체고유권설이나 단결권설은 단체의 고유한 목적 혹은 노동조합의 경우 헌법상 단결권보장에 따른 보다 강화된 목적을 실현하기 위한 필요성 그 자체에서 징계권의 근거를 구한다. 그런데 본래 노동조합이 그러한 목적을 표방하고 단체로서 구성을 할 수 있게 된 것은 조합원들의 의사가 먼저 있었기 때문이었다. 또한 그러한 목적을 실현하기 위해서 구체적인 수단으로 노동조합에게 징계권을 부여할 것인가의 여부에 대해서도 조합원들의 의사(결단)가 있었다. 따라서 징계권의 근거는 우선적으로 조합원들의 의사에서 구해야 한다.

둘째, 위 계약설의 견해는 단결권설에 대해 '기본권체계상 단결권보장 법리의 본래적인 의미는 조합원 개인이 국가에 대해서 누리는 권리로서의 성격이 우선하는 것이지 노동조합이 단체로서 우월적인 권능에 기해 조합원에 대해서 행사하는 권리의 근거로 이해할 수 없는 것이다'[81]고 비판하고 있는데 충분히 설득력이 있다.

셋째, 흔히 계약설에 대해 비판하는 견해 중에는 '노동조합은 재산거래를 목적으로 하는 사단과 동일시 할 수 없다'는 논리가 있으나 이는 수긍할 수 없다. 노동조합이 설령 어떤 경제적인 이유가 아닌 거창하고 추상적인 목적을 내세우더라도 그것 역시 본질적으로

81) 박종희, "노동조합의 통제권의 법적기초와 사법심사의 범위", 196-197쪽.

조합원의 이해가 합치된 결과일 뿐이다. 그러한 이해관계를 효율적으로 실행하기 위한 수단으로서의 징계는 기본적으로 조합원들의 이해관계의 대립과 조정의 산물일 수밖에 없고,[82] 그 점에 있어서는 다른 사단과 동일하다.

한편, 노동조합의 징계권의 근거를 단체고유권설의 측면과 단결권보장의 측면을 함께 가지고 있다는 견해 중에는 '노동조합과 근로자 사이의 내부관계에 있어서는 근로자들이 조합을 설립하고, 조합에 가입하면서 일정범위의 조합의 통제에 따를 것과 그 통제에 위반한 때에는 일정한 제재를 감수할 것을 약정하고 있는 것이므로, 이러한 조합원의 의사는 조합통제권의 실질적 근거로 볼 수 있다'[83]고 하여 사실상 계약설의 입장에 가까운 견해도 있다.

3. 징계권행사의 한계

(1) 노동조합 내부에서 조합원에 대한 징계가 행해져 분쟁화 되는 일은 실제로 많지는 않다. 사용자라는 대립관계에 있는 존재가 명백히 있고, 그에 대응해 노동조합은 자신의 힘을 유지하기 위해서 가능한 다수의 조합원을 확보할 필요성이 있으므로 구성원인 조합원을 배제하는 결정을 하기가 쉬운 구조는 아니다. 그럼에도 불구하고 현실에서 일어나는 조합원에 대한 징계를 보면 무리한 징계가 종종 일어난다. 그 이유는 노동조합이라는 존재가 사용자와의 관계에 있어서 전략적으로 어떠한 입장을 취하고 어떤 주장을 할 것인가와 관련하여 내부적으로 다양한 정파적 이해관계를 가진 조직으로 구성되고 있는 것이 현실이고, 징계의 주도자가 자신의 정파적 이해에 반대하는 조합원을 자의적으로 징계하는 경우가 종종 있기 때문이다. 그러한 사정은 우리나라의 노동조합이 대부분 기업별노조 형태를 띠고

---

82) 박종희, "사단의 구성원에 대한 통제권의 법적기초와 사법심사의 범위", 369-370쪽.
83) 김형배, 「노동법」, 780쪽.

있기에 징계권 행사의 악용가능성이 더 높다고 할 수 있다.[84] 이러한 현실을 고려한다면 노동조합의 징계권행사에 대해서는 적정한 징계가 이루어지도록 그 한계에 대한 논의가 중요해진다.

(2) 노동조합이 어떠한 범위에서 징계권의 행사가 가능하고 또 그러한 징계에 대하여 사법심사가 가능한가에 대해서는 앞서의 징계권의 근거에 관한 견해차에 따라 그 인정범위에 대한 논리적인 귀결이 달라진다.

먼저, 단체고유권설이나 단결권설은 징계권의 근거를 조합원에 대해 통제할 수 있는 단체 자체의 고유한 권리 또는 기본권으로 보장된 단체의 권리라고 보고 있으므로 본래의 이 견해에 의할 경우에는 징계권의 행사에 대한 사법심사는 지극히 예외적인 경우에 한정되는 것으로 보게 되며,[85] 노동조합의 목적 실현을 위한 단결강화에 초점에 맞출 경우에는 노조규약에 아무런 정함이 없거나 징계사유가 지극히 추상적으로 정해진 경우에도 노동조합이 조합원에 대한 징계를 할 수 있다는 논리도 가능한 결과에 이른다.

그에 비해서 계약설은 노동조합의 조합원에 대한 징계가 징계권이 행사될 수 있는 약정된 내용을 갖추지 못하거나 약정한 절차를 이행하지 않은 경우, 나아가 징계권의 근거를 갖추는 경우라 하더라도 자의적인 집행으로 차별적인 취급이 이루어지는 경우에 있어서도 권리남용법리에 따라 징계권의 행사내용에 대한 사법심사가 가능하다고 보게 된다.[86]

(3) 한편, 우리 노조법의 경우 명문규정으로 '규율과 통제에 관한 사항'을 규약의 필요적 기재사항으로 규정하고 있으므로 그에 기초한 별

84) 김형배, 「노동법」, 779쪽.

85) 자세히는 박종희, "노동조합의 통제권의 법적기초와 사법심사의 범위", 209-210쪽 참조.

86) 박종희, "노동조합의 통제권의 법적기초와 사법심사의 범위", 211쪽.

도의 해석이 필요하다. 이 규정은 노동조합의 징계에 관한 사항에 대해서는 조합원들의 의사가 반영되는 규약에 반드시 규정하도록 하는 것으로서 노동조합 운영의 민주성의 요청에 근거하는 내용이다. 헌법이 노동3권을 보장하고 있는 취지는 조합원들의 민주적인 의사결정에 기초해 노동조합의 조직과 활동이 이루어지는 것을 전제로 한다. 따라서 노동조합이 해당 조합원을 징계하기 위해서는 반드시 규약에 징계제도를 규정하고 있어야 한다. 만약 규약에 징계에 관한 규정을 두고 있지 않을 경우에는 조합원들에 대한 징계를 행할 수 없다고 보아야 한다. 또한 규약상의 징계규정은 어떠한 사항에 대해서 징계가 이루어지는 것인지 명확히 알 수 있어야 한다.

위와 같은 노조법의 규정이나 노동조합 운영의 민주성 요청에 의할 때 노동조합규약에 징계절차에 관한 규정을 두어야 함은 물론이다. 노동조합의 결의나 처분의 정당성은 조합원들의 의사가 반영되는 구조를 갖출 경우에 인정되므로 조합원에 대한 징계과정에 있어서도 징계 당사자의 절차적인 권리가 보장되는 제도를 갖추어야 함은 물론이다. 이는 설령 징계절차에 관한 규정이 없더라도 마찬가지이다. 노조운영의 민주성의 원리는 당사자들이 그에 관한 제도를 완비하지 못한 경우라도 관철되어야 한다. 따라서 비록 어떠한 사정에 기해 징계제도를 두면서 징계대상자의 절차적인 권리를 보장하는 규정을 갖추지 못하였다고 하더라도 실제 징계과정에서는 당사자에게 징계의 통지나 소명기회의 부여 등과 같은 핵심적인 절차적인 권리를 보장하여야 하고, 만약 그러한 절차적 권리를 보장하지 않은 징계는 정당성을 인정할 수 없다고 보아야 한다.[87]

4. 검토

노동조합의 조합원징계에 대한 논의는 노동조합 역시 사단의 성격을

87) 같은 취지의 견해 : 김인재, "노동조합 내부문제의 법적규율", 219-220쪽.

가지고 있으므로 사단에 있어서의 논의와 유사하고, 따라서 앞서 사단과 기업에서의 징계논의의 차이를 검토한 내용도 그대로 적용될 수 있다. 다만, 노동조합의 경우에는 단체로서의 결성구조가 사법상 사단의 성격을 가지는 것 외에도 노동조합의 존재가 헌법상 노동3권의 보장에 의해 제도적으로 인정되는 점을 함께 고려해야 한다는 것이다. 이 점은 사단에 비해서 다음과 같은 차이를 가져온다.

첫째, 노동조합의 경우 사단에 비해 조합원의 근로조건의 개선이라는 분명한 목적이 강조되고, 이를 위한 단결강제의 필요성이 강조되는 결과 그에 반하는 구성원에 대한 징계의 필요성이 더 부각된다. 이는 앞서 보았듯이 징계권의 근거에 관한 논의에 있어서 계약설에 기초한 접근을 어렵게 하는 이유로 작용하고 있다.

둘째, 노동조합의 결성에 대한 제도적 보장의 결과는 노동조합의 조직과 운영의 민주성의 요청으로 나타나고 조합원에 대한 징계에 있어서도 그러한 점이 반영되고 있다. 노조법이 징계에 관한 사항을 규약의 필요적 기재사항으로 강제하는 규정을 두고 있는 것도 그 점을 반영한 것이다. 이에 따라 사전에 규범화되어 있지 않은 징계나 절차적 권리가 보장되지 않은 징계는 허용되지 않는 결과로 이어진다.

징계의 이론과 실무

제3장 징계의 일반이론

제1절 외국의 징계제도

Ⅰ. 독일

독일의 경우 사용자가 근로자에게 책임을 묻는 제도는 두 가지 유형으로 실행되고 있다. 하나는 해고제한법(Kündigungsschutzgesetz, 혹은 BGB)의 적용을 받는 해고(Kündigung)이고, 다른 하나는 경영조직법(Betriebsverfassungsgestz)에 따른 징계(Betriebsbußen)이다.

1. 해고

가. 해고 유형

독일은 우리와 달리 해고를 근로자의 비위행위에 대한 제재로 설정하고 있지는 않다. 그러나 독일에서의 해고도 넓게 보면 근로자의 비위행위에 대한 제재로서의 측면으로 이해되어야 한다. 그 이유는 아래에서 보는 바와 같이 해고사유가 우리의 경우 징계해고로 이어지는 사유와 크게 다를 바 없기 때문이다.

(1) 독일 민법상의 해고

독일 민법상 사용자가 근로자를 해고하는 방법은 일반해고(ordentliche Kündigung)와 특별해고(fristlose Kündigung) 두 가지이다. 일반해고는 법정 해고예고기간(Kündigungsfrist)을 두고 이루어지는 해고로서 예고기간은 최소 4주에서 최대 7개월까지이다(BGB §622 I, II). 이에 비해,

특별해고는 해고예고기간을 두지 않고 즉시해고의 효력이 발생하는 해고이다(BGB §626 I). 특별해고는 해고예고기간이 만료될 때까지나 혹은 약정된 근로관계의 종료 시까지 근로관계를 지속시킬 것을 해고 당사자에게 기대할 수 없는 경우에 해고예고기간에 관계없이 중대한 사유 발생을 이유로 해고하는 것이다. 중대한 사유에 대한 입증책임은 사용자가 부담한다. 특별해고사유는 예컨대 직무수행과 관련하여 금지하고 있는 뇌물수수를 행하여 사용자에게 불이익을 끼친 경우,[1] 근로자의 중대한 계약위반, 근로자의 반복적이고 의도적인 노무급부제공 거부,[2] 사용자에 대한 심각한 명예훼손,[3] 직업훈련생을 담당하고 있는 근로자의 이들에 대한 심각한 성추행이나 정신질환자를 간호하는 자가 환자에게 행한 심각한 성추행[4] 등이 이에 해당된다. 최근 독일에서는 사소한 경범죄를 이유로 특별해고가 이루어진 사안에서 사회적 논란이 있었으나 독일연방노동법원은 해고의 정당성을 인정하였다.[5]

(2) 해고제한법에 의한 해고[6]

독일에서 해고제한법의 적용을 받는 경우 해고는 원칙적으로 금지되

---

1) Schaub/Linck, ArbR-Handbuch, 14. Aufl., 2011, §127 Rn. 116.

2) Schaub/Linck, ArbR-Handbuch, §127 Rn. 76.

3) Schaub/Linck, ArbR-Handbuch, §127 Rn. 83.

4) Schaub/Linck, ArbR-Handbuch, §127 Rn. 119.

5) BAG v. 10.06.2010, NZA 2010, 1227. 이 사안은 빈병을 자동회수기계에 올려놓으면 빈병 값으로 발행되는 영수증을 비정상적인 방법으로 네 차례 착복한 사안으로 그 금액은 각각 0.48, 0.82. 0.48, 0.82 유로(1유로 1,500원)의 적은 금액임. 동 사안에 대해 연방노동법원은 원심과 달리 사용자 물건에 대해 이루어진 고의적이고 위법한 행위는 그 의무위반이 사소한 가치의 물건에 해당하거나 사실상 손해배상이 인용되지 않을 정도의 작은 액수에 해당한다 하더라도, 이로 인하여 사용자가 근로관계를 해지기간 동안 계속 유지하는 것이 파괴된 신뢰관계 하에서 기대 가능한지 여부를 이익형량에 함께 고려하여야 한다고 하면서 이러한 경우 예고기간 설정이 없는 특별해고가 가능하다고 판단하였다.

6) 독일에서의 해고에 대한 규제는 일반법인 민법의 규정이 적용되기도 하지만 대부분의 해고는 해고제한법의 적용을 받는다. 해고제한법 제23조 제1항에 의하면 근로자 5인을 초과하는 사업장에 이 법이 적용된다.

고 예외적으로 사회적 상당성(soziale Gerechtigkeit)이 인정되어야 해고가 유효하다(KSchG §1 IV). 사회적 상당성이 인정되는 사유는 근로자의 일신상의 사유(Gründe in der Person)와 행태상의 사유(Gründe in dem Verhalten), 긴박한 경영상의 사유(dringende betriebliche Gründe) 세 가지이다(KSchG §1 II).

근로자의 일신과 관련된 사유로는 근로자가 신체적·정신적인 질환을 앓아 계속적으로 근무가 가능하지 않거나 노무급부를 위한 적합성 결여 내지 취업허가증을 받지 못한 경우, 테러저지를 목표로 삼고 있는 기업에서 경비를 담당하고 있는 근로자로 테러리스트와 친밀한 관계를 유지하고 있는 경우 등이 이에 해당한다.[7] 또한 일신상의 사유로는 질병으로 인한 경우가 많은데, 이 경우 그 질병으로 인한 장래 건강에 대한 예측이 부정적이고 질병으로 근로자가 노무급부를 하지 못할 경우 그로 인한 사용자의 이익이 현저히 침해될 우려가 있으며, 다른 완화된 수단으로도 그러한 장애를 극복할 수 없는 경우가 이에 해당한다.[8]

근로자의 행태와 관련된 사유는 근로자가 유책하게 주된 급부의무 내지 부수적 의무를 위반하는 경우들이다. 나아가 연방노동법원은 행태상의 사유를 유책한 계약위반에 따른 급부영역에 한정하지 않고 그러한 장애가 사업장 영역 등에 기인하는 경우도 인정하고 있다. 예컨대 사업장 내 모든 동료와의 불화로 인하여 사업장 평화에 대해 장애를 발생시킨 경우도 포함시키고 있다.[9] 근로자의 유책한 의무위반 행위로는 지각과 같은 불완전이행이나 근무위반행위(권한 없이 사적으로 인터넷을 사용한 경우)[10], 근로관계와 관련된 범죄행위(사업장 내 절도, 출퇴근시간 허위기재 등) 등이 해당된다. 그 외 업무 외적인 행태가 계약위반에 해당하는 경우로써 그러한 행태로 인하여 경영이나 근로관계에 영향을 주

7) Preis, Arbeitsrecht, 2. Aulf., 2003, S.736f.

8) Preis, Arbeitsrecht, S.739ff.

9) Preis, Arbeitsrecht, S.755; Schaub/Linck, ArbR-Handbuch, §133 Rn. 24.

10) Schaub/Linck, ArbR-Handbuch, §133 Rn. 27.

는 경우에는 그러한 행태를 이유로 해고가 가능하다.[11] 예컨대 근로자가 허위의 내용으로 사용자를 비방·모욕하거나 사용자와의 경업적인 행태를 보여 주는 경우 등이 이에 해당된다.[12]

나. 해고의 정당성

(1) 독일의 판례는 해고의 실체적 정당성 판단기준으로 비례의 원칙(Grundsatz der Verhältnismäßigkeit)과 이익형량의 원칙(Interessenabwägung)을 고려하고 있다.

먼저, 해고는 사용자가 다른 적절하고 완화된 수단을 통해 그의 이익을 충족시킬 수 있는 상태에 있지 아니한 경우에 비로소 강구되어야 하는 수단이라는 것이다. 물론 이때의 완화된 수단이란 계속고용에 대해 사용자가 법적으로나 사실적으로 가능한 상태 내에 있는 수단만이 고려대상으로 된다. 예를 들어 근로자의 질병으로 인한 장애사유가 발생하더라도 사용자가 잠정적인 조치, 예컨대 다른 동료근로자의 추가업무 수행이나 보조인력 사용 등으로 별 어려움 없이 장애를 제거할 수 있는 경우에는 해고가 정당화될 수 없다.[13]

이러한 최후수단의 원칙(Ultima-ratio Prinzip)은 근로자의 행태를 이유로 한 해고에도 적용된다.[14] 즉, 비례의 원칙은 해고의 원인이 근로자의 계약위반에 있는 경우에도 사용자는 원칙적으로 해당 근로자에게 그러한 비행이 재발하지 않도록 사전에 경고(Abmahnung)를 하도록 요구하고 있다. 사용자가 근로자의 특정한 계약위반행위에 대하여 이의를 제기하거나, 위반행위가 있은 다음부터는 계약에 따라 행동해 줄 것을 요구하였거나 그와 같은 행동이 반복될 경우에 노동법상의 조치를 강구하겠다는 경고를 우선 하여야 한다. 이러

---

11) BAG DB 1988, 1757.

12) Schaub/Linck, ArbR-Handbuch, §133 Rn. 23, 35.

13) Preis, Arbeitsrecht, S.743f.; BAG 16.2.1989 AP Nr. 20 zu §1 KSchG 1969 Krankheit.

14) Brox/Rüthers/이학춘 역, Arbeitsrecht, 2002, 노동경제연구원, 224쪽.

한 경고를 받았던 근로자가 경고에도 불구하고 동일한 방법으로 근로계약을 위반한 경우에는 당해 근로자도 자신의 계약위반행위로 인해 해고될 수 있다는 점을 예상할 수 있었을 뿐만 아니라 스스로 행태를 조절하지 않은 데에 대한 책임이 인정되므로 이 경우 해고는 정당하게 된다. 이때 경고에도 불구하고 근로계약을 위반하는 행위는 앞선 의무위반행위와 동종일 필요는 없다. 다만, 예외적으로 사전에 경고를 했었다 하더라도 사전경고를 통하여 근로자의 비위행위를 예방할 수 없었거나 의무위반행위가 중대하여 그와 같은 사전 경고가 의미 없는 경우에는 사전경고를 요하지 않는다.[15] 이와 같은 비례원칙은 특별해고의 경우에도 적용된다. 즉, 특별해고가 가능한 경우에도 해고대상자에게 보다 완화된 수단을 사용할 수 없다거나 혹은 완화된 수단의 사용을 해고권자에게 기대할 수 없는 경우에 정당성이 인정된다.

다음으로, 해고가 정당한지 여부는 근로관계를 종료시킴으로써 계약당사자의 일방이 갖게 되는 이익과 근로관계를 지속시킴으로써 상대방 당사자가 얻을 수 있는 이익을 비교형량 해보아야 한다. 이익형량 시 고려되는 것은 구체적으로 계약에 관련된 사정으로 계약위반의 중대성 및 위반의 정도, 과실의 정도, 위반횟수의 반복위험성 여부, 특별히 신임이 두터웠던 지위를 이용한 것인지의 여부, 근로관계의 지속에 영향을 끼치지 않는 기간인지의 여부, 해고예고기간의 장단 등이 해당된다.[16] 이익형량 문제는 부정적 예측(negative Prognose) 혹은 최후수단의 원칙의 문제로 많이 이전되고 현재로는 개별적으로 계약침해의 무게를 확정하는 정도에 한정하여 적용된다.[17]

15) Schaub/Linck, ArbR-Handbuch, §132 Rn. 25.

16) Brox/Rüthers/이학춘 역, Arbeitsrecht, 228쪽.

17) Preis, Arbeitsrecht, S.706.

(2) 해고의 절차적 정당성의 측면에서 보면 종업원평의회(Betriebsrat)가 존재하는 사업장의 경우, 사용자는 모든 해고 건에 있어 해당 근로자에게 해고통보를 하기 전에 종업원평의회에 충분한 정보를 제공·협의하며, 견해를 표명할 수 있는 기회를 제공해야 한다(BetVG §102). 사용자는 종업원평의회의 견해에 반하여 해고를 할 수 있지만 사용자가 이러한 협의절차를 지키지 않는 경우 해당 해고는 효력이 없다(BetVG §102 I).

2. 징계

(1) 독일에서의 징계는 사업장 내에서 직장질서를 위반하거나 범죄행위를 행한 근로자에 대해서 가하는 제재다. 독일에서 징계제도는 다음과 같은 특징들을 가진다.

첫째, 징계는 사업장 질서 위반에 대하여 가해지는 질서벌의 성격을 가진다는 점이다. 이러한 점에서 독일에서의 징계는 사업장 자치의 일환으로 행해지는 것으로 국가의 형사벌과 구별된다.[18]

둘째, 이러한 징계는 일반적·외형적으로 사업장 질서와 관련된 행태(Ordnungsverhalten)를 대상으로 하고, 견련관계에 있는 계약상 의무이행에 속하는 근로자의 행태(Leistungsverhalten)와는 관련이 없으며,[19] 이러한 점에서 계약이행을 담보하는 계약벌[20]과 구별된다.[21]

셋째, 나아가 징계는 집단적 행태질서를 대상으로 하는 것이며, 개별 경우에 개별적인 지시에 의해 이루어지는 행태와는 구분되는

18) Schaub/Linck, §58 1ff. 이런 측면에서 과거에 사용하던 Betriebsjustiz라는 표현은 국가의 사법권을 제한하는 듯한 인상을 주기 때문에 현재는 Betriebsbußen이란 표현을 사용한다(vgl. Zöllner/Loritz/Hergenröder, Arbeitsrecht 6. Aufl., S. 232).

19) Junker, Grundkurs Arbeitsrecht, 2001, S.434.

20) Zöllner/Loritz/Hergenröder, Arbeitsrecht S. 232.

21) v. Hoyningen-Huene, Betriebsverfassungsrecht, 2. Aufl., 1990, S. 228.

것이다.[22]

넷째, 이러한 점에서 징계는 형벌적·제재적 성격을 가지며, 집단적인 안전과 질서를 유지하고자 하는 규율조치이다. 따라서 징계는 근로자로 하여금 의무에 부합하는 행태를 유지하도록 작용하는 것과 더불어 의무위반의 불법에 대한 제재라는 의미로 기능한다.[23] 이는 사업장이란 조직에 대한 자치질서를 형성하고 적용하는 관계이므로 그 조직구성원들이 함께 결정하도록 하는 방식이다. 그러므로 징계를 부과하기 위해서는 단체협약, 사업장협정에서 규정하고 있는 법적 근거를 필요로 한다.[24] 이에 따라 사업장조직법은 사용자와 전체 근로자에 의해 선출된 종업원평의회와의 공동결정으로 사업장 질서규범을 형성하도록 하고 있다(BetrVG §87 Ⅰ Nr. 1).

(2) 사업장 내 징계가 유효하게 작동하기 위해서는, 첫째, 징계규정이 단체협약 혹은 종업원평의회와의 공동결정과 같이 유효하게 제정되어야 하며, 둘째, 근로자가 자신의 행태를 조율할 수 있도록 징계규정상 구성요건이 자세히 규정되어 있어야 하며, 셋째, 법치주의 관점(절차적 정당성)에서의 절차가 구비되어 있어야 하며, 넷째, 소명기회 부여 및 필요한 경우 근로자의 대리인의 참석까지도 허용되어야 하며, 다섯째, 개별 징계조치를 부과함에 있어 종업원평의회가 참여해야 한다.[25] 사업장에서는 종업원평의회를 대표하는 자와 사용자측을 대표하는 자들로 소위 규율위원회(Ordnungssusschuss)를 구성

---

22) 사업장 내에서의 금주는 사업장질서규범으로 설정될 수도 있으며, 사용자의 개별지시로 이루어지는 경우도 있을 수 있다. 전자에 위반한 경우는 징계로 나아가지만, 후자의 경우는 그 위반행위는 행태상 사유로 다루어지게 된다(Schaub/Linck, ArbR-Handbuch, §133 Rn. 12). 이와 더불어 개별근로자의 행태에 관련된 것인지 아니면 사업장 질서에 해당하는 것인지는 곧 종업원평의회의 동의를 필요로 하는 대상인지의 여부로 나눠진다.

23) Schaub/Linck, ArbR-Handbuch, §58 Rn. 3.

24) Zöllner/Loritz/Hergenröder, Arbeitsrecht S. 232.

25) Schaub/Linck, ArbR-Handbuch, §58 Rn. 21.

하여 징계를 결정하도록 할 수 있다. 이러한 경우 동 위원회에서 의견이 일치하지 않을 경우에는 사업장 중재위원회(Einigungsstelle)의 결정을 받게 된다.[26)]

(3) 독일의 사업장에서 이루어지는 징계의 수단으로는 구두에 의한 경고(Verwarnung), 문서에 의한 견책(Verweis), 벌금(Geldbuße)이 있다.[27)] 단순한 질서위반행위에 대해서는 주로 경고와 견책이 이루어진다. 사업장에서의 징계로서의 경고(Verwarnung)나 견책(Verweis)은 계약위반에 대한 경고(Abmahnung)와는 구별된다.[28)] 즉, 징계는 사내질서 위반에 대한 제재로서 행하는 것이고, 경고(Abmahnung)는 어떤 형태의 계약위반에 대해 채권자가 행하는 권리의 행사이다.[29)] 사업장에서의 징계는 부가적인 제재가 따르게 되므로 그 효과라는 측면에서 보면 계약위반에 대한 경고보다 제재가 더 광범위하다. 한편, 사내질서를 지키는 것은 근로자의 계약상 의무에 속하기도 하므로 근로자가 규정에 위반되는 행위를 하였을 경우, 사용자는 징계와 경고 중 어느 하나를 선택할 수 있다. 사용자의 조치가 징계 혹은 경고인지는 그 조치의 명칭에 따라 정해지는 것이 아니라 근로자가 인식할 수 있는 객관적인 부수적 사정을 고려하여 사용자가 부가적인 제재를 명한 것이었는지가 결정적인 기준이 된다.

그 외 독일은 징계의 수단으로 정직을 인정하지 않는다. 독일은 과거에 해고(Entlassung)를 징계의 수단으로 인정하였으나, 지금은 징계로써 해고를 할 수 없다는 것이 판례의 입장이다.[30)]

---

26) Schaub/Linck, ArbR-Handbuch, §58 Rn. 22ff.
27) Schaub/Linck, ArbR-Handbuch, §58 Rn. 9.
28) Brox/Rüthers/이학춘 역, Arbeitsrecht, 128쪽.
29) 계약위반에 대한 경고는 실질적으로는 해고 이전의 하나의 계약법적 제재수단이다. 따라서 사용자가 근로자에게 의무위반을 이유로 이미 경고를 하였다면 동일한 사례에 근거하여 행해진 해고는 효력이 없다(BAG NJW 1989, 2493).
30) BAG v. 28.4.1982 AP Nr. 4 zu §87 Betriebsbuße.

(4) 사업장의 징계조치는 사후 법원의 심사대상이 될 수 있다. 법원에서는 징계조치가 유효한 징계규정에 근거한 것인지와 징계대상자가 그러한 구성요건을 충족시켰는지 그리고 절차규정을 준수했는지 여부에 대해서는 심사를 할 수 있다고 본다. 그러나 징계조치 그 자체에 대해서도 법원이 심사할 수 있는지에 대해서는 의견의 다툼이 있다.[31]

(5) 이상 독일에서의 징계는 사업장이란 조직의 유지를 위한 질서규범을 정립하고, 이러한 규범을 위반한 근로자에게 제재를 가하는 질서벌의 의미로 정립되어 있다.[32] 이러한 한도에서 징계는 개별 근로자와 사용자 사이에의 근로관계 형성 및 종료를 구성하는 해고제도와는 구별되는 것이어서 징계조치로서 해고는 인정되지 않고 있다. 이에 반해 우리나라의 경우 징계는 사업장 질서 위반뿐만 아니라 근로자 개인의 의무위반행위에 대해서도 대상으로 하고 있다는 점에서 독일과는 차이가 난다. 이런 점에서 우리나라의 경우 징계로서 해고까지도 인정되고 있는 것이다.

Ⅱ. 영국

1. 제도의 개요

영국에서는 불문법 국가의 전통에 따라 징계문제를 판례법으로 다루

31) 이를 긍정하는 입장이 있는가 하면, 다른 입장에서는 그러한 징계조치가 형평에 반하지 않았는지 정도(BGB §§315, 317)만 통제 가능하다고 보는 입장도 있다(Schaub/Linck, ArbR-Hanbuch, §58 25ff.; Zöllner/Loritz/Hergenröder, Arbeitsrecht S. 233).

32) 다만, 일부 견해는 근로자의 질서위반행위와 근로계약에 기한 의무의 위반을 동일시하면서 징계를 계약벌(Vertragsstrafe)의 일종으로 이해하기도 한다(Zöllner/Loritz/Hergenöder, Arbeitsrecht, S. 232).

어 오다가 1971년 노사관계법(Industrial Relations Act)에서 최초로 부당해고를 부당노동행위의 일종으로 규율하면서 입법적인 규제를 시작하였다.[33] 이후 1975년 고용보호법(Employment Protection Act)은 해고의 정당성(fairmess)을 규정하고 입증책임을 사용자에게 부과하는 등의 해고시 근로자의 권리를 규정하였으며, 이 법은 그 후 1978년 고용보호(통합)법{Employment Protection(Consolidation) Act}, 1996년 고용권법(Employment Rights Act)으로 계승되었다.

영국에서 부당해고에 대해서는 입법적으로 상세히 규정[34]되어 있지만 징계해고절차에 대해서는 비법규적 규범인 1977년의 징계권과 징계절차에 관한 ACAS[35]지침(ACAS Code of Practice on Discipline power and procedure)과 판례법리로 규율되어왔다. 영국에서의 해고의 공정성에 대한 평가는 해고에 따른 근로자의 불이익이라는 관점이 아닌 사용자행동의 합리성이라는 기준에 의해서 이루어지는데, 이 때문에 어떤 행동이 합리적 행동의 범주에 해당하는지 결정하는 기준으로 ACAS지침이 가장 유력한 기준으로 제시되고 있다.[36] 이 지침은 1992년 노동조합 및 노동관계(통합)법{Trade Union and Labour Relations(Consolitation) Act} 제199조에 근거하여 ACAS가 제정한 것으로 1977년 제정된 이래 1997년, 2000년, 2004년의 개정을 거쳐 현재 2009년 개정 지침이 시행되고 있다. 총 45개의 항으로 구성되어 있는 지침은 해고 등 징계에 관한 절차적 사항, 고충처리절차 등을 규정하고 있다. 이 지침에 대해 영국의 귀족원은 일찍부터 징계해고 절차에서 이 지침을 정기적으로 참고하여야 할 규정이라

---

33) 영국의 1971년 노사관계법 제22조는 처음으로 근로자가 불공정해고(Unfair Dismissal)를 당하지 아니할 권리를 규정하고, 제106조는 불공정해고를 당한 근로자가 노사관계법원(National Industrial Relations Court)에 소를 제기하여 권리구제를 받을 수 있도록 하였다.

34) 고용보호(통합)법은 제57조에서 "해고의 정당성에 관한 일반규정(General provision relating to fairness of dismissal)"이라는 제목 하에 관련내용을 규정하고 있다.

35) ACAS(Advisory, Conciliation and Arbitration Service)는 영국에서 개별적 또는 집단적 노사분쟁에 관한 일반적인 알선・조정・중재 서비스를 담당하는 기관이다.

36) 전형배, "영국의 해고법제에 관한 연구", 고려대 박사학위논문, 2014. 2, 105쪽.

고 보아서 그 법적권위를 부여한 바 있다.[37)]

한편, 영국은 징계해고절차에 대해 2002년 고용법(Employment Act)에서 당시의 ACAS지침을 참작하여 소위 '3단계 필수절차'[38)]를 도입하여 입법적인 규율을 강화하고자 하였으나 여러 문제가 발생하여[39)] 2008년 고용법으로 이를 폐지하고 ACAS지침을 통해 규율하고 있다.

2. 징계의 제한 법리

영국에 있어서 사용자의 근로자에 대한 징계에 있어서는 원칙적으로 죄형법정주의의 원리가 적용된다. 사용자는 징계규정의 내용을 근로자들에게 주지시켜야 하며, 근로자는 자신의 행동이 사용자에게 인용될 수 있는 것인지 여부를 정확히 알고 있어야 한다. 규정의 내용이 근로자들에게 주지되어 있지 않은 경우에 그러한 사정은 해고를 불공정한 것으로 할 수 있다. 또한 징계규정의 내용은 명확해야 한다. 근로자가 오해할 수도 있는 모호한 규정은 해고를 불공정하게 할 수 있다. 예컨대, 장발금지규정을 위반하였다는 이유로 근로자가 해고된 사건에서 영국법원은 장발이 작업장의 안전에 하등의 위협을 주지 않으며, 어느 정도로 길어야 장발인지 여부가 명확하지 않다는 이유로 불공정해고로 판결

37) West Midlands Co-operative Society Ltd v Tipton [1986] AC 536.

38) 그 내용은 징계위원회 개최의 서면통지, 징계위원회 개최, 이의제기 및 재심의 절차를 거치도록 하는 것으로 예외적인 경우에는 사용자가 근로자의 비위행위에 대하여 징계위원회 없이 확정적으로 해고를 결정한 뒤 근로자에게 이의제기권을 부여하는 방식도 인정하였다.

39) 3단계 필수절차의 입법에 따른 문제점은 첫째, 절차위반에 대한 법적효과가 해석상 확립되지 않아 종전보다 분쟁이 더 증가하였다는 점, 둘째, 이 절차는 징계위원회를 전제로 하는데 그 경우 소규모 사업장에서는 실효성이 없다는 점, 셋째, 이 입법으로 기존에 '해고절차협약'에 따라 해고절차를 규율하던 사업장에서 그 협약을 폐지하고 3단계 필수절차를 따랐지만 오히려 분쟁이 증가하여 분쟁기준의 자치적 설정을 촉진해야 하는 노사관계법의 취지에 부적합하다는 점 등이다{Michal Gibbons, *Better Dispute Resolution - A REVIEW OF employment dispute resolution in Great Britain*, DTI, 2007(김근주, "영국의 사업장 내 징계해고절차에 관한 연구", 「노동정책연구」(제10권 제1호), 한국노동연구원, 2010, 191쪽 재인용)}.

하였다.[40)]

3. 징계절차의 내용과 위반의 효력

(1) ACAS지침은 몇 차례 개정되어 왔는데 2009년 개정지침에 따르면 사안에 따른 사실관계 확정절차(제5조-8조), 근로자에 대한 통지(제9, 10조), 위원회의 개최(제11, 12조), 제3자의 동행요구권(제13-16조), 사용자의 적정한 조치를 취할 의무(제17조-24조), 재심을 청구할 근로자의 권리(제25-28조) 등을 규정하고 있다. 이 지침에서 규정한 징계절차의 주요한 내용[41)]은 다음과 같다.

a. 징계절차는 서면으로 규정되어야 한다. b. 그 적용대상이 특정되어야 한다. c. 징계사유는 근로자에게 즉시 제공되어져야 한다. d. 해당 징계절차에서 결정 가능한 징계조치가 주어져야 한다. e. 징계의 결정권을 가지고 있는 경영단체가 명확하여야 하며, 직상급자가 통상적인 징계를 행할 수 있는 권한을 가져서는 아니 된다. f. 근로자는 자신에 대한 혐의사실을 알려야 하며 징계결정이 있기 전에 자신을 위하여 진술할 수 있는 기회가 부여되어야 한다. g. 근로자는 노동조합 간부나 동료 근로자의 조력을 받을 권리가 있다. h. 중대한 비위행위가 아닌 한, 근로자는 처음 저지른 비위행위를 이유로 해고되어서는 아니 된다. i. 사안에 대하여 주의 깊은 사실조사를 하기 전에는 징계를 결정하여서는 아니 된다. j. 결정된 징계에 대해서는 근로자에게 설명을 하여야 한다. k. 근로자에게는 재심청구권이 주어져야 한다.

(2) 사용자가 근로자를 징계하면서 단체협약이나 ACAS지침에 규정된 징계절차를 위반할 경우의 효력에 대해 영국의 판례는 대략 다음과

40) Brooks & Sons v. Skinner [1984] IRLR 379.

41) Norman Selwyn, 「Law of Employment」, Butterworth, 1993, 595쪽.

같은 법리를 전개하여 왔다.

첫째, 영국에서 부당해고제도가 입법으로 한창 도입될 무렵인 1970년 중반 경에는 사용자의 징계절차위반의 해고는 사용자가 근로자를 해고할 때 당연히 지켜야 할 합리적인 절차를 거치지 않은 것으로서 곧바로 부당해고로 인정되었다.[42)]

둘째, 영국법원은 1979년 British Labour Pump v Byme 사건[43)]을 통해 'no difference rule'이라는 법리를 적용하였다. 이 법리에 따르면 사용자가 징계절차를 따르지 않고 징계해고를 하였지만 설령 징계절차를 따랐다고 하더라도 해고사유가 정당했었다는 점을 입증한 경우에는 결과에 있어서 차이가 없으므로 해고의 효력이 인정된다. 이에 따라 징계절차의 준수여부는 해고의 정당성을 판단하는 하나의 요소에 불과한 것으로 격하되었다. 이 법리는 1980년대 중반까지 적용되었다.

셋째, 영국법원은 1987년 위 둘째 법리를 Polkey v AE Dayton Services 사건[44)]을 통해 변경하였다. 이 사건에서 법원은 징계절차에서 근로자에게 절차적인 권리가 보장되지 않은 경우에 원칙적으로 부당해고가 인정된다고 보되, 다만 사용자가 적법하게 해고절차를 거쳤더라도 근로자를 해고하였을 것임을 입증할 경우에는 이를 감안하여 사용자가 부담하는 보충적 금전배상액을 감면[45)]할 수 있다고 판단하였다. 이와 같은 판례법리는 그 뒤 'Polkey 삭감법'으로 불리게 되었는데, 징계절차위반에 대하여 원칙적으로 부당해고를 인정하여 징계절차 준수의 중요성을 강조하였지만, 영국에서는 실

42) Dunning AJ & Sons v. Jacomb NIRC [1973] IRLR 448.

43) British Labour Pump Co Ltd v. Byme [1979] IRLR 347.

44) Polkey v AE Dayton Services [1987] IRLR 503.

45) 구체적인 산정의 방식과 관련해서는 부당해고로 인해 사용자가 부담하는 보충적 금전배상액에서 사용자에게 귀책불가능한 비율을 삭감하는 방식(감액법)과 적법한 해고절차로 인하여 해고가 늦춰질 수 있었던 기간만을 보충적 금전배상액으로 인정하는 방식(연기기간 배상법)이 있다(자세히는 김근주, "영국의 사업장 내 징계해고절차에 관한 연구", 184-185쪽).

제 원직복직보다는 금전배상에 의한 분쟁해결이 주로 이루어지고 있기 때문에[46] 경우에 따라서는 배상액의 감면으로 근로자에게 있어 실효적인 구제로 연결되지 않는 경우도 있었고, 그에 따라 사용자에게 징계절차의 준수를 강제하는 효력도 미흡하였다.[47]

이와 같이 절차적 공정성에 관한 영국 법원의 입장은 당시의 상황에 따라 엄격한 이행을 요구하기도 하고, 때로는 완화된 입장을 보이기도 하였는데, 현재는 절차적 공정성에 관한 중요한 기준으로 ACAS지침의 이행을 중시하고 있는 경향을 보이고 있다. 특히, 제정법이 ACAS지침의 이행여부에 따라 금전보상의 25%까지 가감을 할 수 있는 권한을 고용심판소에 부여하면서[48] 그러한 경향은 더욱 강화되었다.

(3) 징계절차의 내용 중, 징계절차 혹은 고충처리절차에서 동행을 받을 권리(right to accompanied)는 1999년 고용관계법(Employment Relations Act)에서도 보장되고 있다.[49] 이 법률 제10조는 근로자가 징계절차 혹은 고충처리절차에 출석할 것을 요구받은 때에 근로자가 타인과 동행하겠다는 의사표시를 사용자에게 하면 사용자는 이를 허용하여야 한다는 것을 골자로 한다. 여기서 동행을 할 수 있는 사람은 해당 근로자가 지명한 사람이거나 노동조합이 고용을 한 간부이거나, 동행인으로 활동하기 위하여 교육을 받거나 경험이 있는 자로서 노동조합이 지명한 자이거나, 그 외 사용자의 근로자이다.

만일, 사용자가 근로자의 동행권 행사를 받아들이지 아니하거나

46) 영국의 보통법 법리는 해고가 위법한(wrongful) 것이라고 하더라고 고용관계는 일단 사용자의 의사표시에 의하여 유효하게 종료하되, 고용관계가 유효하게 종료한 것으로 인하여 근로자가 입게 되는 손해에 대한 배상문제만 남는 것으로 인정 된다{Simon Deakin/Gillian S Morris, Labour Law, Hart Publishing, 2012, 433쪽(전형배, "영국의 해고법제에 관한 연구", 44쪽 재인용).

47) 김근주, "영국의 사업장 내 징계해고절차에 관한 연구", 185쪽.

48) Trade Union and Labour Relations(Consolitation) Act 1992 s207A.

49) 이에 관한 자세한 내용은 전형배, "영국의 해고법제에 관한 연구", 108-109쪽 참조.

받아들이지 아니하겠다는 취지의 위협을 하는 경우 근로자는 고용심판소에 소를 제기할 수 있고, 고용심판소는 근로자의 청구가 이유가 있다고 인정하는 때에는 사용자에게 2주의 임금에 상당하는 금액을 초과하지 아니하는 범위 내에서 금전보상의 지급을 명령할 수 있다.

Ⅲ. 프랑스

1. 제도의 개요

징계에 관한 프랑스제도의 특징은 사용자의 징계권을 입법으로 상세히 통제하고 있다는 점이다. 즉, 프랑스의 “기업에서 근로자의 자유에 관한 1982년 8월 4일의 법률”은 징계의 정의를 내리면서 사용자의 징계권을 승인하는 대신에 근로자보호를 위하여 법적규제를 확대하였다. 프랑스 노동법전 L. 122-40조는 징계에 대해 “사용자가 비행(fautif)이라고 판단하는 근로자의 행동 후에 사용자가 행하는 구두의 주의 이외의 모든 조치를 말하고, 근로자의 출근·직무·경력 또는 보수에 곧바로 영향을 미치는지 여부를 묻지 않는다.”고 정의하고 있다. 한편, 프랑스의 경우 징계해고는 기간의 정함이 없는 근로계약의 해약고지에 관한 1973년 7월 13일의 법률의 규제를 받기 때문에 그 밖의 징계와는 적용법령을 달리한다.

사업장에서 통상 이용되는 징계의 종류로는 견책(l'aver tissement, le bláme), 출근정지(la miseá pied disciplinaire), 배치전환(la mutation), 해고(le licenciement) 등이 있다. 우리 법이 감급의 징계를 인정하는 것과 달리 프랑스는 모든 금전적 제재를 금지하고 있다(노동법전 L. 122-42조).[50]

---

50) 이 규정은 근로자의 비행 또는 노무공급의 의식적인 하자이행을 이유로 하는 모든

2. 징계권 제한규정

(1) 프랑스의 경우 다음과 같은 규정을 통해서 사용자의 징계권에 대해서 실체적인 제한이 가해진다.

첫째, 사용자가 근로자에 대해서 징계를 하기 위해서는 사전에 취업규칙에 징계처분이 기재되어 있어야 한다(L. 122-34조).

둘째, 출신 · 성 · 도덕관념 · 가족상황 · 민족 · 국적 · 인종 · 정치적 견해, 노조활동, 파업권의 정상적 행사, 종교적 신념 또는 건강상태 등을 이유로 하는 차별적 징계는 금지된다(L. 122-45조).

셋째, 근로자의 기업 내 의견 표명권 행사를 이유로 징계 또는 해고하는 것도 금지 된다(L. 461-1조).

넷째, 동일한 근로자의 위반행위에 대하여 이중징계를 금지한다(Soc. 5 nov. 1987, Dr. soc. 1989, 290).

다섯째, 징계는 근로자의 위반행위에 비례하여 내려져야 한다(L. 122-43조 2항).

(2) 이에 더해, 사용자가 근로자를 징계하고자 할 경우에는 다음의 절차를 따라야 한다.

첫째, 사용자가 근로자를 징계하기 위해서는 근로자의 소환, 사전면담 및 통지 절차를 준수하여야 한다.

둘째, 소환규정은 해고가 예정된 징계와 그렇지 않은 징계의 경우에 달리 적용된다. 해고가 예정된 징계의 경우에는 소환 시 근로자는 종업원대표, 종업원대표제가 존재하지 않는 사업장의 경우 동료

형태의 임금공제를 대상으로 한다. ①노무제공의 일부거부 등 불완전이행을 이유로 하는 임금공제는 금전적 제재에 해당한다(Soc. 20 février 1991, Dr. soc. 1991, 474). ②근로자의 비행을 이유로 하는 능률수당의 감액 · 부 지급은 금전적 제재에 해당한다(Soc. 7 mai 1991, Dr. soc. 1991, 511). 지각 · 결근 · 교통사고 · 재료파손 등 근로자에게 책임 있는 비행의 경우에 연도 말 수당 등의 감액 · 부 지급을 규정한 취업규칙 조항도 위법이다(CE 12 juin 1987, Dr. soc. 1987, 655). ③반면에 좌천은 금전적 제재가 아니며, 징계로서의 출근정지도 금전적 제재가 아니다. 임금공제는 근로하지 아니한 시간에 상응한 조치이기 때문이다(Soc. 24 mars 1988, D. 1988, somm. 316).

종업원 1명 또는 관청이 작성한 명부에 기재된 조력자 1명의 보좌를 받을 수 있다는 취지를 소환장에 기재하여야 한다(L. 122-14조).

셋째, 면담 시 사용자는 근로자에게 예정된 징계사유를 제시하고 근로자의 의견을 청취한다(L. 122-41조 2항, L. 122-14조). 다만, 경미한 징계(근로자의 출근, 직무, 경력, 보수에 직접・간접으로 영향을 미치지 아니하는 견책과 같은 징계)에 대해서는 사전면담을 생략할 수 있다(노동법전 L. 122-41조).

넷째, 사용자는 징계를 결정하면 그 구체적인 이유와 함께 이를 서면 등의 방식으로 근로자에게 통지하여야 한다(L. 122-41조, R. 122-18조).

Ⅳ. 이탈리아

1. 제도의 개요

이탈리아의 경우 징계권의 근거조항으로 민법과 1970년에 제정된 근로자헌장법이 존재한다. 먼저, 이탈리아 민법 제2106조에 따르면 사용자는 주의의무 및 충실의무를 위반하는 근로자의 행위에 대하여 "위반의 중대성에 따라 또는 단체협약을 근거로 징계를 실시할 수 있다"고 규정하고 있다. 즉, 일반적인 근로자의 주의의무 및 충실의무 위반행위에 대하여 보통법상의 제재방법(계약의 해제, 손해배상, 강제이행)과 다른 보다 실효적인 제재수단으로서 징계를 부과할 수 있음을 규정하고 있는 것이다. 이 규정은 사용자에게 징계권이 존재한다는 점을 명시적으로 규정한 것은 아니지만 일반적으로 사용자의 징계권을 당연한 것으로 전제하고 있다고 해석된다.[51] 이탈리아에서는 이와 같이 민법전에 징계권의 근거조항을 두고 있는 것에 터 잡아 다수의 학설은 징계를 위

51) 大内伸哉, 「イタリアにおける懲戒法制」, 季刊労働法 (第177号), 1995, 30쪽 이하.

약벌(clausola penale)로 이해하고 있다.

2. 징계권 제한규정

(1) 이탈리아의 경우 근로자헌장법의 다음과 같은 규정을 통해서 사용자의 징계권에 대해서 실체적인 제한이 가해진다.

첫째, 징계규범은 사전에 특정되어 있을 것이 요구된다. 근로자헌장법 제7조 제1항 제1문은 "제재, 제재사유 및 제재의 통지절차에 관한 규범은 모든 사람이 볼 수 있는 장소에 게시함으로써 근로자에게 주지되어야 한다."고 규정하여 징계규범에 대한 사용자의 주지의무를 인정하고 있다. 이른바 죄형법정주의 원칙의 적용이다. 이탈리아 파기원은 징계규범이 불특정 근로자집단을 상대방으로 하며, 사용자의 단독행위로서의 성격을 가지므로 민법 제133조에 기하여 상대방인 근로자집단이 인식하지 않으면 효과가 발생하지 않는다고 한다.

둘째, 근로자헌장법 제15조는 차별행위에 대한 일반적 규제를 정하고 있으며, 이를 징계에 대해서도 적용하여 차별적 징계를 금지하고 있다.

셋째, 근로자헌장법 제7조 제4항은 징계의 종류에 관하여 제한하고 있다. 그 내용으로는 강등(retrocessione)과 같이 근로관계의 결정적인 변경을 초래하는 징계처분의 부과금지[52], 제재금(multa)의 기본보수의 4시간 분 초과 금지, 무급출근정지의 10일 초과 금지 등이다.

(2) 이에 더해, 사용자가 근로자를 징계하고자 할 경우에는 다음의 절차를 따라야 한다.

---

52) 징계로서의 배치전환은 배치전환의 본래의 기능을 넘어서는 조치이기 때문이다. 다만, 판례 중에는 배치전환을 징계로 규정한 ENEL(이탈리아 전력회사)의 단체협약에 대하여 비위행위와의 사이에 비례성이 충족되는 한에서 징계로서 가능하다고 한 예가 있다(大內伸哉, 「イタリアにおける懲戒法制」, 32쪽).

첫째, 사용자는 징계를 하기 전에 징계사유를 통지하여야 한다(근로자헌장법 제7조 제2항). 견책보다 중한 징계에 대해서는 서면으로 통지해야 한다(제7조 제5항).

둘째, 사용자는 징계를 하기 전에 근로자의 소명을 청취하지 않으면 안 된다(제7조 제2항).

셋째, 근로자는 소명 시 자신이 가입한 노조의 대표자 또는 종업원대표자의 입회하에 그의 원조를 받을 수 있다(제7조 제3항).

넷째, 사용자는 징계협의사실을 통고한 날로부터 5일간이 경과한 후에야 징계를 결정할 수 있다(제7조 제5항).

V. 일본

1. 제도의 개요

일본은 징계에 관련하여 두개의 입법으로 규율하고 있다.

먼저, 2007년에 제정되어 2008년 3월부터 시행되고 있는 일본의 노동계약법 제15조(징계)는 "사용자가 근로자를 징계하는 경우, 그 징계가 징계에 관계된 근로자의 행위의 성질 및 행태 그 밖의 사정에 비추어 객관적으로 합리적인 이유를 결여하고, 사회통념상 상당하다고 인정되지 아니하는 경우에는 그 권리는 남용한 것으로 그 징계는 무효로 한다."는 규정을, 제16조(해고)는 "해고는 객관적으로 합리적인 이유를 결여하고 사회통념상 상당하다고 인정되지 아니하는 경우에는 그 권리를 남용한 것으로 무효로 한다."는 규정을 두고 있다.

다음으로, 일본의 노동기준법은 첫째, 해고사유와 상시 10인 이상의 근로자를 사용하는 사용자가 근로자에 대한 징계제도를 둘 경우에 이를 취업규칙의 필요적 기재사항으로 규정(법 제89조 제1항 3호 및 9호)하고 있고[53], 둘째, 징계의 수단 중 감급에 대해서는 '1회의 금액이 평균임금 1일분의 반액을 넘거나, 총액이 1임금지급기 임금총액의 10분의 1을 넘어서는 안 된다'는 제한규정(법 제91조)을 두고 있다.

2. 징계권의 본질과 법적근거

(1) 사용자가 근로자에게 행하는 징계가 무엇이며, 사용자가 근로계약의 당사자인 근로자에 대해 징계할 수 있는 법적근거가 무엇인가에 대해 일본에서의 논의를 선도하고 있는 것은 일본 최고재판소가 취하고 있는 기업질서론이다.

이에 의하면 '기업은 기업의 존재와 사업의 원활한 운영을 위해 기업질서를 정립하고 유지할 권한을 가진다. 기업은 기업질서를 유지·확보하기 위해서 필요한 사항을 규칙으로 정하거나 근로자에게 지시·명령할 수 있으며[54], 기업질서에 위반하는 행위가 있는 경우에는 혼란스런 기업질서의 회복에 필요한 업무상의 지시·명령을 하거나 위반자에 대한 제재로서 징계처분을 할 수 있다.[55] 근로자는 근로계약의 체결에 의해 기업에 대해 노무제공의무를 부담함과 동시에 부수적으로 기업질서의 준수의무를 부담한다.'고 한다.

이러한 판례의 기업질서론에 대해 학계에서는 '기업질서의 필요성을 부정할 수는 없지만 그것은 법적으로는 노사의 권리의무의 총체에 의하여 구성되는 일종의 사실적 상태일 뿐이고, 그 침해가 당연히 징계처분의 대상이 되는 것은 아니다'[56]거나 '판례의 기업질서론은 일종의 기업질서 필요론으로 기업의 노무지휘권과 시설관리권의 범위 및 권한행사의 적법성을 확정하고 징계처분의 유효성을 결정하기 위한 구체적이고 탄력적인 기준으로서의 역할만을 수행한

---

53) 해고사유를 취업규칙의 필요적 기재사항으로 입법한 것은 2003년의 노동기준법 개정에서다.

54) 富士重工業事件, 昭和 52. 12. 13. 民集 31卷 7号, 1037쪽.

55) 關西電力事件, 昭和 58. 9. 8. 判例時報 第1094号, 121쪽.

56) 盛誠吾, "懲戒處分", 「現代勞働法講座 10」, 日本勞働法學會, 1982, 232쪽.

다'[57]고 하는 등 그 의미를 축소해서 이해하는 견해도 있지만, 대개는 판례의 이론을 수용하고 있다. 그에 따라 기업은 그 본질상 기업의 유지·운영에 필수불가결한 것으로 기업질서의 존재가 필요하며, 근로자의 기업질서준수의무는 근로자가 근로계약을 통해 기업에서 협동적 근로에 종사한다는 근로계약의 성질 그 자체에서 당연히 인정된다고 이해되고 있다.[58]

(2) 이러한 일본최고재판소의 기업질서론에 따르거나 그 이론을 수용하는 학계의 논의에 따르면 징계의 본질은 근로자의 기업질서 위반행위에 대한 제재벌로서 기업질서 위반자에 대해 사용자가 근로계약상 실시할 수 있는 통상의 수단(보통해고, 배치전환, 손해배상청구)과는 별개의 특별한 제재로 이해하게 된다.[59]

그에 반해, 사용자의 징계를 민사상의 계약책임과 일체로 이해하려는 견해도 있다. 그 견해의 요지는 다음과 같다. 즉, '기업질서·복무규율을 위반하는 근로자의 행위는 근로계약에 기한 의무의 불이행에 해당하고, 사용자는 그 책임을 추급할 수 있다. 민사상의 책임추급수단으로는 근로계약의 해지와 손해배상의 청구가 있지만 손해배상의 청구는 이용이 어렵고, 해지(해고)는 근로자에게 가혹한 결과를 초래한다. 기업경영의 합리성과 근로자의 생활이익의 보호라는 관점을 조화하기 위해서는 근로자의 의무위반에 대해서 해고를 할 것인가 아닌가라는 양자택일적 관점보다는 의무위반의 정도에 따른 다양한 제재수단을 활용하고 가능한 근로계약관계를 유지하는 것이 바람직하다. 그와 같은 이유에서 다양한 징계처분이 합리적이다'[60]는 것이다.

---

57) 中嶋士元也, "最高裁における企業秩序論", 「季刊勞働法」 第157号, 131-132쪽.

58) 菅野和夫/이정역, 「일본노동법」, 법문사, 2007, 376-377쪽.

59) 菅野和夫/이정역, 「일본노동법」, 383쪽.

60) 下井降史, 「勞働基準法」(第3板), 2001, 312쪽(박지순, "징계제도의 법적구조 및 개별

(3) 한편, 징계권의 법적근거에 관하여 일본에서는 종래부터 고유권설과 계약설의 논란이 있어왔다. 고유권설은 사용자는 규율과 질서를 필요로 하는 기업의 운영자로서 혹은 경영권(기업소유권)의 한 내용으로서 당연히 고유의 징계권을 갖는다는 것이고, 계약설은 사용자의 징계권의 행사는 근로자가 근로계약에서 구체적으로 동의하고 있는 한도에서만 가능하다고 한다. 또한 이와 같은 관점의 차이는 첫째, 취업규칙상 징계에 관한 근거규정이 존재하지 않는 경우에도 사용자는 여전히 징계를 할 수 있는지, 둘째, 취업규칙상 징계사유와 수단을 열거하고 있는 경우에 그 열거를 한정적 혹은 예시적으로 볼 것인지의 차이가 있다고 한다.[61] 고유권설에 의하면 사용자는 취업규칙에 징계에 관한 규범이 없어도 징계할 수 있고, 취업규칙상의 징계사유는 예시적인 것으로 보게 되며, 계약설은 반대로 해석하게 된다는 것이다.

이러한 논란은 위에서 보듯 일본 최고재판소가 기업질서론을 채택하였음에도 해결되지 못하고 있다. 판례 역시, 기업 및 근로계약의 본질에서 사용자의 기업질서 정립권과 근로자의 기업질서준수의무를 도출하고, 사용자의 징계권을 기업질서 정립권의 일환으로 이해하여[62] 고유권설의 입장에 서있기도 하며, 한편으로는 사용자는 규칙과 지시·명령에 위반하는 근로자에 대해서는 취업규칙이 정하는 바에 따라 징계처분을 할 수 있다[63]고 하여 계약설의 입장에 서있기도 하다. 다만, 일본의 경우 노동기준법에서 징계제도 자체와 해고사유를 취업규칙의 필요적 기재사항으로 하고 있다는 점에서 입법자의 태도가 계약설의 입장을 견지하고 있는 것으로 볼 수는 있다.[64)

쟁점의 재검토", 237쪽, 재인용).

61) 菅野和夫/이정역, 「일본노동법」, 382-383쪽.

62) 關西電力事件, 昭和 58. 9. 8. 判例時報 第1094号, 121쪽.

63) 國鐵札幌運轉區事件, 昭和 54. 10. 30. 民集 33巻 6号, 647쪽.

한편, 취업규칙에 징계규범이 없는 경우에 징계가 가능한지 혹은 징계규범이 있더라도 그 내용이 한정적인지, 예시적인지에 관한 논란도 위 법적근거에 관한 논란의 연장선상에 있다. 이에 대해 기존의 일본 판례는, 징계규범을 예시적인 것으로 본 사례[65]도 있지만 대체로는 한정적인 것으로 보고 있다. 그에 따라 근로자의 행위가 사용자에 대하여 불합리한 행위로 인정되는 경우에도, 그것이 취업규칙 소정의 징계사유에 해당되지 않는 이상 그것에 대하여 징계처분을 가하는 것은 허용되지 않는다고 한다.[66] 이와 같은 문제에 대해서는 2003년 노동기준법 개정에서 해고사유를 취업규칙의 필요적 기재사항으로 규정한 것이 어느 정도 영향을 미치게 되었다. 그와 같은 개정 후, 취업규칙에 기재된 사유 이외의 사유에 의한 해고는 효력이 없다고 보는 견해가 다수를 형성하고 있다.[67] 다만, 일부 견해는 사용자가 해고사유를 취업규칙에 한정적으로 기재하지 않은 것에 대한 노동기준법 위반의 책임을 지는 것과는 별개로 (해고권 남용 해당여부와는 별도로) 그 이외의 사유에 의한 해고도 허용된다는 견해[68]도 존재한다.

3. 징계의 실체적 정당성

일본에서 징계와 해고에 대한 일반적 제한규정인 노동계약법 제15조 및 제16조는 비교적 최근에야 입법화된 것으로 이는 종래 일본 최고재판소의 해고권 남용의 법리를 그대로 입법한 것이다. 이 규정이 입법되기

---

64) 菅野和夫/이정역, 「일본노동법」, 383쪽.

65) 내셔널 웨스트민스터 은행(제3차 가처분) 사건, 東京地判 2000. 1. 21{이승길, "최근 일본 해고법제 동향에 관한 연구", 「법학연구」(제12집), 경상대 법학연구소, 2004, 44쪽, 재인용}.

66) 牧山市治, "懲戒解雇 にめくる 諸問題"「司法研究報告書」 第16集 第2号, 司法研修所, 1965, 58쪽.

67) 菅野和夫/이정역, 「일본노동법」, 384쪽.

68) 山川隆一, "労基法改正と 解雇ルール ", 「ジュリスト」 No.1255(2003. 11. 1), 55쪽.

전[69], 일본의 경우 해고에 대한 일반적 제한조항이 없는 상태였기 때문에 사용자는 이론상 노동기준법상의 특별한 제한조항[70]에 해당하는 경우 외에는 민법 제627조 제1항에 기해 해고의 자유를 누리고 있었다. 이를 제한하기 위한 논리로 학계나 실무에서는 정당사유설과 권리남용설이 주장되었는데,[71] 일본의 최고재판소는 민법상의 권리남용의 법리를 적용하여 해고권 남용의 법리를 전개하여왔다.[72] 즉, 최고재판소는 '사용자의 해고권 행사는 그것이 객관적으로 합리적인 이유를 결하고, 사회통념상 적절하다고 시인할 수 없는 경우에는 권리남용으로 무효가 된다.'[73]고 하여 해고권 남용의 법리를 정립하였고, '보통해고의 사유가 있는 경우에도 사용자는 항상 해고할 수 있는 것이 아니라, 해당 구체적인 사정 하에서 해고에 처하는 것이 매우 불합리하며 사회통념상 상당한 것으로서 시인할 수 없는 때에는 해당 해고의 의사표시는 해고권 남용으

69) 노동계약법 제15조 및 제16조의 내용은 이미 2003년에 노동기준법 제18조의 2로 그와 유사한 내용이 도입되었다가 노동계약법의 제정으로 다시 정비된 것이다.

70) 산전 · 산후 · 업무상재해 기간 중의 해고제한(노동기준법 제19조)

71) 정당사유설은 우리의 근로기준법 제23조 제1항과 같이 정당한 이유가 있어야 해고의 정당성이 인정된다고 보고, 권리남용설은 사용자의 해고권 행사가 예외적으로 권리남용에 해당되는 경우에 해고의 정당성이 부정된다고 보는 이론이다. 양 견해는 이론상으로는 차이가 있는 듯이 보이나 실제적인 차이는 거의 없다. 왜냐하면 정당사유설이라고 해서 사용자의 해고권이 부정되는 것도 아니고, 정당사유설에서의 정당사유 해당여부나 권리남용설에서의 권리남용 해당여부는 동일하게 해고의 정당성 판단기준으로 작용하는 데, 그에 대한 판단은 법원에 의해서 구체화되는 것이므로 적용에 있어서는 구별되기 어렵다. 해고제한에 관한 일반규정이 없었던 당시에도 정당사유설이 등장한 배경을 보면 굳이 차이라면 일부 해고의 정당성이 인정되는 정도의 차이일 뿐이다. 일본의 판례가 권리남용 법리에 의하면서도 실질상은 정당사유설에 가깝게 사용자에게 입증책임을 부과하고 있는 현실을 보면 더더욱 그렇다(이승길, "최근 일본 해고법제 동향에 관한 연구", 39쪽; 박승두, "해고제도의 일원화론", 「노동법학」(제30호), 한국노동법학회, 2009, 48쪽).

72) 한편, 노동기준법 제18조의 2(지금의 노동계약법 제15조 및 제16조)에서 말하는 해고권 남용은 일본 민법 제1조 제3항이 예정하는 권리남용과는 반드시 일치하지 않는다. 이는 해고에 대해 권리남용의 요건과 효과를 법률에서 특정하여 '법정권리남용'이라고 할 독자적인 유형을 설정한 것이다. 이는 다른 법령에서 유례를 찾아볼 수 없는 독특한 규정이다(東京大學勞働法硏究會, 「註釋勞働基準法 上卷」, 有斐閣, 2003, 1-16쪽).

73) 日本食監製造事件, 昭和 50. 4. 25. 民集 29巻 4号, 56쪽.

로 무효가 된다.'[74]고 판결하여 '상당성 원칙'을 명확히 하였다.

이와 같은 해고권 남용의 법리는 징계의 수단 중 징계해고도 해고인 이상 마찬가지로 적용된다. 또한 이 법리가 기본적으로는 민법상의 권리남용법리의 연장선상에 있는 것이므로 사용자의 모든 징계권의 행사에 대해서도 적용되는 논리다.

4. 징계의 절차적 정당성

사업장의 취업규칙이나 단체협약에 징계절차규정이 있는 경우에 사용자는 이를 엄격히 지켜야 하고, 그 규정을 위반하는 경우에 징계자체가 무효로 되는가? 이에 대해 일본의 판례는 대체로 취업규칙의 범규범성을 인정하는 전제에서 징계절차를 위반한 징계의 효력을 부정한다.[75] 다만, 우리와 달리 일본은 종래 사용자의 징계를 제한하는 일반조항이 없었기 때문에 절차규정 위반여부 자체를 징계의 유효요건으로 보지는 않고, 취업규칙의 징계절차규정 위반이 사용자의 징계권남용을 구성하는 요소로 보았다.[76]

위와 달리, 사업장의 취업규칙에 징계절차규정 없는 경우에 일본의 판례는 사용자가 징계를 함에 있어서 근로자에게 징계사유의 사전통지나 진술기회의 제공과 같은 별도의 징계절차를 거치지 않았다고 하더라도 징계가 유효하다고 한다.[77] 다만, 학계에서는 이 경우에도 절차적 정의나 자연적 정의의 원리(principle of natural justice), 혹은 신의칙을 근거로 사용자는 징계절차규정이 없는 경우에도 징계대상 근로자에게 변명의 기회를 부여하고 구체적 징계사유를 제시하는 등의 일정한 의무를 부담한다는 주장이 제기되고 있다.[78]

---

74) 高知放送事件, 昭和 52. 1. 31. 勞働判例 268号, 17쪽.

75) 大林組事件, 東京地裁判決, 昭和 36. 11. 14, 勞民集 第12卷 第6号, 979쪽.

76) 도재형, "징계해고의 절차적 제한", 서울대 석사학위논문, 1997, 51쪽.

77) 國際通信電話事件, 大阪地裁判決, 昭和 36. 5. 19, 勞民集 第12卷 第3号.

78) 盛誠吾, "懲戒處分", 「現代勞働法講座 10」, 總合勞働研究所, 1982, 245-246쪽; 菅野和

Ⅵ. 검토와 시사점

1. 검토

위와 같은 각국의 징계제도에 대해서는 다음과 같이 평가할 수 있다.

첫째, 독일의 징계제도의 가장 큰 특징은 해고와 징계를 구별하고 있다는 점이다. 이에 따라 해고와 징계의 주체가 상이하며, 징계에 의해서는 근로자를 해고할 수 없게 된다. 이와 같은 제도적인 특징을 그대로 수용할 경우에 징계에 관한 논의에 있어서 혼란을 초래할 여지도 있다. 다만, 그 제도의 실질적인 운용의 측면을 보면 해고의 실체적 정당성 개념으로 우리법의 '정당한 이유'와 유사한 '사회적 상당성'이라는 일반개념을 사용하고 있고, 일반해고나 특별해고에 있어서 해고의 사유로 인정되는 사항들의 실질적인 내용이 우리에게 있어 징계사유로서 인정되는 것들과 별반 차이가 나지 않는다는 점에서 우리의 경우 그와 같은 구별의 실익이 있을지는 의문이다. 다만, 독일의 징계제도에서 특기할 사항은 징계를 사용자와 종업원평의회의 공동결정에 의해서 하도록 하고 있다는 점일 것이다. 이는 사용자의 일방적인 징계권의 행사를 가장 적절히 통제할 수 있는 방법이기도 하다. 이에 의하면 징계권이 사용자 일방의 권리라고는 할 수 없게 될 것이고, 이 점은 징계의 본질이나 징계권의 법적근거에 관한 논의에 있어서 우리와 다른 이론전개를 할 수 있는 배경이 되기도 한다. 이러한 사정 외에 해고에 있어서도 절차적으로 종업원평의회와 협의하도록 하고 있는 것까지를 감안하면 독일의 경우 전반적으로 사용자의 징계에 대해서 입법적으로 엄격히 통제하고 있다고 평가할 수 있다.

둘째, 영국의 징계제도는 불문법국가임에도 불구하고 입법으로 불공정한 해고를 제한하고 있다는 점에서 정당한 이유 없는 해고를 제한하는 우리와 실체법적으로 유사하다. 다만, 징계절차에 있어서는 근로자

夫/이정역, 「일본노동법」, 396쪽 등.

의 절차상의 권리를 보호하려는 명시적인 노력을 하고 있다는 점에서 진일보하다. 즉, 영국은 비록 입법은 아니지만 ACAS지침을 통해 근로자의 절차상의 권리를 명확히 하고 있고, 이것이 판례법에 반영되는 구조를 통해 근로자의 권리가 보호되고 있다. 다만, 부당해고에 대한 일반적인 권리회복방법이 금전배상으로 이루어지면서 절차상의 하자로 인한 부당해고에 대한 금전배상액이 감액되고 있다는 점에서는 당사자에게 있어서는 그다지 효과적인 보상이 되지 못한다.

셋째, 프랑스의 징계제도는 실체법적으로나 절차법적으로 징계에 관해서 입법으로 상세히 규제하고 있다는 점에서 우리보다 근로자 보호에 충실하다. 프랑스의 경우 사용자가 근로자를 징계하기 위해서는 사전에 징계에 관한 사항을 취업규칙에 명확히 규정하도록 함으로써 제도의 명확성을 기하고, 절차적으로도 상세한 규정을 둠으로써 징계대상 근로자를 보호하고 있다.

넷째, 이탈리아의 징계제도는 징계권의 근거입법이 노동관련 법규 외에 민법에도 존재한다는 특징이 있다. 이는 이탈리아에서 징계의 본질을 계약책임으로 이해할 수 있는 배경으로 작용하고 있다. 또한 근로자헌장법은 사용자가 근로자에 대해 징계를 하기 위해서는 징계규범을 사전에 특정하도록 요구하고 있고, 징계에 있어서의 절차적인 권리도 상세히 규정하고 있는데, 이러한 이탈리아의 징계에 관한 입법태도는 프랑스의 경우와 유사하다.

다섯째, 일본의 징계제도는 우리와 유사하게 사용자의 징계를 제한하는 상세한 입법을 하고 있지는 않다. 다만, 일본은 2003년의 노동기준법의 개정으로 해고사유를 취업규칙의 필요적 기재사항으로 하고 있는데, 이와 같은 일본의 입법태도는 우리보다 더 징계에 대한 입법적인 규제를 확대하는 추세에 있다고 할 수 있다. 한편, 이와 같은 평가에 대해서는 최근 노동계약법의 제정 시에 징계나 해고에 관한 규정을 둔 것을 근거로 반대로 이해하는 견해도 있다. 그에 따르면 노동계약법은 근로계약에 관하여 노사당사자가 대등한 입장에서 자주적인 결정을 촉진하기 위하여 공정하고 투명한 민사상의 룰을 정한 것이기 때문에 단속행정을 전제로 한 강행법규인 노동기준법과는 달리 이해하여야 하고, 그 연장선상에서 위와 같이 이해해야 한다는 것이다.79)

2. 시사점

이상 비교검토대상 국가들의 징계에 관한 입법태도는 전반적으로 우리의 입법에 비해 징계의 명확성을 기함으로써 근로자의 보호에 충실하다. 독일의 경우 근로자 측도 징계의 한 주체로 기능하고, 프랑스나 이탈리아는 입법으로 상세히 규정하고 있으며, 영국이나 일본은 입법에 의해 사용자의 징계권을 규범화하려는 시도를 확대하고 있는 추세다. 이러한 사정은 사용자의 징계권에 대해, 특히 징계규범의 명확성의 측면이나 징계절차에 대해 별다른 규제를 하고 있지 않는 우리의 입법내용이나 근로기준법 제정이후 관련규정에 아무런 변화가 없었던 저간의 사정을 되돌아보게 한다. 사용자의 일방적인 징계권의 행사에 대해 일정 정도의 입법적인 개입이 필요하다고 본다.

제2절 징계권의 법적근거

Ⅰ. 학설의 개요

(1) 고유권설 혹은 경영권설은 사용자의 경영권으로부터 당연히 징계권이 인정된다는 입장이다.80) 사용자는 기업의 경영자로서 기업의 효

79) 이정, "일본 노동계약법의 성립배경 및 주된 내용 · 논점에 관한 연구", 「외법논집」(제32집), 한국외국어대 법학연구소, 2008. 11, 159쪽.

80) 이 견해는 과거 일본 판례의 입장(東京急行事件, 東京高決 昭和 25. 5. 22., 勞民集 1卷 6号 1026項)에서 비롯된 논리다. 우리나라에서 이를 지지하는 견해로는 이상윤,

율적인 목적달성을 위해 기업질서를 형성할 권한을 가지고 있고, 기업질서를 침해하는 근로자에 대해서 제재를 가하는 것은 그 본질상 당연한 권리라는 것이다. 이 견해에 따르면 사용자는 근로자의 동의 또는 취업규칙이나 단체협약상의 근거가 없더라도 근로자를 징계할 수 있다고 한다.

이 견해에 대해서는 일반적으로 사용자에 의한 징계의 가능성을 무한정으로 확대해 사용자의 일방적 징계권 행사로부터 근로자를 보호할 수 없다는 비판이 가해진다.[81)]

(2) 계약설은 징계권의 근거를 근로계약상의 당사자 간의 합의에서 구한다. 이 견해에 따르면 당사자 간의 명시적・묵시적 합의로 인정될 수 있는 근로계약, 취업규칙, 단체협약, 노사 간의 공동협정 등이 모두 징계권의 근거로 인정된다. 이 과정에서 해당 규범들을 당사자 간의 합의로 의제시키기 위해서 다양한 논리들이 동원된다. 예컨대, 취업규칙의 법적성질을 계약으로 보는 입장에서 근로자는 근로계약을 체결하면서 취업규칙의 징계규정에 따르기로 하는 합의를 묵시적으로 하였다고 설명하는 방식이다.[82)] 이 견해에 따르면 당사자의 합의가 명시된 구체적인 규범이 있어야 사용자의 징계가 가능하다고 한다.

이 견해에 대해서는 현실적으로 취업규칙이나 단체협약 등의 징계규범이 없는 사업장에서는 징계를 할 수 없다는 비판이 제기된다.[83)]

「노동법」, 381쪽; 송강직, "사용자의 징계권의 범위", 「노동판례비평」(제14호), 민주사회를 위한 변호사모임, 2009, 270-271쪽.

81) 김유성, 「노동법 I」, 261쪽.

82) 菅野和夫/이정역, 앞의 책, 383쪽; 노상헌, "시설관리권・징계처분과 부당노동행위", 「조정과 심판」(2008년 여름호), 중앙노동위원회, 48쪽(다만, 이 견해는 징계권이 근로계약 등에 근거하고 있다고 간략히만 언급하고 있어 구체적인 이론전개를 알 수는 없다).

83) 김소영, "해고사유에 관한 연구", 143쪽.

(3) 법규범설 혹은 수권설은 취업규칙의 법적성질에 대해서 법규범으로 보는 입장에서 징계권의 인정근거를 취업규칙이나 단체협약에서 찾고 있다.[84] 취업규칙상의 징계규정이 있는 경우에는 근로자의 동의가 없더라도 그것이 법규범으로서 구속력을 가지므로 사용자는 이에 근거하여 근로자를 징계할 수 있게 된다는 것이다. 또한 근로기준법은 사용자의 징계로부터 근로자들을 보호하기 위해서 제재에 관한 사항을 취업규칙의 필요적 기재사항으로 하고 있고, 취업규칙의 작성과 변경에 대해서는 일정한 법적제한을 두고 있는데(근로기준법 제97조), 이는 입법자가 이러한 규정을 통해 취업규칙상의 징계규정을 법규범으로 정립하도록 사용자에게 징계권을 수여한 것이라고 한다. 이 견해도 취업규칙이나 단체협약 등에 징계에 관한 규정이 있어야 근로자에 대한 사용자의 징계가 인정된다. 그 점에서는 계약설과 같지만 근로자의 동의를 매개로 하지 않는다는 점에 차이가 있다.

(4) 공동규범설 혹은 규범계약설은 사용자의 징계권을 인정하기 위해서는 공동의 작업질서유지를 위한 노사 간의 집단적합의가 필요하다는 견해다.[85] 공동작업의 질서를 교란하는 자에 대해서는 근대계약법이 예정하는 손해배상이나 계약해지라는 수단 이외에 계속적・집단적 근로관계의 특수성에 합치하는 징계의 적용이 불가피하므로 징계권의 근거는 노사가 공동으로 정립할 수 있는 단체법적 차원에서 찾아야 한다는 것이다. 따라서 징계제도를 설정할 때는 단체협약이나 노사협정 등 노사의 공동규범에 의하여 징계사유와 징계의 방법, 징계의 집행주체와 징계절차 등을 명확히 규명하여야 한다고 한다.

---

84) 김유성, 「노동법 I」, 261쪽; 이병태, 「최신노동법」, 951쪽; 임종률, 「노동법」, 480쪽; 박홍규, 「고용법・근로조건법」, 301쪽.

85) 김형배, 「노동법」, 549-551쪽; 하경효, "징계해고의 정당사유와 절차에 관련된 문제", 「조정과 심판」(제6호), 중앙노동위원회, 2001, 33쪽.

이 견해에 대해서는 우리의 경우 독일과 달리 징계에 관한 사항을 공동규범으로 정하도록 하는 규정이 있지 않으므로 현행법의 구조와 조화될 수 없는 이론이라거나[86] 징계에 관한 사항은 사용자 일방에 의한 취업규칙보다는 단체협약이나 노사협정에 따라 설정하여야 한다는 점을 강조한 당위에 관한 이론이라는 비판이 제기된다.[87]

Ⅱ. 판례의 입장

우리 판례는 징계권의 근거에 관한 기존의 학설상의 분류에 따르면 어떠한 입장을 취하고 있는지가 분명하지 않다. 판례 중, 징계권에 대해 '사용자의 본질적 권한'[88]이라는 표현을 쓴 경우나, "기업질서는 기업의 존립과 사업의 원활한 운영을 위하여 필요불가결한 것이고 따라서 사용자는 이러한 기업질서를 확립하고 유지하는 데 필요하고도 합리적인 것으로 인정되는 한 근로자의 기업질서위반행위에 대하여 근로기준법 등의 관련법령에 반하지 않는 범위 내에서 이를 규율하는 취업규칙을 제정할 수 있고, 단체협약에서 규율하고 있는 기업질서위반행위 외의 근로자의 기업질서에 관련한 비위행위에 대하여 이를 취업규칙에서 해고 등의 징계사유로 규정하는 것은 원래 사용자의 권한에 속하는 것"이라는 논리를 전개하고 있는 사례[89] 등을 보면 징계권이 기본적으로는 사용자의 고유한 권한임을 인정하고 있는 것으로 볼 수 있다.

그러나 한편으로는 '취업규칙에서 징계해고사유를 규정하고 있으나 규정된 사유 이외의 사유를 이유로 징계해고 한 경우에 징계사유가 인정되지 않는다.'고 하면서 해고의 정당성을 부인한 사례[90]나 '정관에

86) 임종률, "근로자징계의 법리", 「법학논총」, 숭실대 법학연구소, 1990, 159쪽.

87) 임종률, 「노동법」, 480쪽.

88) 대법원 2003. 6. 10. 선고 2001두3136판결.

89) 대법원 1994. 6. 14. 선고 93다26151판결.

90) 대법원 1992. 7. 14. 선고 91다32339판결.

해고사유로 당연퇴직과 징계면직을 열거하고 있을 뿐인데, 정관의 위임에 따른 인사규정이 그 외에 직권면직까지 규정하고 있다면 이는 정관에 위배되어 무효이고, 인사규정에 근거한 직권면직처분도 무효'라고 본 사례[91] 등을 보면 사용자가 징계권을 행사하기 위해서는 취업규칙에 근거규정이 있어야 한다는 입장에 서고 있는 것이므로 계약설이나 법규범설의 입장에 선 것으로 평가할 수도 있다.

이에 관한 학설도 판례의 입장을 경영권설로 분류하는 견해[92]가 있는가 하면 반대로 그렇지 않다고 보는 견해[93]도 있다.

요컨대, 징계권의 근거에 관한 판례의 입장은 취업규칙에 징계규정을 설정하든 그렇지 않든 간에 사용자가 가지는 고유한 권한으로서 인정되는 것으로 보고 있으므로 기본적으로는 고유권설 혹은 경영권설의 입장에 선 것으로 보인다. 다만, 판례는 징계권이 사용자의 고유한 권한이라고 하더라도 근로자의 보호를 위해서는 사용자의 일방적인 징계권의 행사를 제약할 필요성이 있으므로 그 제한의 방법으로 취업규칙의 법규범성을 강조하는 방법을 사용하고 있다. 그러한 필요성은 근로기준법 제23조 제1항의 '정당한 이유'의 해석에 의하거나 절차적 권리로서의 징계에 대한 사전경고의 필요성의 측면 혹은 민법상의 신의칙의 근거에 의해서든 인정되어야 하는 것이므로 판례의 입장은 어느 정도 이해가

---

91) 대법원 1992. 9. 8. 선고 91다27556판결.

92) 김유성, 「노동법 I」, 206쪽; 권혁, "해고유형론에 관한 소고", 「법학연구」(제51권 제1호), 부산대 법학연구소, 2010. 2, 722쪽.

93) 송강직, "사용자의 징계권의 범위", 「노동판례비평」, 민주사회를 위한 변호사모임, 2009, 269-270쪽. 이 견해에 따르면, "대법원의 판례법리가 실제로 취업규칙 등과 징계사유 등에 관한 규정이 전혀 없는 경우(현실적으로 취업규칙의 필요적 기재사항으로 되어 있지만 그 내용이 불충분한 경우 등. 근로기준법 제93조 11호), 나아가 상시 10인 미만의 근로자를 사용하는 사용자로서 취업규칙의 작성의무가 없고 실제로 취업규칙을 작성하지도 않은 경우 등에 있어서, 노동조합도 없고 따라서 단체협약도 존재하지 않는 경우, 나아가 근로계약상 징계에 대한 명문규정이나 관행도 존재하지 않은 경우 등의 상황에서도 '사용자와 근로자 사이의 고용관계를 계속시킬 수 없을 정도의 중대한 사유라고 인정되어 충분한 해고사유'가 존재하는 경우까지 사용자의 징계권을 인정한 것인지의 여부는 분명하지 않다."고 한다.

가는 측면이 있다. 다만, 법규범성을 너무 강조하는 것이 경우에 따라서는 구체적인 타당성을 해하는 경우도 있다는 점을 지적할 수는 있다.

Ⅲ. 검토 및 의견

1. 검토

징계권의 법적근거에 관한 기존의 견해들은 다음과 같은 점에서 그대로 인정될 수 없다.

첫째, 고유권설은 징계권에 관한 법적근거에 관한 의견으로 보기 어렵다. 이 견해는 구체적인 법적근거를 제시하지 않고 막연히 고유권이라고 하는 데, 이는 징계에 관하여 계약당사자로서의 일방이 갖는 고유한 권리로서의 성질, 즉 징계의 특성(일방성, 포괄성) 그 자체에 관한 표현일 뿐이다. 또한 이 견해는 경영권을 그 근거로 제시하기도 하는 데, 경영권은 징계권을 포괄하는 개념으로 징계권의 근거가 경영권이라고 하는 것은 사실상 동어반복일 뿐이다. 법적근거에 관한 구체적인 견해로 제시되기 위해서는 경영권(징계권)의 직접적인 근거규정(예컨대, 헌법 제23조 제1항, 제119조 제1항, 제15조 등)을 제시해야 고려가치가 있다.[94] 설령, 그에 관련된 규정들이 제시된다고 하더라도 경영권을 포괄하는 규정들이 근로관계와 관련된 징계권의 직접적인 근거규정으로는 보기 어렵다.

둘째, 계약설은 징계권의 근거를 당사자 간의 합의인 계약에서 찾는 것은 맞다. 다만, 이 견해가 근로계약, 취업규칙, 단체협약, 노사 간의 공동협정 등 사업장의 모든 징계관련 규범들이 모두 징계권의 근거로

94) 노동조합의 조합원에 대한 통제권의 근거에 대해 대부분의 학자들이 단체고유권이라는 설명과 함께 헌법 제33조 제1항에 근거를 두고 단결권설을 취하고 있는 것과 같은 맥락에서의 비판이다.

인정된다고 하면서 그것들에 대해 모두 당사자의 합의가 있다고 하는 것은 지나친 의제다. 사용자의 경제활동은 고정된 것이 아니라 여러 가지 사정에 따라 수시로 변화할 수 있는 것이고, 그에 따른 근로제공의무의 내용이나 의무위반의 내용 역시 가변적이다. 그에 따라 기존의 징계 관련 규범들이 이러한 변화된 사정들을 모두 포섭하여 규율하고 있다고 볼 수는 없으며, 나아가 당사자의 합의를 의제하는 것은 무리가 있다.

셋째, 수권설 혹은 법규범설은 지나친 의제다. 즉, 이 견해는 근로기준법의 징계에 관한 규정들을 통해 사용자에게 징계권을 수여하고, 그 사용자에 의해 제정된 취업규칙의 징계규정에 법규성을 부여한다고 설명한다. 그러나 입법이 있기 전부터 기업은 존재했고, 사용자의 징계도 존재했다. 사후적인 입법에서 징계권의 근거를 찾는 것은 시간적으로 맞지 않다. 또한, 그런 면에서 근로기준법이나 취업규칙 등의 규범들은 징계권의 법적근거라기보다는 사용자의 징계의 정당성의 근거 혹은 정당성의 요건이라고 보는 것이 맞다. 이 견해는 사용자에 의한 일방적인 징계를 제한하려는 목적의식 하에 징계에 대한 제한규범을 상정해 놓고, 그 규범들을 징계권의 근거라고 주장하는 것이다. 그러나 징계권의 법적근거에 관한 논의는 그 이전단계의 논의다. 먼저 징계권의 인정근거를 찾고서 그 다음에 이를 제한하는 논리를 찾는 것이 체계적인 이해에 합치한다.

넷째, 공동규범설은 이를 주장하는 견해가 스스로 인정하듯이 우리나라의 현실에는 맞지 않는 논리다. 즉, 이 견해는 징계권의 근거를 단체협약이나 노사협정 등 노사의 공동규범에서 찾아야 한다고 하는 데, 그것은 당위에 관한 문제다. 독일의 경우와 달리 우리 법은 기업질서나 징계제도의 설정을 노사의 공동규범에 의하도록 규정하고 있지 않으며 현실에서도 노동조합이 존재하는 사업장이라면 모를까 일반적으로 노사의 공동결정기구가 존재하거나 공동결정의 관행이 존재하지 않는다. 따라서 이 견해는 사용자의 일방적인 징계권을 제한하기 위해서 징계제도의 설정은 노사가 함께 제정하는 공동규범에 의하여야 한다는 점을 주창하는 이론일 뿐이지 실제 징계권의 근거에 관한 이론은 아니다.

2. 의견

징계권의 법적근거는 계약으로 보아야 한다. 다만, 기존의 계약설과는 의미가 다르다. 징계는 사용자와 개별근로자의 근로관계를 전제로 하여 사용자가 근로자의 기업질서위반에 대한 책임을 묻는 것이고, 기업질서위반은 근로자의 근로계약상의 의무위반이다. 따라서 사용자의 징계권은 근로계약을 통해 계약당사자의 일방인 사용자에게 주어진 권리이다. 사용자는 또한 근로계약을 매개로 자신에게 주어진 권리를 활용해 기업질서에 대한 규범을 설정하고, 근로자에게 근로계약상의 의무를 부과함으로써 그 위반행위에 대한 제재를 하는 것이다. 사용자는 근로계약의 당사자가 됨으로써 징계권자가 되는 것이고, 근로계약을 통해 근로자를 징계할 수 있는 지위를 얻게 되는 것이다.[95]

기존의 계약설은 근로계약상의 당사자의 합의를 징계권 인정의 근거로 설명한다. 그러나 그 합의라는 것은 당사자의 권리 외에 의무에 대한 구체적인 합의까지 포괄하는 것일 터인데, 징계의 대상으로서 의무(위반)의 내용과 그에 대한 제재까지 당사자가 합의하였다고 의제하는 것은 대단히 추상적이다. 당사자는 근로계약을 통해 사용자로 되는 당사자 일방에게 징계'권'을 인정하였다고 보는 것이 현실적이다. 그 경우 세세한 징계의 내용까지 사용자와 합의하였다고 보지는 않는다. 즉, 앞서 본대로 근로계약단계에서는 아직 근로제공의무가 확정되어 있지 않으므로 이 단계에서는 사용자에게 '징계권'만이 인정되었다고 보며, 추후 근로제공의무의 사용자결정성에 의해 징계권의 내용이 정해진다는 의미다. 사용자의 사업의 목적이 고정된 것이 아닌 이상, 사용자는 변화된 사업의 목적에 맞게 사후적으로 징계관련 규범들을 변경할 수도 있

95) '근로자는 근로계약을 체결할 때, 사용자의 인사 내지 징계의 권한을 인정하고 이를 전제로 근로를 제공할 것을 약정한다.'고 기술하고 있는 임종률, 「노동법」, 329쪽도 같은 취지로 볼 수 있다.

고, 개별적으로 지시권의 행사 등을 통해서 근로제공의무를 부과한다. 근로자가 부담하는 근로제공의무의 내용이나 기업질서가 가변적인 이상 그러한 것들에 대해 근로자와의 합의를 의제시키기 보다는 사용자의 지위에서 얻어지는 권리로 이해하는 것이 간명하다.

요컨대, 징계권의 근거는 근로관계 형성의 근간인 근로계약에서 찾는 것이 맞다. 이를 통해 사용자와 근로자의 지위가 형성되며, 사용자는 사업의 목적수행을 위해 근로자와 근로계약을 맺은 이상 그 근로계약관계에 기초해 근로자에 대한 징계권을 얻게 된다. 이 과정에서 사용자는 근로제공의무가 사전에 확정될 수 없는 근로관계의 특성 때문에 추후 이를 사용자가 확정하는 과정에서 근로제공의무에 해당하는 기업질서의 내용을 일방적으로 결정하고, 그에 위반하는 근로자에 대해 징계권을 행사한다. 징계권은 근로계약을 통해 얻게 되는 사용자의 권리인 것이다. 한편, 이렇게 수여된 사용자의 징계권은 약세에 있는 근로자의 보호를 위해서 그 일방성 · 포괄성을 통제할 필요가 있고, 그것은 근로계약 그 자체에서부터 취업규칙, 단체협약, 근로기준법 등의 관련 법령 등의 징계관련 규범들을 통해 제한적으로 행사되어야 한다.

제4장 징계권의 범위와 제한

제1절 징계권의 범위

Ⅰ. 징계의 필요성과 권한의 포괄성

(1) 사용자가 개별 근로자와 근로계약을 맺는 이유는 자신의 사업을 향유하기 위해서이고, 그것도 가능한 사업목적이 원활히 달성되기를 원한다. 이를 위해 사용자는 자신의 물적 시설과 인적 자원을 효율적으로 배치하고, 그 운영이 사업목적에 가장 부합할 수 있는 방향으로 작동될 수 있도록 일정한 질서를 형성하고 유지할 필요가 있다. 이는 근로자의 입장에서도 사용자와 근로계약을 맺고 있는 이상, 근로계약의 특성(근로제공의무의 미확정성과 사용자결정성)에 따라 사용자의 기업질서형성권한을 수용할 수밖에 없다. 앞서 본대로, 사용자는 근로계약의 체결을 기점으로, 나아가 취업규칙이나 단체협약 등을 통해 일반적인 질서규범을, 지시권의 행사를 통해 구체적인 질서규범을 형성한다. 나아가 사용자는 자신이 설정하고 있는 기업질서를 근로자가 위반하는 경우에 징계권을 행사해 제재를 가할 수 있고, 이것의 본질이 계약책임이라는 점을 강조하였다.

만약, 사용자가 기업질서를 위반하는 근로자에 대해 징계할 수 있는 권한이 인정되지 않는다고 한다면 사용자는 자신의 사업을 원활히 운영할 수 없을 것이다. 구체적으로, 사용자는 징계규범의 설정을 통해서 근로자들에게 기업질서나 근로계약상의 의무를 이행하도록 강제하며, 위반행위자에 대해서는 징계권의 행사를 통해 과거의 의무위반에 대한 제재와 함께 다른 근로자들 및 해당 근로자에게 일반예방 및 특별예방의 기능을 수행한다. 이를 계약적 측면으로 이해해도 계약의 원활한 이행을 담보하는 것은 계약의 불이행에 대한 제재이고, 그것은 계약법의 기본 원리로 인정되고 있다.

(2) 징계권의 근거를 계약에서 구하고 근로계약의 중요한 특성으로 근로자가 제공하여야 할 근로의무의 내용을 사용자가 전적으로 결정하는 것을 인정한다면 사용자의 징계권의 범위는 광범위하다(포괄성). 그 내용을 개략적으로 보면 다음과 같다.

첫째, 사용자는 사업목적의 효율적 달성을 위해서 기업의 규모나 사업의 성격 등을 고려하여 자신의 사업체에 징계제도를 둘 것인지, 아니면 별도로 징계제도를 두지 않고 근로계약 자체를 근거로 근로자에게 징계권을 행사할 것인지, 그것도 아니라면 아예 사업목적 수행을 위해서 굳이 징계권의 행사가 필요하지 않다고 판단하여 그 권한을 행사하지 않을 것인지 결정할 권한이 있다.

둘째, 구체적으로 징계제도를 설정함에 있어서도 징계의 대상이 되는 기업질서의 내용(징계사유)을 자유로이 설정할 수 있으며, 징계절차규정을 둘 것인지, 징계절차에 근로자 측 혹은 징계대상 근로자의 참여를 허용할 것인지, 어떠한 징계수단을 설정할 것인지 등에 대해 포괄적인 권한을 가지고 있다.

셋째, 사용자의 징계권이 포괄적인 권한인 이상 징계권의 행사 자체도 전적으로 사용자의 재량사항이다. 즉, 앞서 공무원의 경우는 징계사유가 있는 공무원에 대한 징계가 의무적인 반면에 사용자는 기업질서를 위반한 근로자가 있더라도 경우에 따라서는 징계권을 행사하지 않고 면책을 하거나 징계를 유예할 수도 있다.[1]

---

1) 하급심 판결 중, 서울행정법원 2010. 9. 17. 선고 2010구합8287판결은 "징계의 여부나 시기는 당해 징계사유의 성질이나 경중, 근로자의 근무태도 등을 종합하여 사용자가 결정할 수 있다."고 한다.

(3) 한편, 사용자의 징계권이 이와 같이 광범위하게 인정된다는 점을 긍정하더라도 역으로 상대적으로 약세에 있는 개별 근로자의 보호를 위해서 사용자의 징계권을 제한하여야 할 필요성 역시도 크다. 따라서 사용자의 징계권을 제한하기 위한 논의의 중요성도 커진다. 징계권의 제한 논의는 넓게는 두 가지 측면에서 전개될 수 있는데, 하나는 사용자가 설정한 징계규범 자체의 해석을 통해 이루어지고, 다른 하나는 근로기준법 등 강행규정이나 법의 일반원리에 의한 타율적인 제한이 이루어진다. 그 중 후자의 측면은 별도로 징계권의 제한으로 다루도록 하겠다.

또한, 징계권의 범위에 관한 논의에서 중요한 것은 사용자가 평소에 징계제도로 설정하고 있지 않은 사항에 대해서 징계를 할 수 있는가에 관한 것이다. 이 점에 대해서도 별도의 검토가 필요하다.

Ⅱ. 징계제도의 설정권

1. 징계규범의 설정

사용자가 징계규범을 설정하는 행위는 다음 두 가지 의미로 해석된다.

첫째, 사용자는 징계규범의 설정을 통해서 자신에게 징계권한이 있다는 것을 적극적으로 공표하는 것과 동시에 자신의 징계권한의 토대를 세우는 것으로 징계권의 행사를 시작하는 것으로 볼 수 있다.

둘째, 사용자가 설정한 징계규범은 그 자체가 일정한 법적 규범력을 갖게 됨으로써 한편으로는 그 범위 내에서 사용자의 징계권한을 스스로 제약하는 요소로 작용한다. 특히, 징계절차규정을 둘 경우에는 징계권의 행사를 신중하게 함으로써 그 같은 효과가 강화된다.

가. 근로계약

근로계약은 근로관계를 형성하는 근간인 동시에 근로계약 자체가 법적인 구속력이 있는 규범이다. 근로자와 사용자는 근로계약을 체결하면서 징계에 관한 사항을 계약의 내용으로 정할 수 있다. 예컨대, 근로계약을 체결하면서 계약의 해지(해고)에 관한 사항을 둘 경우, 그러한 사항이 징계규범이 된다. 그러나 통상적으로는 근로계약에 징계에 관한 규정을 두는 경우는 흔하지 않다. 대부분의 근로계약이 계약의 주된 사항만을 정하고 그 나머지는 취업규칙이나 사용자의 권한으로 넘기는 형식으로 체결되기 때문이다. 그런 점에서 사용자와 근로자는 근로계약을 체결하면서 사용자의 징계권 인정에 대해서도 포괄적인 합의를 한다고 볼 수 있다. 또한 근로계약에서 명시적으로 사용자의 징계권을 인정하는 내용이 없다고 하더라도, 근로계약의 체결을 통해서 사용자의 지위를 얻게 되는 것을 기화로 사용자는 근로자에 대한 징계권을 갖게 된다고 설명할 수 있다. 이는 앞서 공무원관계에 있어서도 법률에 명시적으로는 임명권한만 주어졌다고 하더라도 임명권자는 하위 공무원에 대해 임면권(징계권)을 갖는다고 본 것과 동일한 이치라 할 수 있다.

나. 취업규칙

(1) 징계규범 중 가장 통상적으로 적용되는 것이 취업규칙이다. 취업규칙 내에 징계제도를 설정할 수도 있고, 별도로 징계규정을 둘 수도 있다. 또한 기업실무상 징계규정은 인사규정에 포함되어 있기도 하고 별도로 두는 경우도 있다. 별도의 규정 혹은 명칭과는 무관하게 실질적으로 근로자에 대한 불이익취급에 관련된 규정이 있는 경우는 모두 징계에 관한 취업규칙이다.

취업규칙의 제정권한은 본래 사용자의 권한이자 10인 이상 사업장에서는 의무사항이다. 다만, 취업규칙의 내용을 불리하게 변경하는 경우에는 근로자집단의 동의를 얻어야 하는 제한이 따른다. 사용자는 취업규칙의 제정을 통해 대부분의 기업질서를 형성하고, 징계제도를 설정한다. 근로기준법 제93조 제11호는 "표창과 제재에 관한 사항"을 취업규칙의 필수적기재사항으로 규정하고 있다.

(2) 사용자는 취업규칙에 기업질서의 내용 혹은 징계사유를 설정함에 있어서 근로기준법 등 강행법규나 단체협약에 저촉되지 않는 한 자유롭게 정할 수 있다. 판례도 동일한 입장이다. 즉, 판례는 "근로자를 해고함에 있어서 해고사유 및 해고절차를 단체협약에 의하도록 명시적으로 규정하고 있거나 동일한 징계사유나 징계절차에 관하여, 단체협약상의 규정과 취업규칙 등의 규정이 상호 저촉되는 경우가 아닌 한 사용자는 취업규칙에서 새로운 해고사유를 정할 수 있고, 그 해고사유에 터 잡아 근로자를 해고할 수 있다."[2]고 한다.

이러한 판례의 태도에 대해 '이는 단체협약과 취업규칙상 규정의 충돌 시 적용되는 노조법 제33조 제1항, 근로기준법 제99조 제1항의 해석과 관련하여 문제가 있으며, 기본적으로 기업질서론에 입각하여 사용자의 징계권을 안일하게 인정한 결과'라는 비판이 있다.[3] 그러나 사용자의 징계권한이 포괄적으로 인정되는 이상, 단체협약의 징계규정에 미처 반영하지 못한 징계사유가 있고, 그것이 기업의 목적달성을 위해서 필요한 내용이라면 당연히 취업규칙에 새롭게 설정할 수 있을 것이다.

나아가, 이러한 대법원의 태도에 대해 '취업규칙의 규정에 대하여 바로 규범력을 부여하여 사실상 사용자의 일방적 징계권 행사를

2) 대법원 1994. 6. 14. 선고 93다26151판결; 대법원 1997. 6. 13. 선고 97다13627판결은 '단체협약에 반하지 않는 한 사용자는 취업규칙에서 새로운 징계사유를 정할 수 있고, 그 징계사유에 터 잡아 징계할 수도 있는 것인바, 회사 취업규칙이 단체협약 소정의 징계사유와는 관련이 없는 새로운 징계사유를 규정한 것이라면 이는 단체협약의 규정에 반하는 것이라 할 수 없고, 따라서 취업규칙을 적용하여 징계해고 한 것을 위법하다 할 수 없다'고 한다.

3) 김재훈, "단체협약상의 해고사유와 취업규칙상의 해고사유", 「노동법연구」(제4호), 서울대 노동법연구회, 1994, 337-349쪽.

용인하는 결과를 초래한다.'는 비판도 있다.[4] 그러나 취업규칙에 과도하게 규범력을 부여하는 판결의 태도를 비판할 수 있을지언정 본래 사용자가 가지고 있는 징계권을 축소 해석할 필요는 없다. 사용자의 징계권에 대해서는 다시 근로기준법 제23조 제1항 등을 통해서 제한이 가능하기 때문이다.

한편, 그와 같이 새롭게 징계사유를 설정할 경우에 취업규칙의 불이익변경에 해당하여 근로자집단의 동의가 필요할 것인지 문제된다. 만약, 새롭게 규정된 징계사유가 기존의 취업규칙 상의 기업질서나 징계사유가 구체화된 경우 등 해석상 충분히 예상할 수 있는 내용이라면 불이익변경이라 할 수 없을 것이다. 그렇지 않고 전혀 새로운 징계사유인 경우에도 기존의 특정 징계사유에 대한 변경이 아닌 새로운 징계사유의 도입이므로 불이익변경에 해당되지 않는다.

다. 단체협약

노동조합이 존재하는 사업장의 경우 징계규범은 노조와 사용자의 단체교섭의 결과물인 단체협약에 의해서도 설정된다. 그 같은 사업장에서는 통상적으로 단체협약과 취업규칙이 병존하고, 이 경우 단체협약은 규범의 효력계위 상 취업규칙에 우위에 서기 때문에 단체협약의 징계규정은 취업규칙의 그것보다 우선적으로 적용된다. 이것은 사용자의 징계권이 노동조합과의 교섭에 따라 제약되는 것을 의미한다.

징계규범의 설정에 노동조합과의 합의, 즉 노조의 통제력이 작동되는 결과 그에 따라 설정된 징계규범은 취업규칙보다 더 강화된 규범성을 가지게 된다. 따라서 단체협약에 규정된 내용 한도 내에서는 사용자가 그에 저촉되는 내용을 취업규칙에 정할 수 없다. 다만, 단체협약의 징계규범이 그와 같이 한정적으로 규범성을 갖게 되더라도 사용자는 여전히

4) 박지순, "징계제도의 법적구조 및 개별쟁점의 재검토", 241쪽.

단체협약에 저촉되지 않는 범위 내에서는 취업규칙을 통해 징계규범을 설정할 수 있는 권한을 가지고 있다.

2. 징계사유의 설정

(1) 사용자는 사업의 목적수행을 위해서 근로자에게 일정한 의무를 부과하게 되는데, 그것은 취업규칙이나 단체협약에 기업질서 혹은 규율에 관한 내용으로 나타난다. 기업질서에 관한 내용 중 어떤 것을 근로자에 대한 임의규정 혹은 강행규정으로 할 것인지는 사용자의 재량에 맡겨져 있다. 즉, 사용자는 기업질서에 관련된 내용 중 사업목적 수행을 위해서 강제가 필요한 사항에 대해서는 징계사유로 설정하여 그 위반에 대한 제재를 부과하기도 하고, 그렇지 않은 경우에는 임의적인 규정으로 설정하기도 한다.

사용자가 징계사유를 포괄적인 규정으로 두는 경우에는 대부분의 기업질서에 관한 내용위반이 징계사유로 된다. 반면에 사용자가 취업규칙의 징계사유를 구체적으로 정한 경우에는 종래부터 규정된 징계사유가 예시적 규정인가 아니면 한정적인 규정인가 문제되어 왔다. 기업실무에서는 통상 징계사유를 규정하면서 '기타 제 규정에 위반한 경우'나 혹은 '기타 회사에 손해를 끼친 경우' 등 포괄적·추상적인 징계사유를 규정하고 있기 때문에 문제되는 경우가 많지는 않으나, 사용자의 징계권의 범위와 관련하여 중요한 논란거리다. 이 문제는 사전에 규범화되지 않는 징계를 인정할 것인가에 대한 논란과 동일한 문제다. 이에 대해 필자는 예시적인 규정으로 보고 있는데, 뒤에서 자세히 다루겠다.

(2) 사용자가 설정하는 징계사유는 다양하다. 즉, 사용자는 근로자의 주된 급부의무인 근로제공에 관한 규범과 신의칙에 따른 부수적인 의무에 관한 규범, 기업시설의 관리·이용에 관한 규범, 근로자들의

개인 혹은 집단의 행위에 관한 규범, 적용대상의 측면에서 근로자와 사용자, 근로자 상호 간에 지켜야 할 규범, 기업의 현재의 당면 문제 및 장래의 시점에서 기업의 운영에 위험을 초래할 수 있는 사항의 예방에 관한 규정 등 광범위한 내용을 징계사유로 설정할 수 있고, 그 만큼 권한이 포괄적이다.

3. 징계절차의 설정

사용자가 징계제도를 설정함에 있어 징계대상자에 대한 통지나 참여권의 보장, 나아가 징계위원회를 설치하거나 재심의 기회를 제공하는 등의 징계절차규정을 둘 것인지, 징계절차 규정을 두더라도 어느 수준에서 근로자 측 혹은 징계대상 근로자의 참여를 허용할 것인지는 사용자의 재량이다. 이는 우리 근로기준법이 일부 다른 나라의 입법례와는 달리 징계제도를 설정함에 있어 당사자의 참여를 보장하는 징계절차의 설정을 강제하고 있지 않기 때문이다. 다만, 징계규범이 단체협약에 의해서 설정되는 경우에는 노동조합의 통제력이 미치므로 자연스럽게 당사자 혹은 노동조합의 참여를 보장하는 내용이 들어가게 된다.

징계로 인해서 입게 되는 근로자의 불이익을 감안한다면 사용자의 징계권이 신중히 행사될 필요가 있으므로 가능한 징계제도를 설정함에 있어서는 당사자의 참여를 보장하는 절차규정을 두는 것이 바람직하다는 것은 재론할 필요도 없다. 한편, 비록 사용자가 징계절차규정을 두지 않았다고 하더라도 징계에 있어서의 절차적 정의의 보장 혹은 징계의 정당성 확보를 위해서 실제 사용자가 징계를 하는 과정에서 당사자에게 기본적인 절차적 권리를 보장하도록 강제하는 방향으로 해석할 수 있을지에 대해서는 논란이 있고, 이는 뒤에서 다루도록 한다.

4. 징계수단의 설정

기업질서를 위반한 근로자에 대하여 행할 수 있는 징계수단은 다양하다. 근로기준법 제23조 제1항은 징계의 종류로 "해고, 휴직, 정직, 전직, 감봉, 그 밖의 징벌"로 규정하고 있는데, 규정 자체에서 사용자가 다양한 징계처분을 행사할 수 있음을 전제하고 있다. 근로기준법은 징계수단의 제한과 관련하여 제95조에서 감급액의 제한만 규정하고 있기 때문에 사용자는 그에 저촉되지 않는 범위 내에서는 다양한 징계수단을 설정할 수 있다. 징계수단과 관련된 여러 문제들에 대해서는 뒤에서 자세히 살펴보기로 한다.

한편, 사용자가 징계규범에 징계의 수단을 규정하고 있음에도 실제 징계를 행함에 있어서 규정에 없는 새로운 징계수단을 선택하는 것이 가능할지 문제된다. 이 문제는 사전에 규범화되지 않는 징계를 인정할 것인가에 대한 논란과 동일한 문제다. 이에 대해 필자는 가능한 것으로 보고 있는데, 뒤에서 자세히 다루겠다.

Ⅲ. 규범화되지 않은 징계의 인정여부

1. 문제점

징계는 분명 근로자에 대한 불이익취급이다. 징계의 본질에 관하여 질서벌 혹은 제재벌로 보는 견해는 그와 같은 측면에 특히 주목하는 것이다. 징계가 그와 같이 근로자에 대한 불이익취급이라는 점에서 징계는 가능한 한 사전에 제도로서 명확히 설정되어야 할 필요성이 있다. 징계제도가 명확히 설정되어 있지 않다면 근로자들은 어떠한 사항이 기업질서에 관련된 내용인지 알 수 없으므로 기업질서의 침해를 사전에 억제하는 징계의 기능은 충분히 작동될 수 없으며, 그에 따라 근로자로서도 사전에 예측할 수 없는 불이익을 당할 수도 있다. 그러나 한편으로는 사용자가 사전에 징계제도를 완벽하게 구비하지 못하는 것도 현실이다.

이와 관련하여 사전에 규범화되지 않은 징계가 가능할 것인가 문제된다. 구체적으로, 사업장에 징계제도 자체가 아예 존재하지도 않고 개별 근로계약에도 징계에 관한 내용이 전혀 없는 경우에 사용자에게 징계권이 인정되는지[5], 징계제도를 구비하고 있는 경우라도 사전에 징계사유로 설정되어 있지 않은 사항에 대해서 징계할 수 있는지, 혹은 기왕에 규정된 징계사유가 예시적인지 아니면 열거적인 규정인지, 징계의 수단으로 규정하고 있는 것 외에 다른 방법으로 징계를 하는 것이 가능한지 등이 문제된다.

2. 학설 및 판례의 개요

(1) 학설의 개요

사전에 규범화되지 않은 징계를 인정할 것인지의 문제에 대해 기존의 논의는 징계권의 법적근거에 관한 학설의 결론과 연결시켜 이해하여 왔다. 그와 같은 방법으로 이 문제에 대한 논의의 개요를 살펴보면 다음과 같다.

먼저, 징계권의 법적근거에 관한 고유권설 혹은 경영권설의 입장에 의하면 사용자는 근로자의 동의 또는 취업규칙이나 단체협약상의 근거가 없더라도 기업질서를 침해한 근로자에 대해 징계할 수 있다고 한다.[6] 한편, 징계권의 법적근거에 관하여 별도의 의견을 피력하지 않으면서도 '사업장에서 발생하는 사실관계를 미리 예상하여 징계사유를 취업규칙, 단체협약에 모두 열거하는 것은 현실적으로 어렵다'는 이유를 들어 이를 긍정하는 견해도 있다.[7]

다음으로, 징계권의 법적근거에 관하여 계약설, 법규범설, 공동규범

5) 근로기준법은 10인 이상의 사업장에 취업규칙을 구비하도록 강제하고 있으므로 그 이하의 소규모 사업장은 징계제도를 구비하지 않고 있는 경우가 대부분이다.

6) 이상윤, 「노동법」, 423쪽; 송강직, "사용자의 징계권의 범위", 270-271쪽.

7) 하갑래, 「근로기준법」(제23판), (주)중앙경제사, 2011, 669쪽.

설을 취하는 견해들은 공통적으로 계약이나 취업규칙, 단체협약, 노사협정 등에 명시적인 징계규범이 있어야 사용자의 징계가 가능하다고 한다. 이 견해들의 논리는 사용자의 징계권행사에 있어서의 자의로부터 근로자를 보호하고, 근로자에 대하여 어떠한 행위가 징계의 대상이 될 것인지에 대한 예측가능성을 부여하도록 하자고 하면서 징계사유와 징계수단은 취업규칙이나 단체협약에 명확한 근거가 필요하다는 것이다.[8)]

(2) 판례의 입장

앞서 검토한대로, 판례는 징계권의 법적근거에 관하여 기본적으로는 사용자의 고유한 권한임을 인정하면서도 근로자의 보호를 위해서는 사용자의 일방적인 징계권행사를 제약할 필요성이 있다는 전제하에 그 제한의 방법으로 취업규칙의 법규범성을 강조하는 방법을 사용하고 있다. 이에 따라 판례는 단체협약이나 취업규칙에 근거하지 않은 징계의 정당성을 부정하고 있다. 예컨대, “기업질서는 기업의 존립과 사업의 원활한 운영을 위하여 필요불가결한 것이고, 따라서 사용자는 이러한 기업질서를 확립하고 유지하는 데 필요하고도 합리적인 것으로 인정되는 한 근로자의 기업질서위반행위에 대해 근로기준법 등의 관계법령에 반하지 않는 범위 내에서 이를 규율하는 취업규칙을 제정할 수 있다”[9)]는 판결은 사용자의 징계권을 일차적으로 노동법적 정당성의 범위 내로 제한하고 있고, “단체협약이나 취업규칙에 근로자에 대한 징계해고사유가 제한적으로 열거되어 있는 경우에는 그와 같이 열거되어 있는 사유 이외의 사유로는 징계해고 할 수 없는 것”이라는 판결,[10)] “취업규칙이 해고사유와 징계사유를 규정하는 한편, 그 별지 제재규정에서 해고사유 전

8) 임종률, 「노동법」, 516쪽; 이승욱, “징계처분의 범위와 한계”, 122-123쪽; 박지순, “징계제도의 법적구조 및 개별쟁점의 재검토”, 250-251쪽 등.

9) 대법원 1994. 6. 14. 선고 93다26151판결.

10) 대법원 1992. 9. 8. 선고 91다27556판결.

부와 징계사유 일부를 징계해고사유로 규정하고 있는 경우, 회사가 근로자의 비위행위가 징계해고사유 아닌 다른 징계사유에 해당된다 하여 징계해고처분 하였다면 이는 정당한 징계해고사유 없이 이루어진 것"이라는 판결[11] 등은 사용자의 징계권이 징계사유를 제한적으로 정한 취업규칙이나 단체협약 범위 내로 제한된다는 것이다. 이러한 결과는 계약설이나 법규범설의 논지와 같다.[12]

3. 검토 및 의견

규범화되지 않은 징계를 인정하지 않는 견해는 사용자의 자의적인 징계권 행사를 제한하고, 근로자에게 예측가능성을 부여한다는 측면에서 확실히 근로자보호 논리에 충실하다는 장점이 있다. 그러나 필자는 다음과 같은 이유로 사전에 규범화되지 않은 징계도 가능하다고 본다.

(1) 규범화되어 있지 않은 징계를 인정하는 것이 현실에 더 부합한다.

첫째, 근로계약의 특성상 기업질서 혹은 근로자가 수행하여야 할 근로계약상의 의무는 모든 내용을 사전에 규범화시킬 수 없는 한계

---

11) 대법원 1992. 7. 14. 선고 91다32329판결.

12) 한편, 고유권설을 취하는 견해 중에는 "근로자의 어떤 비위행위가 징계사유로 되어 있느냐 여부는 구체적인 자료들을 통하여 징계위원회 등에서 그것을 징계사유로 삼았는가 여부에 의하여 결정되어야 하는 것이지, 반드시 징계의결서나 징계처분서에 기재된 취업규칙이나 징계규정 소정의 징계근거 사유만으로 징계사유가 한정되는 것은 아니다"(대법원 2008. 9. 11. 선고 2007두10174판결)는 판결에 대해 "일부의 징계사유에 대해서는 취업규칙 등에 그 사유 및 절차 등이 규정되어 있으나, 다른 징계사유에 대하여는 규정이 없는 경우로서 사용자와 근로자 사이의 고용관계를 계속시킬 수 없을 정도의 사유가 존재하는 경우에, 취업규칙 등에 징계사유에 관한 규정에는 포함되어 있지 않은 사유에 대하여도 징계할 수 있다"고 하면서 판례가 규정에 없는 징계가능성을 긍정하고 있는 것으로 주장하나 그렇지 않다. 이 사안은 사용자가 징계규정에 없는 징계사유로 징계를 한 것이 아니다. 이 판결은 징계규정에 여러 징계사유가 있는데, 징계의결서는 그 중 일부 사유만 징계근거 규정으로 명시한 것이고, 징계위원회는 징계의결서 상의 징계근거규정에 구속되지 않는다는 것이 판례의 취지다. 즉, 징계위원회는 징계규정상의 다른 징계사유에 해당한다고 판단할 수도 있다는 것이다.

가 있으므로 규범화되지 못한 내용이더라도 어떠한 근로자의 행위가 사용자에 대한 중대한 계약침해의 결과로 나타나는 것이면 그러한 행위에 대해서도 징계대상이 될 수 있다고 보는 것이 현실적이다. 예컨대, 사용자의 지시 혹은 취업규칙 상의 징계사유에 해당되지는 않지만 근로자의 어떠한 행위가 사용자의 영업상의 손실을 가져오는 행위 또는 그러한 위험을 발생시키는 행위이면 징계사유로 할 수 있다.

둘째, 입법전문가도 아닌 개별사용자들의 경우 기업의 경영목적 달성을 위한 질서규범을 완벽히 규정한다는 것은 허구다. 현실은 불완전한 규범이 있을 수밖에 없다. 어떤 근로자의 비위행위가 기업질서(근로계약)를 중대히 침해하고 있는데, 사용자가 그러한 상황을 예상하지 못하여 사전에 규범화시키지 못했다고 해서 징계를 할 수 없다고 하는 것은 합리적이지 못하다.

셋째, 대부분의 소규모 사업장의 경우 징계규정이 존재하지 않는 것이 현실이다. 개별 근로계약의 체결만으로 근로관계를 형성하고 있는 사업장은 취업규칙도 없고, 대부분 근로계약의 내용에 징계규정을 두지도 않고 있으며, 취업규칙을 제정하였더라도 세부적인 징계규정을 갖추고 있지 않은 사업장도 존재한다. 그러한 사업장에서도 사용자는 사업의 목적달성을 위해서는 계약을 위반하는 근로자에 대해서 제재할 필요성이 있으며, 사전에 징계규범을 설정하지 못하였다고 하여 징계를 할 수 없다고 하는 것은 전혀 현실적이지 못하다.

(2) 취업규칙의 경우 규범의 정당성이 충분치 못하다.

대부분의 사업장에서 징계관련 규범은 취업규칙에 설정되어 있다. 그런데 취업규칙은 그 제정이나 변경이 사용자의 주도로 이루어지고 있고, 그 과정에 일부 근로자의 의견이 반영되는 절차가 있다고 하더라도 세부적인 내용까지 근로자의 의사가 미치기는 어렵다.

사용자의 의사가 주로 반영되는 취업규칙의 징계규정에 거의 절대적인 규범성을 인정하여 규정된 징계사유 외의 징계를 못하도록 하는 것은 합리적이지 못하다. 취업규칙은 노조의 의사가 반영되는 단체협약이나 국회의 입법에 의해 규율되는 공무원에 대한 징계와는 규범의 정당성에 있어서 차원을 달리한다.

(3) 근로자의 권리침해 위험성이 미미하다.

첫째, 현실에서 대부분의 사용자들은 취업규칙이나 단체협약에 추상적·포괄적인 징계사유를 두고 있기 때문에 규범화되지 않은 사유로 징계하는 경우는 거의 없다. 실제로도 그러한 사유로 사건화된 사례를 찾기가 어렵다는 것이 이를 증명한다. 따라서 전혀 규정에 없는 사유로 징계할 위험성은 거의 없다고 봐도 무방하다.

둘째, 근로자는 기업의 존재목적을 잘 알고 있으므로 어떠한 사항이 기업질서로서 제재대상이 되고, 어떠한 제재수단이 동원될 것인지 어느 정도 예측이 가능하다는 점에서 특별히 불측의 손해를 입을 염려가 많지 않다. 근로자들이 규범의 설정에 어느 정도 관여하고 있다는 점에서도 그렇다.

(4) 규범화되지 않는 징계라도 사후적인 정당성 통제는 다음과 같은 점에서 충분히 가능하다.

첫째, 규범 외의 징계를 인정하더라도 근로기준법은 제23조 제1항에서 '정당한 이유'에 의한 정당성 통제를 하고 있기 때문에 사용자의 자의로 인한 징계의 위험성은 충분히 통제될 수 있다.[13] 동법 제95조는 감급에 대한 제한을 통해 징계수단에 대한 통제도 하고 있다. 근로기준법에서 비교적 폭넓게 징계에 대한 통제가능성을 열어두고 있는 우리의 경우, 징계의 포괄성은 본질 그대로 이해하고,

13) 노동법실무연구회, 「근로기준법주해Ⅱ」, 박영사, 2010, 152쪽.

이를 합리적으로 제한하는 구조로 이해하는 것이 훨씬 간명하다.

한편, 이 논리는 '사용자 징계권의 포괄성 인정 - 근로기준법에 의한 권리의 제한'이라는 '징계권남용금지의 법리'의 구조를 전제하고 있는데, 이에 대해서는 반대의 입장에서 다음과 같은 비판이 있다. 즉, '판례의 징계해고권 남용금지의 법리는 사법상 권리남용금지의 법리와 차별성이 없고, 사용자의 해고권한 인정을 전제로 그 행사방법에 대한 제한에 불과하여, 근로기준법이 특별히 '정당한 이유'를 규정하고 있는 입법취지를 살리지 못하고 있는데, 이는 그와 같은 규정이 없는 공무원에 대한 징계와 그 규정의 적용을 받는 사기업의 근로자에 대한 징계의 정당성을 판단하는 판례의 구도가 동일하다는 점에서 명백히 드러난다.'[14]는 것이다. 그러나 근로기준법상의 징계권남용금지의 법리는 권리제한의 방법이 소극적인가 적극적인가의 점에서, 입증책임의 전환에 따른 근로자 보호수단의 용이성의 측면에서 사법상의 권리남용금지의 법리에 비해 근로자보호의 역할에 충실하다. 판례의 징계해고권 남용금지의 법리는 근로기준법의 '정당한 이유'규정을 전제로 한 상태에서의 사용자의 권리남용을 규제하려는 것으로 민법의 경우보다 더 폭넓게 적용된다. 또한, 공무원과 달리 신분의 보장을 받지 않는 사기업 근로자의 경우 입법적으로 더 강한 보호필요성이 있으며, 궁극적으로는 공무원이나 사기업의 근로자 모두 동일하게 근로관계의 보호필요성이 있는 '근로자'라는 점에서는 동일하다. '정당한 이유'의 입법취지나 공무원징계의 정당성에 대한 판례의 논리를 충분히 이해할 수 있다.

둘째, 규범화되지 않은 징계의 정당성 판단기준으로는 일반적인 징계의 정당성 판단기준이 그대로 적용된다. 예컨대, 징계해고의 경우에는 (규범화되지 않은)어떤 징계사유가 '사용자와 근로자 사이의 고용관계를 계속시킬 수 없을 정도로 중대한 사유'인 경우에는 징계

14) 이승욱, "징계처분의 범위와 한계", 121-122쪽.

해고의 정당성을 인정할 수 있다.[15)]

셋째, 근로기준법이 적용되지 않는 5인 미만의 사업장의 경우가 문제다. 이 경우에는 불가피하게 민법상의 권리남용금지의 법리에 따라 사용자의 징계권을 제약할 수밖에 없다.[16)]

넷째, 사전에 규범화되지 않은 징계를 인정한다면 사용자가 사전에 취업규칙 등을 통해서 징계에 관한 규범을 설정한 경우에 어떠한 의미를 가지며 그 차이가 무엇인지에 대한 의문이 들 수 있다. 아무런 차이가 없다면 굳이 사용자가 징계에 관한 규범을 설정할 이유도 없을 것이기 때문이다. 따라서 이 경우는 다음과 같은 해석상의 차이가 있어야 한다. 즉, 사전에 규범화되지 않은 사유로 인한 징계가 행해진 경우, 그에 대한 정당성 판단은 동일한 사안에 있어서 규범화된 경우보다 더 엄격히 인정되어져야 한다. 그와 같은 경우에 있어서는 해당 근로자에게 있어 규범준수에 대한 기대가능성 혹은 제재에 대한 예측가능성이 사전에 규범화된 경우보다 낮을 수밖에 없으므로 그와 같은 점이 사후적인 정당성 판단에 있어서 고려되어야 하는 것이다.

(5) 규범화된 것 외에 다양한 징계수단을 인정하는 것이 더 구체적 타당성을 기할 수도 있다.[17)] 기업의 경우, 사업의 목적은 명확하지만 사

15) 노동법실무연구회, 「근로기준법주해 Ⅱ」, 152쪽; 송강직, "사용자의 징계권의 범위" 271쪽; 노동부 예규 중에는 "'직원의 징계 및 재심에 관하여는 인사위원회에서 결정한다.'라고만 규정하고, 구체적인 사항은 규정하지 않은 경우, 징계규정이 없는 상태에서 정직처분과 같은 징계를 하더라도 근로기준법 제23조에 위반하지 않는 한 당연히 무효라고 보기 어렵다."고 한 사례가 있다(2002. 12. 24. 취업규칙심사요령, 노동부예규 482호; 2002. 2. 21. 근기 68207-691).

16) 같은 견해 : 도재형, "노동법에서의 권리남용 판례법리", 「노동법연구」(제29호), 서울대노동법연구회, 2010, 52쪽.

17) 같은 견해 : 하갑래, 「근로기준법」, 670쪽; 징계는 아니지만 사용자의 휴직에 대해서 근거규정이 없는 상태에서의 휴직을 인정하는 견해로는 박수근, "휴직명령과 정당성의 판단기준", 「노동판례비평」, 민주사회를 위한 변호사모임, 2005, 216쪽; 노동부 행정해석 중에는 "'정상을 참작할 특별한 사유가 있을 때에는 인사위원회 의결에 따라

업에 처한 상황이나 개별 징계상황, 근로자의 사정 등이 유동적인 경우가 종종 있다. 그 경우 이미 예정하고 있는 징계수단 외에도 좀 더 다양한 징계수단을 활용하는 것이 기업이나 근로자의 측면에서 더 유리한 경우가 있을 수 있다.

(6) 징계에 있어서 근로자의 절차적 권리를 강화할 수 있는 길이다. 즉, 징계절차가 없거나 불완전한 징계절차를 두고 있는 기업에 있어서는 취업규칙 등의 법규범성을 너무 강조할 경우, 불완전한 규범으로 인한 절차상의 손해를 근로자가 부담한다. 그런 경우에는 징계규범의 법규범성을 완화하는 해석을 통해서 역으로 불완전한 절차규범에 대한 통제의 가능성을 열어두는 것이 더 합리적이다. 필자는 (뒤에서 자세히 논하겠지만) 이 문제에 있어서와 같은 논리로 징계규범에 있어서 절차규정을 구비하지 못하였다고 하더라도 실제 징계과정에서는 징계대상자에게 일정한 절차적인 권리가 보장되어야 한다는 견해를 가지고 있다. 그렇게 논리를 구성하는 것이 근로자나 사용자에게 있어서 형평에 맞고, 사용자의 징계권을 체계적으로 이해하는 길이다.

(7) 이와 같은 논리를 전제로, 이 문제에 대한 기존 판례의 입장은 다시 다음과 같이 이해할 수 있다. 즉, 판례는 규범화되지 않은 징계의 가능성에 대해서 아직 판단한 사례가 없지만 기존의 개별 판례들의 태도를 통해서도 그 가능성을 충분히 열어두고 있다고 본다.

먼저, 앞서 보았듯이 판례는 기본적으로 사용자의 징계권이 포괄적인 성질을 가지고 있다는 점을 인정한다. 예컨대, "사용자가 인사처분을 함에 있어 노동조합의 사전 동의나 승낙을 얻어야 한다거나

그 처분을 경감할 수 있다'라는 규정을 적용하여 권고사직처분대신 취업규칙에 열거되지 않은 강임처분을 적용하더라도 이를 무효로 볼 수는 없다."는 사례가 있다 (2004. 10. 4. 근기 5273).

노동조합과 인사처분에 관한 논의를 하여 의견의 합치를 보아 인사처분을 하도록 단체협약 등에 규정된 경우에는 그 절차를 거치지 아니한 인사처분은 원칙적으로 무효라고 보아야 할 것이나, 이는 사용자의 노동조합 간부에 대한 부당한 징계권 행사를 제한하자는 것이지 사용자의 본질적 권한에 속하는 피용자에 대한 인사권 내지 징계권의 행사 그 자체를 부정할 수는 없는 것"[18]이라는 판결이 그렇다. 판례는 이와 같은 사안에서 판례가 조합간부에 대한 징계에 있어서 징계대상자의 비위사실이 중대한 경우, 단체협약상의 노조의 사전동의권을 신의칙을 이유로 동의권의 포기나 남용으로 해석하기도 한다. 그러한 판례의 태도를 볼 때, 설령 사용자가 실수로 근로자의 중대한 비위행위에 대해 취업규칙에 징계사유로 특정하지 않았음에도 그 사유로 징계를 행한 경우에 취업규칙의 법규범성을 엄격히 적용하여 징계가 부당하다고 판단하기보다는 신의칙 등을 이유로 징계의 정당성을 인정하지 않을까 생각된다. 판례가 취업규칙보다도 더 법규범성이 강한 단체협약에 대해서 그런 유연한 해석을 하는데 취업규칙상의 징계사유에 대해서도 그렇게 해석하지 않을까? 그렇게 볼 경우, 판례의 입장은 필자의 견해와 같아진다.

결국, 판례가 취업규칙의 법규범성을 강조하는 것과는 별개로 사전에 규범화되지 않은 징계사유로 인한 징계가능성을 완전히 배제하고 있지는 않은 것으로 봐야한다.

(8) 결론적으로, 필자는 사전에 규범화되지 않은 징계도 가능하다고 본다. 구체적으로, 사업장에 징계제도 자체가 아예 존재하지도 않고 개별 근로계약에도 징계에 관한 내용이 전혀 없는 경우에도 사용자에게 징계권이 인정된다. 징계제도를 구비하고 있는 경우라도 사전에 징계사유로 설정되어 있지 않은 사항에 대해서도 징계할 수 있

18) 대법원 2003. 6. 10. 선고 2001두3136판결.

다. 기왕에 취업규칙이나 단체협약에 징계사유가 구체적으로 규정되어 있는 경우에도 그러한 징계사유는 예시적으로 해석되므로 그 외의 사유로도 징계할 수 있다. 또한 사용자는 징계제도로 사전에 예정하고 있는 징계수단 외의 다른 방법으로도 징계를 하는 것이 가능하다.

4. 징계규범 외의 징계와 취업규칙의 불이익변경의 문제

근로기준법 제94조 제1항은 취업규칙의 불이익변경의 경우에 근로자집단의 동의를 요구하고 있고, 불이익변경의 개념에는 기존의 관행에서 불리한 쪽으로 새롭게 취업규칙을 제정하거나 기존의 관행에 비해 불리한 근로조건을 적용하는 경우도 적용된다. 취업규칙의 불이익변경은 넓게 '근로조건의 불이익변경'의 의미로 적용되고 있다. 그러한 점에서 기존에는 징계사유로 규정되어 있지 않았던 사항에 대해서 징계를 시행하는 것은 근로조건의 불이익변경으로 해석될 수 있고, 따라서 근로자집단의 동의가 필요하며, 그러한 과정을 거치지 않은 징계는 효력이 없는 것이 아닌지 논란이 있을 수 있다.

이 문제는 앞서 징계규범으로서의 취업규칙에 관한 논의에서 언급하였던 것과 마찬가지로 해결하면 된다. 즉, 만약 새롭게 적용하는 징계사유나 수단이 해당 기업의 존재목적에 비추어 혹은 기존의 기업질서나 징계사유가 구체화된 경우 등 해석상 충분히 예상할 수 있는 내용이라면 불이익변경이라 할 수 없을 것이고, 전혀 새로운 징계사유라도 새로운 제도의 도입이므로 불이익변경에 해당되는 것으로 볼 수 없다.

제2절 징계권의 제한

Ⅰ. 제한의 필요성

앞서 본대로, 기업의 사업목적의 원활한 수행을 위해서 사용자에게 징계의 필요성이 긍정되고, 징계에 관한 사용자의 권한은 포괄적이며, 그 권한의 행사는 일방적이다.

반면에, 이와 같은 징계의 특성은 역으로 사용자의 징계권이 제한될 필요성을 야기한다. 즉, 근로계약의 한 당사자로서의 사용자의 징계권은 사상적으로 근대 자본주의이념의 산물인 계약자유의 사상에 기초하고 있고, 이는 자유롭게 근로계약을 체결하는 동시에 계약상의 책임이 있는 상대방에 대해 임의로 해고나 징계 등의 제재를 가할 수 있는 권리가 있음을 의미하였다. 이러한 계약의 자유는 당사자 간의 대등한 관계를 전제하지만 이는 실제로 추상적인 관념에만 머물러 있는 이론이다. 그 자신의 노동력이 유일한 생존의 기반이 되는 근로자는 사용자와의 관계에서 경제적 · 인적 · 조직적 측면에서 사용자에게 사실상 종속되어 있을 수밖에 없다. 이와 같이 상대적으로 약세에 처해 있는 근로자의 지위를 보정하여 사용자와 대등한 관계에서 근로관계가 유지되도록 하는 것이 근대법의 이념이며 이러한 배경이 사용자의 징계권이 제한되어야 할 이유를 설명하고 있다.

사용자의 일방적인 징계의 위험에 근로자를 노출시킬 경우, 근로자의 안정적인 생존의 조건은 확보될 수가 없으며 그러한 상황은 자본주의의 항구적인 유지에 위해요소로 작용할 수 있다. 사용자의 징계권은 앞서 본 사용자 스스로의 징계규범의 설정에 의해서도 제한되지만, 더 중요하게는 아래와 같이 헌법과 노동법의 제 규정 및 법의 일반원리에 의해서 제한된다.

Ⅱ. 징계권제한의 규범

1. 헌법

사용자의 징계권은 근로자의 헌법상 기본권을 침해하는 방식으로 행사될 수 없다. 이 점에서 헌법의 제 기본권규정은 징계권을 제한하는 규범으로 적용된다. 헌법의 기본권 규정이 근로관계에 직접 적용될 수 있는지 아니면 민법상 일반조항을 통해 간접적으로 적용되는지에 관한 논란이 있다. 이에 대해서는 대체로 다른 법률관계에서와 마찬가지로 간접적으로 적용되는 것으로 이해하는 것이 일반이다. 다만, 헌법상의 권리가 개별법에서 구체화된 경우에는 해당 법률을 통해서 직접적으로 적용되고, 그렇지 않은 경우에는 민법의 일반조항을 통해서 적용되는 것으로 이해하여야 한다.

가. 근로권의 보장

헌법 제32조는 근로의 권리를 규정하고 있다. 이에 따라 일할 의사와 능력이 있는 모든 국민은 그가 속하고 있는 사회와 국가에 대해 근로의 기회를 요구할 수 있는 기본권을 가진다. 근로권 보장에 따라 국가는 근로자의 고용의 증진에 노력할 의무를 부담하는 동시에 이미 근로관계를 형성하고 있는 근로자들의 일할 환경에 관한 권리도 보장할 의무를 진다.[19] 동조 제3항은 국가가 근로조건의 기준을 인간의 존엄성을 보장받도록 법률로 정하도록 규정하고 있다. 그 대표적인 입법이 근로기준법이다.[20]

---

19) 허영, 「한국헌법론」, 박영사, 2011, 482쪽; 헌법재판소 2007. 8. 30. 선고 2004헌마670 결정("근로의 권리가 '일할 자리에 관한 권리'만이 아니라 '일할 환경에 관한 권리'도 함께 내포하고 있는 바, 후자는 인간의 존엄성에 대한 침해를 방어하기 위한 자유권적 기본권의 성격도 갖고 있어 건강한 작업환경, 일에 대한 정당한 보수, 합리적인 근로조건의 보장 등을 요구할 수 있는 권리 등을 포함한다.").

20) 그 외에도 최저임금법, 임금채권보장법, 산업안전보건법, 퇴직급여보장법, 산업재해보상보험법, 선원법, 남녀고용평등과 일·가정양립지원에 관한 법률 등이 제정되어

근로권과 관련된 연구문헌은 많지는 않지만 그 중 주목할 만한 것은 이홍재의 글[21]이다. 그에 따르면 근로권(노동권)의 내용은 세 가지로 분류되는데, 첫째, 노동 속에는 자연인으로서의 인격이 투영된다는 점에서 '노동인격권'이, 둘째, 노동을 통해서 재산적 가치를 창출한다는 점에서 '노동재산권'이, 셋째, 일의 지속을 통해서 사회적 관계를 형성해 간다는 점에서 '노동향유권'을 포함하고 있다고 한다. 이에 대해 사용자가 자신의 재산이나 영업을 매개로 근로관계나 거래관계를 형성하듯이 근로자도 자신의 노동을 통해서 사용자와 사이에 근로관계를 형성하고, 조직 내에서 지위를 차지하며, 제3자와 또는 어떠한 재산과 노동관계를 형성할 수 있는 권리를 노동권이라고 하면서 지지하는 견해도 있다.[22]

한편, 판례는 그 간 근로권 혹은 노동권이라는 개념을 명시적으로 사용하고 있지는 않았다. 다만, 해고무효 확정판결 후, 사용자가 정당한 이유 없이 근로자의 근로제공을 거부한 사안에서 사용자에 대해 근로자의 인격적 법익을 침해한 것으로 손해배상 책임을 인정한 사안[23]을 보면 법원이 근로자의 근로권을 부정하고 있지는 않은 것으로 보인다.[24]

헌법의 제 규정과 노동관련 법령을 분석해보면, 근로권의 내용은 다음과 같다. 근로관계를 형성하고 있는 근로자들은 근로관계 중에 근로계약의 상대방인 사용자에게 인간의 존엄성을 유지하기에 걸 맞는 대우(근로조건)를 요구할 수 있는 권리가 있다. 그 구체적인 내용은 근로기준법을 비롯한 개별 법령에 정해진다. 개별적으로는 재산상의 권리(임

있다.

21) 이홍재, "해고제한에 관한 연구", 서울대 박사학위논문, 1988, 38-53쪽.

22) 신권철, "헌법상 노동권 소고", 「노동법연구」(제22호), 서울대 노동법연구회, 116쪽.

23) 대법원 1996. 4. 23. 선고 95다6823판결.

24) 그 동안 노사관계 실무에서 경영권이나 인사권에 비해서 근로권에 대한 관심이 적었던 데는 그 동안 우리 사회가 전반적으로 경제발전에 치중한 나머지 근로자들의 근로권에 대해서는 관심을 소홀히 했던 데 원인이 있었던 것으로 보이고, 그러한 사정을 반영하여 사법실무에서도 근로권이 거의 다루어지지 않았다고 생각된다.

금, 근로시간, 휴가, 안전보건, 재해보상, 근로조건의 최저기준의 보장 등), 인격적인 권리(인간의 존엄, 균등처우, 강제근로 금지 등), 근로관계지위 유지의 권리(해고 등의 제한)가 이에 해당된다.

이와 같은 근로권의 내용에 비추어 보면 근로권보장의 근거는 추상적으로 헌법 제32조 제1항, 제3항에 근거를 두고, 각 개별 법령에서 구체적・직접적인 근거를 갖는 것으로 보아야 한다.[25] 그에 따라 사용자의 징계권의 행사는 근로자의 인간의 존엄성을 침해하는 내용으로 행사되어서는 안 된다는 제한이 따른다.

나. 기타 기본권규정에 의한 제한

근로자는 헌법이 보호하고 있는 기본권 보장대상이다. 따라서 사용자는 징계권을 행사하는 과정에서 근로자의 제 기본권을 침해하지 않아야 하는 제한을 받는다. 이와 관련하여 종종 문제가 되는 것은 인격권, 평등권, 양심의 자유 등이다. 예컨대, 사용자가 징계의 수단으로 근로자에게 사죄의 의사를 강요하는 시말서 제출을 명하는 것은 근로자의 양심의 자유를 침해할 수 있다. 판례 중에는 "시내버스 운송사업을 영위하는 사용자가 소속 시내버스 운전기사에게 징계로써 차고지 내에서 '고객친절', '복장단정', '차량청결' 등의 구호를 제창하도록 지시한 봉사명령은 사업장 내의 질서유지수단으로 적절하지 아니할 뿐만 아니라 사실상 '봉사활동'을 빙자하여 근로자에게 수치심과 모멸감을 주는 것을 그 주된 목적으로 하고 있어 그 내용이 근로자의 인간으로서의 존엄성을 침해한 것으로 부당하다."고 한 사례[26]가 있다. 평등권과 관련해서는

---

25) 우성, "근로권의 규범적 이해", 「산업관계연구」(제11권 제1호), 한국노사관계학회, 2001. 6, 109-110쪽도 같은 견해임.

26) 서울 행정법원 2007. 12. 14. 선고 2007구합30987판결. 이 판결은 나아가 "대한민국 헌법 제32조 제3항이 '근로조건의 기준은 인간의 존엄성을 보장하도록 법률로 정한다.'라고 규정한 점, 노동법의 이념이 근로자의 생존권 보장내지 근로자의 인간다운 생활 확보에 있는 점, 노사가 비록 근로에 있어서는 수직적인 사용종속관계에 있으나 그 밖의 영역에 있어서는 적어도 법률적으로 대등한 관계에 있는 점 등을 고려하면,

기업실무상 동일한 비위사실에 대해 다른 근로자와 징계양정을 달리 한 경우에 평등권을 침해한 것이 아닌지 종종 문제되는데, 징계양정의 차이가 사용자의 징계재량권의 범위 내라면 징계의 효력을 좌우하지는 않는다.

2. 근로기준법

(1) 사용자의 징계권을 제한하는 근로기준법의 대표적인 규정은 근로기준법 제23조 제1항이다. 이 규정은 "사용자는 '정당한 이유 없이' 해고, 휴직, 정직, 전직, 감봉 그 밖의 징벌을 하지 못한다."고 규정한다. 이 규정에 의해 근로자의 근로권 중 근로관계지위유지의 권리가 구체적으로 보장된다. 이 규정은 해고 등 사용자의 인사상 불이익취급으로부터 근로자를 보호하기 위한 일반조항으로서의 성격을 갖는다. 위 규정은 불이익취급의 예시에 불과하고, 그 외 어떠한 명칭 여하에 불구하고 개별 근로자에 대한 불이익취급으로서의 성질을 가지는 사용자의 인사권의 행사라면 이 규정의 적용을 받는다.[27] 따라서 근로자가 사용자의 인사권의 행사로 인하여 받는 불이익은 경제상·생활상의 불이익을 모두 포괄한다.

이 규정은 사용자의 근로자에 대한 불이익취급의 정당성 기준으로 '정당한 이유'의 제시를 요구한다. 이에 따라 근로자의 근로관계에 있어서의 근로권은 개괄적으로 얘기하면 기왕에 형성된 근로관계상의 지위에 대해 사용자로부터 정당한 이유가 없는 인사상의 불이익취급을 받지 않을 권리라 할 수 있다. 이러한 보호수준은 재산권에 대한 사법의 일반원리인 기득이익침해금지의 법리가 소극적으로 관철되는 수준의 보호다.[28] 다만, '정당한 이유'라는 기준은 일반

근로자의 인간으로서의 존엄성을 침해하는 내용의 징계는 사용자의 징계권이 가지는 한계를 넘는 것으로 부당하다"는 설명을 하고 있다.

27) 김성진, "대기발령의 법적성질과 정당성", 「노동법학」(제26호), 한국노동법학회, 2008. 6, 238-239쪽.

조항으로서의 성격을 가지므로 사용자의 인사권에 대응하여 보호되는 근로권의 보장수준은 양 권리의 충돌의 문제를 해결하는 과정에서 그 해석에 의하여 결정된다.

한편, '정당한 이유'라는 기준이 명확성의 원칙에 반하는 것인지 문제된 경우가 있었으나 헌법재판소는 "정당한 이유가 법적인 자문을 고려한 예견가능성이 있고, 집행자의 자의가 배제될 정도로 의미가 확립되어 있어 헌법상 명확성의 원칙에 반하지 않는다."[29]고 하였다.

(2) 근로기준법 제4조는 "근로조건은 근로자와 사용자가 동등한 지위에서 자유의사에 따라 결정하여야 한다."라고 규정하여 근로조건 대등결정의 원리를 천명하고 있다.[30] 근로조건대등결정의 원칙이란 근로관계에서 근로조건은 사용자의 일방적인 결정에 의해서 정해지는 것이 아니라 근로자와 사용자 사이의 합의에 의하여 정하여야 한다는 것을 의미한다. 근로자의 어떠한 행위가 징계사유가 되고, 징계의 시행은 어떠한 절차적인 과정을 거칠 것인지, 징계를 함에 있어서 근로자에게 절차적인 권리가 부여되는지 여부는 모두 근로조건에 해당한다. 따라서 근로자와 사용자가 단체협약이나 취업규칙 혹은 근로계약에 의해 징계에 관한 사항을 정할 경우에는 동등한 지위에서 자유의사에 따라 결정하여야 한다. 만약, 정해진 내용이 근로자의 의사를 반영하고 있지 않은 경우에는 이 규정에 의해 그 효력이 제한적으로 해석되어야 한다.

---

28) 한번 형성된 재산권은 소유자의 적극적인 포기가 있는 경우에 한해서 상실되지만, 기 형성된 근로자의 인사상의 권리는 원칙적으로 보호되다가 상대방인 사용자가 적극적으로 "정당한 이유"를 제시한 경우에 상실될 수 있다는 의미다.

29) 헌법재판소 2005. 3. 31. 선고 2003헌바12결정.

30) 근로기준법 제4조의 규정은 일본의 노동기본법 제2조 제1항이 "노동조건은 사용자와 근로자가 대등한 입장에서 결정하여야 한다."고 규정한 것을 계수한 것이다. 이 규정의 취지는 근로관계의 실질적 대등성을 확보하기 위한 것으로 해석된다(東京大學勞働法研究會, 「註釋勞働基準法(上)」, 有裴閣, 2003, 66쪽 이하.

(3) 이외에도 사용자의 징계권의 행사는 근로기준법의 개별적인 강행규정을 침해하는 형태로 행사되어서는 안 된다. 다음과 같은 규정이 문제된다.

첫째, 사용자는 근로기준법 제6조(균등대우)에 따라 징계에 있어서 성이나 국적, 신앙 또는 사회적 신분을 이유로 차별적 대우를 하지 못한다.[31] 이러한 근로관계에서의 균등대우의 원리는 헌법상 평등의 원리가 노동법 영역에 구체화된 규정으로 차별사유가 4가지로 예시되어 있다. 그렇다고 하더라도 헌법의 평등의 원리는 여전히 근로관계에서도 적용되어야 하므로 그 외의 사유, 예컨대, 노조활동에 적극적이라거나 기타 사용자의 자의에 따라서 동일한 징계사유 있는 근로자들에 대해서 차별적으로 대우하는 것은 허용되지 않는다.

둘째, 사용자는 근로기준법 제7조(강제근로금지)에 따라 징계로서 강제노역을 시키지 못한다. 직접적으로 징계의 한 방법으로 강제노역을 시킬 수도 없으며, 징계를 압박하는 방법으로 강제노역을 시켜서도 안 된다.

셋째, 근로기준법 제20조(위약예정의 금지)는 "사용자는 근로자와 근로계약의 불이행에 대한 위약금 또는 손해배상액을 예정하는 계약을 체결하지 못한다."고 규정하고 있다. 징계의 본질을 근로계약상의 의무위반에 대한 제재로 보는 입장에서 근로자의 계약위반으로 인하여 발생한 손해에 대하여 손해배상의 책임을 묻는 것은 적절한 제재방식이다. 그러나 이는 사후에 발생한 손해에 대하여 그와 같은 책임을 물어야 한다는 것이고, 이 규정에서와 같이 사용자가 사전에 근로자의 계약위반사항에 대해서 위약금이나 손해배상액의 예정 형태로 사전에 손해액과 징계를 예정하는 형태의 계약을 체결할 수는 없다. 다만, 근로기준법 제95조의 감급의 제한기준을 초과하지 않는 범위에서는 가능하다.

31) 이와 유사하게 남녀고용평등과 일・가정 양립지원에 관한 법률 제11조에서는 성을 이유로 정년・퇴직 및 해고에 있어서의 차별을 금지하는 규정을 두고 있다.

3. 단체협약

단체협약은 사용자와 노동조합 간의 협상력의 우위에 따른 타협의 산물이다. 단체협약에 징계에 관련된 사항이 규정된 경우 그 내용은 근로조건으로서 노조법 제33조 제1항에 따라 규범적 효력이 인정된다. 단체협약상의 징계관련규정은 사용자 스스로 자신의 징계의 권한을 제약하는 것으로 이에 따라 사용자의 징계권한은 다음과 같이 제한된다.

첫째, 단체협약에 규정된 징계에 관한 사항은 그 자체 규범적 효력에 의해 조합원들(노조법 제35조에 의해 효력이 확장되는 경우에는 비조합원들도 포함)에 효력이 미치므로 사용자는 이들과의 관계에서 해당 규정에 의해 징계권이 제한된다.

둘째, 단체협약에 징계에 관한 사항이 한정적으로 규정되어 있는 경우에 사용자는 이 보다 더 근로자에게 불리한 내용의 징계관련 규범을 취업규칙이나 근로계약으로 설정할 수 없는 제한이 따른다. 다만, 단체협약의 징계규정이 예시적인 경우나 특정사항에 관하여 명시적으로 규정하고 있지 않은 경우에는 사용자의 취업규칙 설정권이 제한되지 않는다. 또한, 경우에 따라서는 유리한 조건 우선의 원칙이 부정되지 않는다는 전제에서 사용자는 단체협약에 규정된 징계규정보다 근로자에게 더 유리한 내용의 징계규정을 취업규칙으로 설정할 수 있다.

4. 취업규칙

(1) 우리와 같이 노동조합 조직률이 높지 않은 현실에서 취업규칙은 징계에 관련해서도 가장 중요한 규범이다. 취업규칙의 제정은 본래 노무급부의무의 구체화나 기업질서의 획정과 같은 사용자의 필요에 의해서 이루어지고 있지만 근로기준법은 10인 이상의 사업장에 취업규칙의 제정을 의무화하여 그에 대한 내용통제를 하고 있다. 근로기준법은 사용자가 취업규칙을 작성하거나 변경할 경우에 근로자집단의 의견을 청취하도록 규정하고 있고, 불리한 변경일 경우에는 근

로자의 집단적 동의를 얻도록 규정하고 있다(근기법 제94조 제1항). 앞서 근로조건의 대등결정의 원리에 따른다면 사용자는 취업규칙에 징계규정을 설정함에 있어서도 근로자집단의 의견이 실질적으로 반영될 수 있도록 하여야 한다. 만약, 사용자가 징계에 관한 사항을 취업규칙에 설정함에 있어 근로자집단의 의견을 청취하지 않거나 실질적으로 근로자집단의 의견이 반영되지 않은 취업규칙을 제정할 경우에 그 효력이 문제된다.

(2) 근로자의 의견을 반영하지 않은 취업규칙의 효력에 대해서는 아래와 같은 논란이 있다.

먼저, 취업규칙의 효력을 긍정하는 견해[32]는 본래 취업규칙의 작성권이 사용자에게 있는 점, 따라서 근로기준법이 근로자의 의견청취를 규정하고 있어도 근로자의 의견에 구속되지 않는 점, 이 규정은 단속규정에 불과한 점 등을 이유로 취업규칙의 내용이 적법한 이상 그 효력은 유효하다고 한다. 대법원도 이 견해에 따르고 있다.[33]

다음으로, 취업규칙의 효력을 부정하는 견해[34]는 근로자의 의견청취가 취업규칙의 작성에 성립요건인 점, 이러한 절차는 기업 내에서 노사대등성을 확보하기 위한 것인 점, 근로기준법이 취업규칙의 규범적 효력을 인정하고 있는 이상 근로자보호를 위한 절차는 필수적인 점, 근로조건이 취업규칙에 필요적 기재사항으로 되어 있으므로 근로자의 의견은 본질적인 점 등을 이유로 든다.

검토컨대, 이 문제에 대해서는 취업규칙의 내용이 근로조건에 해

32) 김형배, 「노동법」, 283쪽; 임종률, 「노동법」, 348-349쪽; 이상윤, 「노동법」, 352쪽.
33) 대법원 1999. 6. 22. 선고 98두6647판결; 대법원 1994. 12. 23. 선고 94누3001판결은 단체협약으로 취업규칙의 작성변경에 관하여 노동조합의 동의를 받아야 한다고 규정하고 있더라도 불이익변경의 경우를 제외하고는 노동조합의 동의를 받지 않았다 하여 변경된 취업규칙의 효력을 부정할 수 없다고 한다.
34) 이병태, 「최신노동법」, 928쪽; 박홍규, 「고용법·근로조건법」, 223-224쪽.

당하는 것인지 그렇지 않은 것인지 구별해서 보아야 한다. 근로조건에 해당하지 않은 경우는 본래 사용자의 권한에 속하는 사항이므로 근로자의 의견이 반영되지 않아도 그 효력에 영향이 없다. 그러나 근로조건인 경우 이는 취업규칙의 필요적 기재사항이기도 하고, 근로기준법 제4조에 의해 그 결정절차에 있어서 노사대등결정의 원리가 관철되어야 한다. 대등결정의 방법으로 근로자집단의 의견을 청취하도록 규정하고 있음에도 그 과정자체를 시도하지 않은 것은 근로기준법의 일반원칙을 무시하는 것으로서 효력을 인정할 수 없다. 이것은 그 내용의 문제이전에 최소한의 절차적인 권리가 보장되지 않은 것으로 그 효력을 인정할 수 없는 것이다. 이 문제를 징계에 관한 규정으로 한정하여 설명하면, 근로자의 의견이 반영되지 않아 징계사유에 관한 규정의 효력이 상실되더라도 사용자의 징계권한 자체가 상실되는 것은 아니다. 다만, 징계절차에 관한 사항은 별도의 해석이 필요하다. 뒤에서 본다.

(3) 한편, 사용자가 취업규칙에 징계관련사항을 일방적으로 설정하였다고 하더라도 (그 효력에 대한 위에서의 논란과는 무관하게)그러한 취업규칙은 그 성질을 법규범으로 보든 계약으로 보든 직접적으로 근로자들에게 규범으로서의 효력이 미치므로 그 한도에서 사용자의 징계권한은 스스로 제약된다. 또한, 근로기준법은 근로계약이 취업규칙에 위반할 수 없다고 규정하고 있으므로(근기법 제100조), 사용자는 징계관련 사항을 근로계약에 정할 경우에 취업규칙보다 근로자에게 불리한 사항을 정할 수 없다.

5. 근로계약

사용자가 근로계약을 체결하면서 징계에 관한 사항을 규정하는 경우에 그 한도에서 사용자의 징계권은 제약된다. 근로조건 대등결정의 원리는 근로계약의 체결단계에서부터 반영되어야 하는 것이므로, 사용자는 근로계약에 징계에 관한 사항을 정하더라도 근로자에게 일방적으로 불리한 내용으로 정하여서는 안 될 것이며, 경우에 따라서는 그러한 조항은 사후에 무효로 판단될 수도 있다. 또한 그러한 사정을 반영하여 근로계약의 해석에 있어서도 근로조건 대등결정의 원리가 반영될 수 있도록 하여야 할 것이다.

6. 노동관행

노동관행은 사업장에서 어떠한 행위내지 급부가 사실적으로 여러 차례 같은 형태로 계속되는 경우에 인정된다. 이는 사실적 급부가 반복되는 경우에 근로자에게 앞으로도 그와 동일한 급부를 받게 될 것이라는 신뢰가 형성되었기에 이에 대해서 법적규범으로 인정하는 것이다. 판례 중에는 "사용자와 노동조합 사이에 근로자에 대한 징계절차를 취업규칙에 정해진 징계절차보다 근로자에게 유리한 방식으로 운영하기로 합의가 이루어져 상당한 기간 그 합의에 따라 징계절차가 운영되어 왔고, 이에 대하여 근로자들도 아무런 이의를 제기하지 아니하였다면, 그와 같은 징계절차의 운영은 취업규칙의 징계절차에 따르지 않았다고 하더라도 그 효력을 부인할 수는 없다"[35]고 한 사례가 있다. 이와 같이 사용자의 징계권은 노동관행에 의해 제한될 수 있다.

7. 민법상 일반조항에 의한 제한

사용자의 징계권의 행사는 그 자체가 당사자의 권리・의무관계에 영향을 미치는 법률행위이다. 따라서 이에 관하여 앞서 본 기존의 노동관련 규범 중에 적용할 규범이 없는 경우에는 사법의 일반조항이 적용될 수 있다. 그 중 일반적으로 적용되는 것이 민법 제2조(신의칙 및 권리남용), 제103조(공서양속), 제104조(불공정한 법률행위) 등이다. 따라서 사

35) 대법원 1995. 2. 14. 선고 94다21818판결.

용자의 징계권의 행사에도 이러한 규정들이 보충적으로 적용될 수 있고, 그러한 한도에서 징계권의 행사가 제한된다. 다만, 이는 일반론적인 설명에 불과하다. 실제로, 사용자의 징계에 대해서 법원이 권리남용의 법리를 적용한다는 것은 성문의 법규를 회피한 채, 사용자에게 인사권 행사의 재량권을 넓게 인정하는 결과를 초래하고 있기 때문이다.[36]

Ⅲ. 징계권제한의 일반원리

1. 개요

징계는 사용자가 사업의 효율적인 운영을 위해 일정한 질서규범을 형성하고 근로자에게 그것을 지키도록 의무를 부과하는 외에 근로자가 이를 지키지 않을 경우에 책임을 묻는 것이다. 그런 점에서 징계의 목적은 근로자가 질서규범을 잘 지키도록 하여 궁극적으로 사업의 목적달성에 이바지하는 데 있다. 한편으로 사용자의 징계권은 포괄적이고, 사용자가 일방적으로 행사할 수 있다는 점에서 그에 따라 불이익을 입게 되는 근로자를 사용자의 자의로부터 보호할 필요성도 있다. 이러한 징계의 목적이나 제한의 필요성이라는 측면에서 도움이 되는 경우라면, 사용자의 징계권의 행사에 대해서는 앞서 본 노동관련 규범들이 적용되는 외에 다른 법의 일반원리도 적용될 수 있다고 보아야 한다. 사용자의 징계 역시 하나의 법률행위이고, 그것의 정당성이 하나의 법적인 정의라고 한다면 모든 법에 통용되는 법의 일반원리도 징계권의 행사에 적용될 수 있는 것이다.

먼저, 적용여부가 대표적으로 검토될 수 있는 것이 죄형법정주의의 원리다. 이는 '법률 없으면 범죄 없고, 형벌도 없다'(nullum crimen, nul-

36) 도재형, "노동법에서의 권리남용 판례 법리", 「노동법연구」(제29호), 서울대 노동법연구회, 2010 하반기, 38쪽.

la poena sine lege)는 명제로 근대형법의 기본원리이기도 하지만 우리 헌법은 제12조 제1항으로 "누구든지 법률과 적법한 절차에 의하지 아니하고는 처벌, 보안처분 또는 강제노역을 받지 아니한다."고 규정하여 헌법적 원리로 격상시키고 있다. 이 원리가 적용되는 대표적인 분야인 형벌은 그 성격이 국가가 국민에게 질서유지를 위해 의무를 부과하고 위반자에 대해 제재를 가하는 점에서, 국가에 의한 제도의 운영과정이 일방적이라는 점에서, 국가의 자의로부터 국민을 보호할 필요성이 있다는 점에서 기업에 있어서의 징계와 유사하다. 그러한 사정을 반영하여 기업의 징계에 대해서도 죄형법정주의의 원리가 적용되어야 한다는 견해가 있다.[37] 우리 헌법재판소[38]도 이 규정이 열거하고 있는 대상을 예시적으로 보고 있기도 하다. 그런데 문제는 어느 정도로 적용할 것인가이다. 형벌과 징계는 목적과 기능이 유사하다는 점 외에도 국가와 기업의 구조에는 상당한 차이가 존재하기 때문이다. 기업은 국가에 비해서 존재목적이 명확하고 그에 따라 질서규범 형성의 필요가 강하다는 점, 조직구성의 긴밀성이 강하다는 점, 근로자는 질서규범 형성에 일정부분 관여할 수도 있다는 점 등에서 차이가 있다. 따라서 국가의 형벌권의 행사에는 죄형법정주의의 원리가 엄격히 작동될 필요가 있지만 기업에 있어서의 징계권의 행사에는 반드시 그럴 필요는 없다. 죄형법정주의의 내용 중 징계권의 행사에 적용될 수 있는 것으로는 명확성의 원칙, 소급적용금지의 원칙, 유추해석금지의 원칙 등이 검토될 필요가 있다.

다음으로, 일사부재리의 원칙이다. 이는 우리 헌법 제13조 제1항 후문이 규정[39]하고 있는 것으로, 통상 법의 일반원리로 이해되고 있다.

이하에서는 이들 원리들이 징계에 있어 어느 정도가 적용되어야 할지 구체적으로 검토해 보기로 한다.

---

37) 이승욱, "징계처분의 범위와 한계", 120-123쪽.

38) 헌법재판소 1992. 12. 24. 92헌가8; 헌법재판소 1989. 7. 14. 88헌가9 등.

39) 헌법 제13조 제1항 후문 "모든 국민은 동일한 범죄에 대하여 거듭 처벌받지 아니한다."

2. 명확성의 원칙

명확성의 원칙의 전제로 사용자가 징계를 행할 수 있기 위해서는 취업규칙이나 단체협약에 징계에 관한 근거가 반드시 필요한가의 문제가 있다. 이에 대해서 필자는 앞서 자세히 검토한 대로 반드시 그럴 필요는 없다고 보고 있다. 다만, 그렇다고 하더라도 징계의 목적을 효율적으로 달성하기 위해서는 가능한 징계에 관한 근거규범을 사전에 설정해 놓는 것이 필요하다 할 것이다.

나아가, 징계에 관한 규범을 설정하기로 하였다면 징계사유나 징계의 종류 등을 가능한 명확하게 설정하는 것도 필요하다. 이는 근로자로 하여금 사전에 어떠한 행위가 기업질서위반(근로계약위반)에 해당하여 어떠한 종류의 징계를 받게 되는지에 대한 예측가능성을 부여하고 사용자의 자의적인 징계권행사를 예방하는 데 필요하기 때문이다.

이와 관련하여 징계사유가 당사자에게 예측가능성을 부여할 수 없을 정도로 불명확하게 규정되어 있으면 당해 징계사유가 무효라고 보아야 한다는 견해가 있다.[40] 그러나 굳이 그렇게까지 볼 필요는 없다. 사용자는 실제로 징계사유를 포괄적이고 추상적인 사유로 규정할 수도 있고, 때에 따라서는 질서유지 나아가 사업목적의 달성을 위해서 꼭 필요한 징계사유를 사전에 규정해 놓지 못하는 경우도 발생할 수 있기 때문에 그런 규정의 취지가 사업목적달성을 위해서 불필요한 경우로 해석되지 않은 이상 무효로 볼 것은 아니다.[41] 또한 동 견해는 판례[42]가 근로자에게 여러 가지 징계혐의사실이 있는 경우 그에 대한 징계해고가 적정한지 여부를 그 사유 하나씩 또는 그 중 일부의 사유만 가지고 판단할

40) 이승욱, "징계처분의 범위와 한계, 128쪽.

41) 대법원은 "직무의 내외를 막론하고 변호사로서 품위를 손상하는 행위"를 징계사유로 규정한 변호사법 제91조 2항 3호 규정이 헌법상 명확성의 원칙에 반하는지 문제가 된 사안에서 그와 같은 기준은 법관의 보충적인 해석에 의해서 그 내용이 확정될 수 있는 것이므로 명확성의 원칙에 반하지 않는다고 판결하였다(대법원 2005. 11. 25. 선고 2005두9019판결).

42) 대법원 1996. 9. 20. 선고 95누15742판결 등.

것이 아니고 전체의 사유에 비추어 사회통념상 근로계약을 계속시킬 수 없을 정도로 근로자에게 책임이 있는지 여부로 판단하고 있는 것에 대해 징계해고사유가 명확하지 않다는 취지로 부당하다고 한다. 그러나 이 판례의 태도는 징계사유가 명확히 인정되는 사안에서 여러 사정을 감안하여 징계의 양정을 해고로 한 것이 타당하다는 것으로 징계사유 자체는 명확하다고 할 수 있는 것이다. 비판의 취지는 징계사유의 명확성 외에 징계해고사유까지도 명확하도록 요구하고 있는 것이겠지만 일본과 달리 취업규칙에 징계해고사유를 필요적 기재사항으로 하고 있지 않은 우리 법제에서는 강제할 방법이 없다.

결론적으로, 사용자가 징계규범을 설정하는 경우에 가능한 한 징계규범을 명확히 설정하는 것이 사용자의 사업목적달성을 위해서도 근로자보호를 위해서도 필요한 것이지만, 한편으로 근로자는 기업의 존재목적을 명료히 인식하고 있고, 어떠한 사항이 기업질서로서 제재대상이 되며, 어떠한 제재수단이 동원될 것인지 어느 정도 예측이 가능하다는 점에서 특별히 불측의 손해를 입을 염려가 적다. 따라서 징계규범이 명확하지 않다고 하여 징계의 효력에 직접적인 영향을 끼칠 정도로 이 원리를 엄격히 적용할 것은 아니고, 명확하지 않은 경우라면 징계의 정당성 판단에서 부정적인 요소로 고려하는 정도가 적절하다.[43]

3. 소급 · 유추적용의 금지

사용자가 어떤 사유를 이유로 근로자를 징계할 수 있기 위해서는 징계 당시에 그러한 사유가 취업규칙 등 징계규범에 설정되어 있어야 하고, 근로자의 비위행위 이후에 해당 사유를 징계규범으로 설정하여 징계하는 것은 허용되지 아니한다. 이는 징계사유를 소급적용하는 것으로서 오로지 당사자에 대해서 제재만을 목적으로 한 자의적인 징계에 불과하고, 본래의 기업질서유지라는 징계의 목적과 관련이 없으므로 유효

43) 같은 취지의 견해 : 송호영, "소속사원에 대한 단체의 징계권에 관한 연구", 9-10쪽.

한 징계라 할 수 없다.[44)] 다만, 소급적용이 금지되는 것은 기존의 다른 징계규범이나 기업의 존재목적에 비추어 사전에 예상할 수 없었던 사안에 한하고, 기존의 질서규범이 구체화된 경우 등 해석상 충분히 예상할 수 있는 내용이라면 이에 해당되지 않는다. 같은 취지로 "사용자가 징계권(징계사유)의 유무를 결정함에 있어 구 취업규칙을 적용하면서 신 취업규칙을 함께 적용하였다 하더라도 그 적용된 신 취업규칙 소정의 징계사유가 구 취업규칙상의 징계사유 이상으로 부가·확대한 것이 아니라 이와 동일하거나 이를 유형화·세분화한 것에 불과하다면 근로자에게 있어서 특별히 불이익한 것이 아니므로, 근로자는 이를 이유로 그 징계가 위법하여 무효라고 주장할 수 없다"[45)] 또한 소급적용이 금지되는 것은 이미 완료된 행위에 대해서 사후에 규정 개정을 통해 징계하는 이른바 진정소급효의 경우에 한하고, 행위가 여전히 지속되는 상태에서 규정을 개정하여 징계하는 이른바 부진정소급효는 소급적용금지의 원칙에 해당되지 아니한다. 나아가, 어떠한 경우든 징계사유 발생 당시에 징계규범으로 명시된 경우가 아니라면 근로자에게 있어 규범준수에 대한 기대가능성이 낮을 수밖에 없으므로 그러한 사정이 사후적인 징계의 정당성 판단에 있어서 엄격히 고려되어야 할 것이다.

유추적용은 어떤 징계사유에 대해 명시적인 규정은 없지만 그와 유사한 성질의 징계규범을 적용하는 것을 말한다. 사용자의 징계에 대해서도 유추적용금지의 원리가 적용되어야 한다는 의견이 있다.[46)] 그러나, 성질상 유사한 내용의 징계사유라면 근로자로서는 그것이 기업의 존재목적이나 질서규범의 취지상 충분히 허용될 수 없는 행위라는 인식

44) 대법원 1994. 12. 13. 선고 94다27960판결은 "취업규칙위반 행위 시와 징계처분 시에 있어서 서로 다른 내용의 취업규칙이 있는 경우, 다른 특별한 사정이 없는 한 해고 등의 의사표시는 의사표시의 시점에 시행되고 있는 신 취업규칙 소정의 절차에 따라 행하면 족하지만, 징계권(징계사유)의 유무에 관한 결정은 징계가 근로자에게 있어서 불이익한 처분이므로 문제로 되어 있는 행위 시에 시행되고 있던 구 취업규칙에 따라 행하여야 할 것이다"고 하여 이 원칙을 인정하고 있다.

45) 대법원 1994. 12. 13. 선고 94다27960판결.

46) 이승욱, "징계처분의 범위와 한계", 129-130쪽.

이 있었을 것이므로 그와 같은 방법으로의 징계는 가능하다고 본다. 징계에 있어서 유추적용금지의 원리는 적용되지 않는다. 다만, 기존의 징계규정을 확장해서 적용하는 것은 근로자에게 불측의 위험을 안기는 것으로 허용될 수 없다.47)

4. 일사부재리의 원칙

이 원리는 이중위험금지의 원칙이라고도 하며 동일한 범죄에 대하여는 거듭 처벌받지 아니 한다는 것으로 고대 로마시민법부터 발전되어 온 법의 일반원리이다. 이 원리는 형벌 이외의 제재, 기타 불이익을 과하는 모든 경우에 적용되는 법의 일반원리이므로 근로자에게 불이익한 제재인 징계에도 이 원칙이 적용될 수 있다. 대법원은 사용자의 징계에 대해 이 원리의 적용여부를 명확히 밝히지는 않았지만 이 원칙이 당연히 적용된다는 것을 전제로 하는 판결을 하고 있다.48)

한편, 이 원칙은 서로 성격이 다른 제재에는 적용되지 않는다. 따라서 근로자의 어떠한 행위가 징계사유에 해당하고 동시에 형법상 범죄에도 해당할 경우에 기업이 행하는 징계와 국가에 의한 형벌부과는 그 적용원리를 달리하는 것이므로 이 원칙의 적용을 받지 아니한다. 또한, 징계해고와 퇴직금의 감액처럼 하나의 징계로 여러 종류의 징계수단을 병과하는 것은 가능하다. 판례는 "직위해제는 근로자가 장래에 있어서 계속 직무를 담당하게 될 경우 예상되는 업무상의 장애 등을 예방하기 위하여 일시적으로 당해 근로자에게 직위를 부여하지 아니함으로써 직무에 종사하지 못하도록 하는 잠정적인 조치이다. 직위해제처분을 받는 자는 어떠한 직무에도 종사하지 못하게 될 뿐만 아니라, 승급·승호·보수

---

47) 같은 취지의 견해 : 송호영, "소속사원에 대한 단체의 징계권에 관한 연구" 9쪽.

48) 대법원 1992. 7. 28. 선고 91다30729판결은 "직위해제와 징계는 법적기초, 사유, 절차 등에 있어서 차이가 있고 따라서 징계와 직위해제처분과의 관계에 있어서 일사부재리의 원칙이나 이중처벌금지의 원칙이 적용되지 아니 한다"고 하여 이 원리의 적용을 당연시하고 있다. 그 외 대법원 1996. 4. 23. 선고 95다53102판결 등.

지급 등에 있어서 불이익한 처우를 받게 되고, 나아가 일정한 경우에는 직위해제를 기초로 하여 직권면직처분을 받을 가능성까지 있으므로 직위해제는 인사상 불이익한 처분에 속한다. 이와 같이 직위해제와 징계는 법적기초, 사유, 절차 등에 있어서 차이가 있고, 따라서 징계와 직위해제처분과의 관계에 있어서 일사부재리의 원칙이 적용되지 아니한다."[49]고 한다. 그러나 직위해제가 근로자에게 불이익한 처분의 성격을 띠는 경우에는 사실상 징계에 해당하므로 그와 같은 설명방식은 곤란하다. 그 경우는 징계가 병과된 것으로 보아야 한다.

결국, 이 원리가 적용될 수 있는 것은 하나의 비위행위에 대해 징계가 종국적으로 시행되었다가 재차 동일한 비위행위에 대해 징계가 이루어지는 경우에 한하는 것으로 보아야 한다.

49) 대법원 1992. 7. 28. 선고 91다30729판결.

징계의 이론과 실무

제5장 징계의 수단

제1절 서설

근로기준법상 징계의 수단에 관한 근거규정으로는 제23조(해고 등의 제한)와 제95조(감급 액의 제한)가 있다. 근로기준법 제23조 제1항은 "사용자는 근로자에게 정당한 이유 없이 해고, 휴직, 정직, 전직, 감봉, 그 밖의 징벌을 하지 못한다."고 규정하고 있다. 이 규정상의 감봉과 제95조의 감급은 동일한 것으로 용어의 통일이 필요하다. 징계는 근로자에 대한 불이익취급이므로 위 규정이 예시하고 있는 수단 중 근로자에게 불이익하지 않은 것(예컨대, 근로자 측 사유에 의한 휴직)은 징계가 아니다. 이 규정은 근로자에 대한 사용자의 모든 불이익취급으로부터 근로자를 보호하기 위한 일반조항으로서의 성격을 갖고 있다.

위 규정은 징계의 수단을 구체적으로 예시하고 있는 것 외에 '그 밖의 징벌'의 경우도 예상하고 있다. 이는 사용자가 이 규정에 예시되어 있지 않은 징계수단을 활용할 수도 있고, 그 경우에도 이 규정의 제한을 받는다는 것을 의미한다. 실무상 행해지고 있는 징계 중에 '그 밖의 징벌'에 해당하는 예는 사용자가 인사권의 행사라는 형식을 통해 근로자에게 불이익을 주는 경우, 당연퇴직이나 통상해고의 형식을 통해 근로관계를 종료하지만 실질은 징계해고인 경우, 그밖에 실무상 행해지는 다양한 징계수단을 들 수 있다.

이하에서는 노사관계실무에서 통상 사용되고 있는 징계의 수단과 성격 및 그에 관련된 여러 법적쟁점에 대하여 검토한다.

제2절 징계해고

Ⅰ. 문제점

해고는 근로관계를 종료시킨다는 점에서 계약관계를 종료시키는 해제(해지)와 사실상 동일한 것으로 계약적 측면에서 가장 중요한 법적효과를 발생시키는 법률행위다. 또한 근로자에 있어 해고는 근로관계를 통해 얻는 경제적 이익(임금)이 근로자 및 그 가족의 생존의 기반이 된다는 점에서 가장 중요한 근로조건이기도 하다. 이와 같은 점을 반영하여 근로기준법은 제23조 제1항에서 정당한 이유가 없는 해고의 제한, 제24조에서 경영상 이유에 의한 해고를 규정하여 일정한 경우에만 해고가 정당화될 수 있도록 사유를 제한하고 있다. 또한 제23조 제2항은 근로자의 업무상 재해로 인한 요양기간 등 특정한 시기에는 해고를 금지하는 규정을 두고 있으며, 해고의 절차에 있어서도 제26조에서 해고예고와 해고예고수당의 지급의무를, 제27조에서 해고의 사유와 시기를 서면으로 통지하도록 하는 규정을 두어 가급적 해고를 신중히 하도록 하는 등의 방법으로 근로자를 보호하고 있다.

징계의 수단으로서 해고와 관련하여 다음과 같은 문제가 있다.

첫째, 일부 견해는 통상 실무에서의 관행과는 달리 징계의 수단으로서 징계해고를 인정할 필요가 없다고 한다. 그와 같은 주장은 타당한가?

둘째, 징계해고를 인정할 경우에도 실무나 학계의 논의는 징계해고와 일반해고의 분류에 대해 어떤 명확한 기준을 확립하고 있지 못하다. 징계의 본질이 계약책임이라는 전제 하에서 징계해고와 그에 구별되는 일반(통상)해고의 개념을 다시 정립할 필요가 있다.

셋째, 해고는 근로자의 의사에 반하는 근로관계의 종료이다. 그런데 실무상 징계해고의 형식을 취하지는 않지만 실질이 근로자의 의사에 반하는 것으로서 실질상 해고의 문제로 다루어야 할 것들이 있고, 그에 관한 설명이 필요하다.

넷째, 사용자가 징계사유가 인정되는 근로자를 징계해고에 의해서 근로관계를 종료시키면서 그와 동시에 지급의무가 있는 퇴직금을 감액하는 것이 가능한가의 문제가 있다. 이는 퇴직금의 법적성질을 어떻게 보는지와 관련된 문제이기도 하다.

Ⅱ. 징계해고의 인정여부

1. 문제점

근로기준법 제23조 제1항은 근로자에 대한 불이익취급의 종류로 '해고'를 예시하고 있고, 제24조에서는 경영상해고를 규정하고 있다. 그런데 제23조 제1항의 규정은 사용자의 근로자에 대한 불이익취급을 제한하기 위한 일반규정이므로 제24조의 경영상해고는 제23조의 해고의 한 유형으로 이해되어야 한다.[1] 즉, 제24조의 규정은 여러 해고 중, 사용자의 경영상이유로 인한 해고의 정당성 요건을 구체화한 규정으로서 의미가 있다. 이 점을 반영하여 제24조 제5항은 사용자가 제24조 제1항부터 제3항까지의 규정에 따른 요건을 갖추어 근로자를 해고한 경우에는 제23조 제1항에 따른 해고를 한 것으로 본다고 규정하고 있다. 마찬가지로, 그 외의 모든 해고 역시 제23조 제1항의 해고에 포함되는 것이다. 이와 관련하여 일부 견해는 징계의 수단으로 징계해고를 인정하지 않는 결과 위 규정상의 해고에서 징계해고를 배제하고 있다.

2. 부정설

이 견해[2]는 징계의 본질을 '기업질서나 복무규율을 위반한 조직체

1) 임종률, 「노동법」, 511쪽; 박승두, "해고제도의 일원화론", 「노동법학」(제30호), 한국노동법학회, 2009, 55-56쪽.

구성원인 근로자에 대한 제재'로 이해하면서 사용자는 징계를 통해 '근로관계를 종료시키기 곤란하거나 상대적으로 경미한 근로자의 비위행위에 대하여 일시적·잠정적 불이익을 부과함으로써 재발방지를 위한 경고기능을 수행'한다고 이해한다. 또한 징계해고를 인정할 경우 해당 근로자에게 징계해고자라는 불명예스런 낙인을 찍는 행위가 되어 근로자의 인격적 이익을 침해하는 것으로 이해하면서 근로기준법 제39조(사용증명서), 제40조(취업방해의 금지)의 취지 상 근로자의 취업기회를 제한하는 낙인이 될 수 있는 징계해고는 부당한 제재로 노동보호법적 원리와도 충돌된다고 한다. 그리고 징계해고를 인정하더라도 통상 인정되는 징계해고는 행태상의 이유에 의한 해고로 이해되고, 어차피 일반해고나 징계해고 모두 근로기준법 제23조에 따른 정당성 심사가 이루어져야 하기 때문에 구별의 실익도 없다고 한다.

3. 검토 및 의견

징계해고를 인정하지 않는 견해는 해고와 징계제도를 구분하여 해고의 종류로 일반해고(일신상, 행태상의 사유)[3]와 경영상해고 만을 인정하는 독일의 제도에 기초하고 있다. 그러나 실무상 징계해고가 일반적으로 인정되고 있는 우리의 현실에서 다음과 같은 사정을 보면 달리 징계해고를 인정하지 못할 이유가 없다.

첫째, 이 견해는 징계의 기능에 대해 근로관계를 종료시키기에는 미약한 정도의 근로자의 비위행위에 대한 일시적·잠정적 불이익을 통해 재발방지를 위한 경고기능을 수행한다고 한다. 그러나 징계의 주된 기능은 근로자의 과거의 비위행위에 대한 제재이다.[4] 그와 같은 제재를

---

2) 박지순, "징계제도의 법적구조 및 개별쟁점의 재검토", 247-250쪽.

3) 통상, 일신상의 사유는 계약상의 급부의무의 이행에 필요한 정신적·육체적 또는 기타의 적격성을 현저하게 저해하는 사정이 근로자에게 발생하여 근로자가 사업장 내에서 자신의 지위에 상응하여 정당하게 요구되는 업무를 충분히 감당할 수 없게 된 경우로, 행태상의 사유는 근로자가 유책하게 근로계약상의 의무위반행위를 한 경우를 비롯하여 다른 동료 근로자와의 관계나 기타 경영 내적 또는 외적인 제도 및 조직과의 관계 등에서 발생하는 사유로 설명된다(김형배, 「노동법」, 638-641쪽 참조).

통해 얻게 되는 당사자 및 다른 구성원들에게 미치는 예방적 기능은 부수적일 뿐이다.

둘째, 이 견해는 근로자의 비위행위의 정도에 따라 그에 대한 불이익 취급을 할 수 있는 징계와 해고를 구분할 수 있다는 것을 전제로 한다. 그러나 사안에 따라서는 비위행위의 정도가 그렇게 명확한 것도 아니다. 경우에 따라서는 경미한 비위행위가 양적으로 누적되는 경우 등 징계해고의 필요성이 긍정되는 상황이 발생하기도 하다. 그러한 경우에 징계의 수단으로서 해고를 인정하지 않는 결과 제도운영이 경직될 수 있다.

셋째, 이 견해는 징계해고를 인정할 경우 일반해고에 비해 근로자에게 가중적인 불이익을 주어 근로자의 인격적 이익을 침해할 수 있다고 한다. 그러나 뒤에서 보듯이 우리의 경우처럼 징계해고와 일반해고가 명확히 분별되어 있지 않은 경우에 그와 같은 우려는 비현실적이다. 설령, 그와 같은 불이익이 발생한다고 하더라도 책임원리에 비추어 본질적으로 부당한 것이라 할 수도 없다. 근로기준법은 징계해고자의 불이익이 필요 이상으로 확대될 위험을 예방하고자 제39조(사용증명서)와 제40조(취업방해의 금지) 규정을 두고 있기도 하다.

넷째, 이 견해는 일반해고나 징계해고 모두 근로기준법 제23조에 따른 정당성 심사가 이루어져야 하기 때문에 구별의 실익도 없다고 한다. 이는 일반해고와 징계해고를 분류하는 기준으로 일신상의 사유와 행태상의 사유를 사용할 경우에 특히 더 그렇다. 뒤에서 보듯이 그와 같은 기준을 취하면서 징계를 기업질서위반에 대한 제재로 이해할 경우에는 두 해고가 명확히 구분되지 못한다. 따라서 두 해고를 구별할 수 있는 좀 더 명확한 기준이 있어야 할 것이다.

---

4) 대법원은 징계와 직위해제를 비교한 판결에서 "직위해제는 근로자가 장래에 있어서 계속 직무를 담당하게 될 경우 예상되는 업무상의 장애 등을 예방하기 위하여 일시적으로 당해 근로자에게 직위를 부여하지 아니함으로써 직무에 종사하지 못하도록 하는 잠정적인 조치로서의 보직의 해제를 의미하므로 과거의 근로자의 비위행위에 대하여 기업질서 유지를 목적으로 행해지는 징벌적 제재로서의 징계와는 그 성질이 다르다."고 하였다(대법원 1996. 10. 29. 선고 95누15926판결).

Ⅲ. 징계해고와 일반해고의 구별

1. 학설의 개요

징계해고를 인정할 경우, 해고는 일반적으로 일반(통상)해고, 징계해고, 경영상해고로 분류된다. 그런데 학자들의 이해에 의하면, 이 중 경영상해고는 사용자 측의 경영상의 이유로 인한 해고로 그 의미가 비교적 명확하다. 그러나 징계해고와 일반해고에 대해서는 어떻게 이해를 하여야 할 것인지 견해차가 존재한다.[5)]

첫째, 징계의 본질을 기업질서 위반에 대한 제재로 이해하는 학자들은 징계해고는 기업질서를 위반하는 행위에 대한 해고로, 일반해고는 근로자의 근로계약상의 의무위반에 대한 해고로 이해한다.[6)] 이 견해는 대체로 해고의 원인이 일신상의 사유와 행태상의 사유에 해당하는 경우에 일반해고가 가능하다고 보지만 그와 같은 사유가 결과적으로 기업질서를 침해하는 경우에는 징계해고도 가능하다고 한다. 구체적으로 보면, 대부분의 일신상의 사유는 일반해고에 해당할 것이지만 행태상의 사유는 그 사유가 노무급부와 관련되는 경우에는 일반해고로, 노사의 기업질서에 관련된 경우에는 징계해고에 해당될 수 있다는 것이다. 또한 이 견해는 일반해고에 대해서 향후 근로관계를 지속시킬 수 없을 경우에 계약적 의무로부터 벗어나기 위해 행하는 사용자의 해지권 행사[7)] 라고 하여 일반해고가 갖는 근로관계 종료의 측면을 강조하기도 한다.

---

5) 일반적인 분류방식과는 달리 근로자 측에 해고원인이 있는 경우는 일반해고로, 사용자 측에 그 원인이 있는 경우를 경영해고로 분류하고, 다시 일반해고는 근로자에 대한 징계처분으로서의 징계해고와 그렇지 않은 보통해고로 구분하는 견해도 있다(강희원, "해고법의 체계를 위하여", 「노동법학」(제10호), 한국노동법학회, 2000, 25쪽).

6) 김형배, 「노동법」, 552쪽; 이병태, 「최신노동법」, 623쪽; 임종률, 「노동법」, 501쪽; 박종희, "현행 해고보호제도의 체계적 이해와 해석에 관한 연구", 「안암법학」(제44호), 안암법학회, 2014. 5, 460-463쪽.

7) 권혁, "해고유형론에 관한 소고", 「법학연구」(제51권 제1호), 부산대 법학연구소, 2010. 2, 721쪽.

둘째, 해고에 이르게 된 사정에 있어서 근로자의 귀책사유가 있는지 여부에 따라 근로자의 귀책사유가 있는 징계해고와 근로자의 귀책사유가 없는 일반해고로 이해하는 견해가 있다.[8] 이에 의하면 징계해고는 근로자가 자신의 귀책사유로 인하여 관련법령·단체협약·취업규칙 및 근로계약에 규정된 의무를 위반하거나, 사용자의 지시·명령에 불복종하는 것을 이유로 하는 해고로, 일반해고는 근로자에게 귀책사유가 없으나 근로자 개인의 정신적·육체적 기타의 사유로 인하여 법령·단체협약·취업규칙 및 근로계약 등에 규정된 근로제공의무를 충분히 이행할 수 없는 것을 이유로 하는 해고로 이해한다.

2. 실무와 판례의 입장

노사관계실무는 일률적이지는 않은데, 징계해고와 일반해고를 구별하지 않고 일괄적으로 징계해고로 처리하는 사업장도 있고, 취업규칙이나 단체협약 상의 징계제도에 따라 이루어지는 해고를 징계해고로, 그 이외의 해고를 통상해고로 처리하기도 한다.[9] 이와 같이 구별하는 경우에도 취업규칙이나 단체협약의 인사의 장에 정해진 해고사유에 의한 해고를 통상해고로, 징계의 장에 정해진 해고사유 및 징계절차에 따른 해고를 징계해고로 볼 뿐,[10] 그 사유가 계약상의 의무위반에 따른 것인지

8) 이상윤, 「노동법」, 415-416쪽; 하갑래, 「근로기준법」, 644쪽; 이정, 「노동법강의」, 한국외국어대학교 출판부, 2004, 392쪽.

9) 이와 같이 일부 사업장에서 일반해고와 징계해고를 구별한 것은 종래 행정해석이 독일법상의 해고의 원인에 따른 분류를 수용한 지침을 내린 것에 기인한다. 즉, 종래의 행정해석은 "정당한 이유의 판단기준은 일신상, 행태상, 긴박한 경영상의 필요에 따라 구체적으로 분류하여 고려하여야 할 것이므로 예컨대, 일신상으로 보아 구체적인 적성의 결여, 하자있는 근로의 급부, 계약상 근로급부를 곤란하게 하는 질병이 있다든가, 행태상 근로계약 침해행위를 포함하여 동료근로자와의 관계나 경영내부질서를 현격히 문란하게 하거나 당해 사업장의 조직침해 등 회사규율을 문란하게 한 경우 등이 이에 포함된다 할 것이다. 또한 당해 근로자가 근무하고 있는 사업장의 최고운영간부회의를 정당한 이유 없이 방해하여 회사의 경영질서를 문란시킨 것이 사실이라면 당해 사업장의 단체협약이나 취업규칙 등으로 징계에 관한 규정에 구체적으로 해당되는지의 여부에 따라 결정할 수 있을 것으로 사료된다."고 하였다(1980. 6. 2, 법무 811-13180, 동지 1980. 8. 29, 법무 811-21977).

기업질서를 침해하는 것인지에 관한 정확한 구별은 아니다.[11)]

판례는 개별적으로 문제가 된 사업장에서 일반해고와 징계해고를 구분하고 있는 경우에는 그 상태를 전제로 정당성에 대한 판단을 하고 있지만 어떤 체계적인(해당 해고의 실질에 따른) 분류에 의해서 일반해고와 징계해고를 구분하고 있지는 않다. 또한 판례는 논자들이 분류하는 징계해고나 일반해고를 불문하고 해고의 정당성 판단기준으로 "사회통념상 근로계약을 계속시킬 수 없을 정도로 근로자에게 책임 있는 사유에 해당"할 것을 요구하고 있다.[12)]

3. 검토 및 의견

(1) 징계해고는 기업질서를 위반하는 행위에 대한 해고로, 일반해고는 근로자의 근로계약상의 의무위반에 대한 해고로 이해하는 견해는 다음과 같은 점에서 그르다.

첫째, 이 견해는 징계를 기업질서 위반에 대한 제재로 보나 앞서 보았듯이 기업질서라는 것이 본래 사용자가 사업목적달성을 위해 이를 확정・구체화시켜 놓은 것이고, 근로자가 기업질서를 위반하는 것은 그 실질이 근로제공의무를 위반하는 것이라는 점에서 기업질서위반에 대한 제재는 곧 근로자가 근로계약상의 의무를 이행하지 않는 것에 대한 책임을 묻는 계약책임이라고 보아야 할 것이고, 그와 같은 전제에서 위와 같은 분류는 수용될 수 없다.

둘째, 이 견해는 기업질서 위반에 대한 제재로서의 질서벌과 계약위반에 대한 책임으로서의 위약벌(계약책임)을 엄격히 구별하는 전

---

10) 사법연수원 노동법교재,「해고와 임금」, 사법연수원, 2010, 377쪽.

11) 서울지방노동위원회는 해고사건 취급에 있어서 해고내용이 일반해고에 해당한다고 하더라도 취업규칙 등에 징계사유로 분류하고 사용자가 실제 징계로 처리한 경우에는 징계해고로 취급하고 있다(하경효・박종희・강선희, "서울지노위 판정례 분석을 통한 해고제한제도의 운영실태와 특징", 「고려법학」(제61호), 고려대 법학연구원, 2011. 6, 451쪽.

12) 대법원 1992. 5. 12. 선고 91다27518판결 등.

제에 서 있다. 그러나 그와 같은 입장을 일관할 경우에는 사용자의 인사권이 너무 경직될 수밖에 없게 되는 부작용이 초래된다. 예컨대, 근로자의 비위행위가 해고에 이를 정도의 사안이 아닌 경미한 수준의 계약위반사항에 대해서 사용자는 일반해고도 할 수 없고, 기업질서 위반에 해당하지 않는 이상 다른 징계수단도 선택할 수 없으므로 별다른 책임추궁 방법이 있을 수 없다. 그러나 징계를 계약책임으로 볼 경우에는 그와 같은 문제가 발생하지 않는다.

셋째, 징계를 기업질서위반에 대한 제재로만 이해할 경우에는 두 해고가 명확히 구분되지 못한다. 근로자의 근로계약상의 의무위반도 기업질서 위반에 해당할 수 있기 때문이다.[13] 그와 같은 분류방식을 고집할 경우에는 근로자의 근무태만이나 비밀누설행위에 대해서도 징계해고가 아닌 일반해고를 하여야 한다는 결론에 이를 수밖에 없으나[14]정서적으로 받아들이기 어렵다.

넷째, 위 셋째와 같은 문제를 보완하기 위해 이 견해 중에는 계약위반사항이 결과적으로 기업질서를 침해하는 경우에는 징계사유로도 될 수 있다고 설명한다. 그러나 이는 스스로도 그와 같은 분류기준이 불명확하다는 점을 인정하고 있는 것에 불과하다. 이는 기업질서 위반이 곧 계약위반에 해당되기 때문에 징계가 가능하다고 이해하는 것이 훨씬 간명하다. 징계는 단지 형식적으로 기업질서를 바로잡고자 하는 것에 있는 것이 아니라 궁극적으로 그에 따른 계약침해에 대한 제재로서 기능한다고 이해해야 하기 때문이다.

다섯째, 이 견해 중에는 사용자의 징계해고의 의사표시가 무효인 경우에 민법 제138조의 무효행위의 전환규정에 의해 일반해고로의 전환가능성을 긍정하는 견해가 있다.[15] 그러나 이는 논자 스스로도

13) 이상윤, 「노동법」, 384쪽.

14) 임종률, "근로자 징계의 법리", 7-8쪽.

15) 방준식, "징계해고규제법리의 재검토", 「강원법학」(제35권), 강원대 비교법학연구소, 2012. 2, 196-200쪽.

밝히듯이 순전히 이론상의 논의일 뿐이고, 실무에서는 전혀 다루고 있지 않은 문제이다. 이와 같은 분류방식이 정말로 무용하다는 점을 보여주고 있는 경우이다.

여섯째, 이 견해 중에는 근로자의 비위행위가 근로계약의 주된 의무를 위반한 경우에는 계약위반사항에 해당되어 일반해고로(단, 주된 의무위반이 기업공동의 질서를 침해한 경우에는 징계사유로 인정), 부수적 의무위반의 경우에는 징계로 처리하자는 견해가 있다.[16] 그러나 근로계약의 주된 의무위반은 일반 예방적 관점에서 보면 기업질서를 침해하지 않는 경우가 없다. 또한 근로계약의 주된 의무와 부수적 의무가 그 사유나 정도의 측면에서 분명히 구분되지 않는 경우도 있다.

일곱째, 노사관계 실무를 보면 취업규칙과 단체협약의 제정 시에 근로자의 특정행위가 근로계약상의 계약위반행위인가 기업질서위반행위인가를 특별히 고려하지 않는 상태로 징계사유를 규정해 놓고 있고, 해고를 시행함에 있어서도 통상해고인가 징계해고인가를 구별하려고 들지도 않는다. 그런데도 이를 굳이 이론상으로 구별하려 드는 것은 쓸모없는 관념의 유희에 불과하다.

여덟째, 근로자가 근로계약에 따라 사용자에게 부담하는 의무의 내용은 주된 의무로부터 부수적 의무까지 포괄적이다. 그런데 그에 대한 책임을 분리해서 이해하는 것은 문제를 너무 복잡하게 만드는 것으로 바람직하지 않다. 독일에서의 논의를 기초로 이를 분리하려는 시도가 내내 있어왔지만 실무에서 이를 쉽게 받아들이지 못하는 이유도 그 때문이다.

(2) 앞서 본대로, 판례는 사용자가 단체협약이나 취업규칙 등에 정한 상태 그대로를 인정할 뿐 별도의 체계적인 분류에 의해 일반해고와 징

---

16) 김소영, “해고사유에 관한 연구”, 고려대 박사학위논문, 1991, 143쪽.

계해고를 구분하고 있지는 않다.

이에 대해 일부 견해는 판례가 위약벌과 질서벌을 구분하는 전제에서 징계해고와 일반해고를 구별하고 있다고 주장하기도 한다.[17] 이 견해는 판례가 직위해제와 징계의 성질을 구별한 사례,[18] 운송업체에서 징계에 해당하지 않는 인사권의 행사로서의 승무정지와 징계로서의 승무정지를 구분한 사례,[19] 근로자에게 변명의 기회가 부여되지 않더라도 해고가 당연시될 정도라는 특별한 사유가 없는 한, 징계해고사유에 해당함에도 통상해고를 함으로써 징계절차를 생략할 수 없다고 한 사례[20] 등을 근거로 들고 있다.

그러나 위와 같은 근거는 다음과 같은 점에서 의미가 없다.

첫째, 사용자의 직위해제와 인사권의 행사로서의 승무정지는 실무상 근로자의 근로계약상 의무위반에 대한 책임으로 설정된 제도가 아니다. 이는 제재로서의 측면보다는 사용자의 인사재량권에 기초하여 설정되고 운영되는 제도다.

둘째, 그와 같은 제도는 실무상 인사권의 행사사유가 징계사유와 혼동되고 있어 경우에 따라서는 그에 따른 인사권의 행사가 오히려 실질상 징계에 해당하는 경우도 있다.

셋째, 이 견해는 위 판례가 징계해고와 일반해고를 구별하는 것을 전제로 징계해고의 통상해고로의 전환을 원칙적으로 부정하고 있다고 주장하나 위 판례는 단지 사용자가 근로자의 비위행위가 징계해고사유에 해당함에도 불구하고 사용자가 징계절차를 회피하기 위하여 통상해고를 실시하는 것을 억제하는 취지에 불과하다.

한편, 이 견해는 나아가 판례가 징계해고의 정당성 판단기준으로 언급하는 "사회통념상 근로계약을 계속시킬 수 없을 정도로 근로자

17) 이승욱, "징계처분의 범위와 한계", 118-120쪽.

18) 대법원 1996. 10. 29. 선고 95누15926판결.

19) 대법원 1997. 11. 25. 선고 96누13231판결.

20) 대법원 1994. 10. 25. 선고 94다25889판결.

에게 책임 있는 사유"는 질서벌로서의 징계사유가 되는 것이 아니라 위약벌로서의 일반해고의 사유에 해당하는 것으로 보아야 한다고 주장한다. 이러한 판례의 기준이 '근로자의 귀책사유'를 언급하고 있다는 점에서는 판례가 징계해고를 계약책임(위약벌)으로 보고 있지 않나 하는 오해를 불러일으키기도 한다. 그러나 판례는 그와 같은 정당성 판단기준을 사용함에 있어 징계해고나 일반해고를 가리지 않고 모두 동일한 기준을 사용한다. 또한 판례는 '사회통념상 근로자와 고용관계를 계속할 수 없을 정도인지 여부'에 관한 판단요소로 사용자의 사업목적과 성격, 사업장의 여건, 근로자의 지위 및 담당직무의 내용, 비위행위의 동기와 경위, 이로 인하여 기업의 위계질서가 문란하게 될 위험성 등 기업질서에 미칠 영향, 과거의 근무태도 등의 사정을 고려하고 있는데, 이는 판례가 기업질서 및 근로계약사항을 모두 포괄하여 해고의 정당성문제를 판단하고 있다는 점을 보여주고 있다.

결과적으로, 판례의 해고의 정당성 판단기준에 의할 때도 판례가 어떤 기준에 의해서 징계해고와 일반해고를 구별하고 있다고 말할 수는 없다.[21)]

(3) 징계해고와 일반해고의 구분기준에 관한 필자의 의견은 다음과 같다.

즉, 징계해고는 근로자의 귀책사유가 있는 비위행위(기업질서를 포함하는 계약위반)로 인한 해고로, 일반해고는 근로자나 사용자 그 누구도 책임이 없는 부득이한 사유로 인한 해고로 구별하는 것이다. 이를 법리적으로 설명하면 다음과 같다.

먼저, 징계해고는 본질상 근로자의 근로계약의무위반에 대한 계

21) 다만, 판례가 해고의 정당성을 판단하는 일반적인 기준을 동일하게 사용한다 하더라도 구체적인 비위행위를 원인으로 하는 징계해고와 그렇지 않은 일반해고에 대한 구체적인 정당성 판단기준(혹은 판단요소)은 다를 수밖에 없다.

약책임이므로 일반적인 책임법리에 따라 해당 근로자에게 책임을 물을 수 있는 귀책사유가 있는 근로자의 비위행위에 대해서 사용자가 책임을 묻는 해고처분이다.

다음으로, 일반해고는 근로자나 사용자 그 누구에게 책임을 물을 수 없는 사정으로 계약의 이행이 불가능하게 된 경우에 그에 대한 위험을 누가 부담할 것인가와 관련하여 민법상의 위험부담법리(채무자 위험부담주의)에 따라 근로자가 그 부담(해고)을 지는 처분이다. 이는 민법 제661조가 고용주에게 '부득이한 사유'로 인한 고용계약의 해지를 인정하고, 민법 제658조 제2항이 근로자가 약정한 노무능력이 없는 경우에 고용주에게 해지권을 인정하는 것과 상통하는 법리다.

구체적인 예를 들어 설명하면 다음과 같다.

근로자가 업무 외적인 영역에서 그 자신의 과실 없이 사고를 당하여 완전히 근로능력을 상실하였을 경우, 근로자는 노무제공을 할 수 없고, 그에 대해 자신의 귀책사유는 없지만 노무제공의무의 불이행에 따른 위험은 근로자가 부담(일반해고)하여야 한다. 근로능력의 일부만 상실된 경우에는 근로기준법 제23조 제1항의 취지에 따라 사용자는 해당 근로자의 근로능력에 따라 취업이 가능한 분야로 업무를 전환시키거나 근로능력의 감소분만큼의 비율로 임금액을 감축할 수 있다.[22] 근로자가 업무외적인 영역에서 사고를 당하였고, 그에 대해 근로자 자신의 귀책사유가 인정되는 경우(근로자는 계속적 근로계약의 성질 및 신의칙상 휴무시간 다음에 이어지는 근로시간에 정상적으로 노무제공의무를 이행 할 수 있도록 만반의 준비를 갖출 의무가 있다)에는 그에 따른 책임(징계)을 부담한다.

---

22) 김성진, "근무성적불량자에 대한 노동법의 대응", 「노동법학」(제31호), 한국노동법학회, 2009. 9, 98쪽.

Ⅳ. 실질상 징계해고

해고는 근로자의 의사에 반하는 근로관계의 종료이다. 그런데 실무를 보면 사용자는 종종 실질은 근로자의 의사에 반하여 근로관계를 종료시키면서도 형식적으로는 해고의 형식을 취하지 않는 방식으로 근로기준법상의 해고제한규정을 회피하는 경우가 있다. 대표적으로 두 가지 경우가 있는데, 하나는 근로관계의 자동소멸사유가 아닌 경우를 들어 당연퇴직조치를 하는 경우이고, 다른 하나는 근로자의 사직 혹은 합의해지의 의사표시를 이용하여 근로관계를 종료시키는 경우이다.

판례는 그와 같은 경우에 있어서 근로관계종료의 외형에도 불구하고 그 실질이 근로자의 의사에 반하는 사정이 인정되는 경우에는 해당 조치를 실질상 해고로 보고서 정당성심사를 하고 있다. 예컨대, 취업규칙이나 단체협약에 어떤 사유의 발생을 당연퇴직사유로 규정하고 그 절차를 통상해고나 징계해고와 달리한 경우, 그 당연퇴직사유가 근로관계의 자동소멸사유로 보이는 경우를 제외하고는 당연퇴직도 근로기준법에서 정한 해고에 해당한다고 한 사례,[23] 근로자의 사직원이 회사 간부 등의 폭행과 강요에 의하여 작성되거나 사표를 내지 않으면 해고하겠다고 하여 사직한 경우에는 의원면직의 형식을 취하더라도 실질적으로는 사용자의 일방적 의사표시에 의한 해고로 보아야 한다고 했던 사례[24]등이 이에 해당된다. 영미법 판례상 다루어지는 이른바 의제해고(constructive dismissal)[25]도 사직이나 합의해지의 형식을 띠고 있더라도 실질적으로

---

23) 대법원 1999. 9. 3. 선고 98두18848판결 등.

24) 대법원 1992. 3. 13. 선고 91누10046판결 등. 이와 유사한 사례는 그 형식이 권고사직, 의원면직, 사직서 일괄제출, 명예퇴직, 조건부 면직처분 등 다양하고 그 과정에서 사용자는 근로자에 대한 강요나 기망 등으로 근로자의 의사표시의 하자를 이용하여 근로관계를 종료시킨다.

25) 이는 사직을 강요할 목적으로 근로자의 업무를 변경하는 것(changing of employee's jop with the aim of forcing resignation)인데, 영미법 판례에 의하면 첫째, 근로자의 지위, 임무, 보수에 대한 일방적인 변경, 둘째, 정해진 근로시간 이외의 근무의 강요, 셋째, 고충에 대한 지속적인 무 대응 등이 있다.

해고에 해당된다고 볼 수 있다.[26)]

이와 같이 근로관계종료의 외형과 실질이 일치하지 않은 경우에 그 실질에 따라 해고로 볼 수 있다면, 실질상 해고의 개념도 도입될 수 있을 것이다. 즉, 사용자가 당연퇴직처분이나 근로자의 하자있는 사직의 의사표시를 이용하여 근로관계를 종료시키더라도 그 실질이 근로자의 귀책사유 있는 근로계약의무위반에 대한 책임을 묻는 것이라면 실질상 징계해고로 보아야 한다.

V. 징계해고와 퇴직금 감액

사용자가 근로자를 징계해고하면서 퇴직금을 감액할 수 있는지의 문제는 두 가지 측면을 고려하여야 한다. 그것은 하나의 사실관계에 대해 징계의 병과가 가능한지의 문제와 퇴직금의 법적성질을 고려할 때에도 퇴직금의 감액이 가능한지의 문제다.

첫째, 퇴직금의 감액에 대해서는 사업장에 따라서 징계의 수단으로 예정하고 있는 경우도 있고, 그렇지 않은 경우도 있다. 징계의 수단으로 예정하고 있지 않음에도 징계해고와 함께 퇴직금의 감액을 하는 것은 사용자의 징계권의 범위에 관한 문제로 이에 대해서 필자는 앞서 가능하다고 보았다. 또한 징계의 본질에 대해서 계약책임으로 이해하는 필자는 비위행위의 정도에 따라서는 다양한 징계의 병과도 가능하다고 보기 때문에 징계해고와 퇴직금의 감액도 사안에 따라서는 가능하다고 본다.

둘째, 퇴직금의 법적성질에 대해서 통설이나 판례는 기본적으로 근로자에게 지급하지 않았던 임금을 사후적으로 지급하는 것으로 보고 있다(임금후불설). 이에 따르면 징계해고를 하더라도 임금을 감액할 아무런 근거가 없으므로 통상적인 경우에 있어서는 징계해고를 하면서 퇴직금의 감액을 함께 하는 것은 허용되지 않을 것이다. 그러나 판례는 또한

26) 노동법실무연구회, 「근로기준법주해Ⅱ」, 70-71쪽.

퇴직금누진제를 시행하는 사업장에서의 누진적 퇴직금의 경우에는 퇴직금이 임금으로서의 성격 외에 공로보상이나 사회보장적 급여로서의 성격도 인정하고 있다.[27] 이러한 판례의 논리는 충분히 수용 가능한 것이므로 퇴직금 중, 누진적인 부분에 해당하는 것에 대해서는 징계로서 퇴직금의 감액도 가능하다고 보아야 한다. 다만, 퇴직금에 대해서는 법정한도가 별도로 규정되어 있으므로, 그에 위반되지 않는 범위 내에서의 감액이어야 그 정당성을 인정받을 수 있다.[28]

제3절 정직

정직은 징계의 종류 중 근로관계의 존속을 전제로 하면서 근로자의 업무를 일정기간 정지시키는 제재이다. 사업장에 따라 '출근정지'라는 용어를 사용하기도 하지만 근로기준법은 '정직'이라는 용어를 사용하고 있고, 출근정지는 실질이 정직징계의 효과에 불과하므로 실질상 동일한 개념에 불과하다. 한편, 정직과 동일한 효과를 발생시키면서 사용자의 인사권의 행사로 행해지는 것으로 '휴직'이 있다.

Ⅰ. 정직

정직은 사용자가 근로자의 근로계약상의 의무위반에 대해 근로관계를 존속시키면서 근로자의 노무제공을 일정한 기간 동안 금지시키는 제재이다. 통상 '몇 개월(일)의 정직' 형태로 징계가 이루어진다. 정직의

27) 대법원 1995. 10. 12. 선고 94다36186판결.

28) 같은 견해 : 하갑래, 「근로기준법」, 760-761쪽; 이승길, "취업규칙 · 복무규율에서 본 징계", 「노동법률」(통권 제141호), 중앙경제사, 2003. 2. 122쪽; 임종률, "근로자 징계의 법리", 167쪽; 대전고등법원 1994. 6. 28. 선고 93나4111판결.

제재는 근로자에 대한 불이익이 커서 통상 중징계로 취급된다. 계약책임으로서의 정직은 근로자의 비위행위에 대해 일정기간 사용자가 근로제공의 수령을 거부한다는 점에서 사용자가 동시이행의 항변권(민법 제536조)을 행사하는 것으로 볼 수도 있고, 양적인 측면에서는 근로계약의 부분해지로도 이해할 수 있다. 사용자는 근로자의 과거의 비위행위에 대한 평가결과, 그에 대한 제재를 하지 않는다면 장래에도 동일한 비위행위가 발생할 것이 우려되는 경우(채무의 내용에 좇은 이행의 제공을 기대할 수 없는 경우)에 일정기간 자신의 채무의 이행을 거절할 수 있다고 할 것이다.

그 외, 정직기간 중의 임금의 지급여부나 정도는 단체협약, 취업규칙, 근로계약 및 경영관행 등에 따라 정해진다.[29] 정직기간은 통상 근속연수에는 포함된다.

Ⅱ. 휴직

휴직은 근로자를 그 직무에 종사하게 할 수 없거나 종사하게 하는 것이 곤란한 경우에 근로관계를 그대로 유지하면서 일정기간 동안 그 직무에 종사하는 것을 금지시키는 사용자의 인사권의 행사를 말한다.[30] 근로자 측의 사유로 인해서 휴직을 하는 경우(병가나 육아휴직 등)에는 특별히 문제되지 않는다. 사용자 측의 사유로 인한 휴직에는 일반적인 인사권의 행사로서 행하는 휴직 외에 경영권의 행사로서 행하는 휴업도 포함된다.[31] 어느 경우에나 근로자가 희망하지 않는데도 사용자가 일방적으로 근로자에게 불이익한 휴직조치를 하는 것은 제재로서 징계의 의

29) 공무원의 경우에는 정직기간 중 봉급의 7할을 감액하여 3할을 받는다(공무원보수규정 제45조).

30) 대법원 2005. 2. 18. 선고 2003다63029판결.

31) 사용자의 귀책사유에 해당하는 경영상의 필요에 따라 개별 근로자들에 대하여 실시한 휴업은 불이익취급으로서의 휴직에 해당한다(대법원 2009. 9. 10. 선고 2007두10440판결).

미가 있다.[32] 휴직기간 중에 임금의 지급여부나 그 정도는 단체협약, 취업규칙, 근로계약 및 경영관행 등에 따라 정해진다.[33] 휴직기간도 통상 근속연수에는 포함된다. 경영상의 이유로 인한 휴업(휴직)의 경우에는 근로기준법 제46조의 휴업수당이 지급된다.

일부 견해는 징계권의 행사로서의 휴직을 인정하면서도 근로자에게 종전의 직무를 정지시킬 필요성이 있는 경우에 대기발령과 징계절차를 거치지 아니하고 신속하게 동일한 효과를 발생시키는 휴직명령을 이용할 필요성도 있다고 하나[34]동의할 수 없다. 사용자의 인사권의 행사는 항상 신중할 필요가 있고, 그 과정에서 근로자에게 절차적 권리를 보장하는 것이 인사권 행사의 적정성을 기할 수 있다.

제4절 전직

사용자가 행하는 징계의 종류 중에는 근로관계의 존속을 전제로 근로자의 업무를 변경시키는 효과를 발생시키는 것이 있다. 근로자의 업무가 횡적으로 변경되는 전직, 종적으로 변경되는 강등, 일시적으로 업무가 정지되는 직위해제가 이에 해당된다.

---

32) 같은 견해 : 노동법실무연구회, 「근로기준법주해Ⅱ」, 박영사, 2010, 88쪽.

33) 공무원의 경우에는 신체상·정신상의 장애로 장기요양을 위하여 휴직한 기간 중에는 봉급의 70%, 결핵성 질환으로 인하여 휴직한 기간 중에는 봉급의 80%, 공무상 질병으로 인한 휴직기간 중에는 봉급의 전액을 지급하고, 외국유학이나 1년 이상의 국외연수를 위하여 휴직한 경우에는 봉급의 50%를 지급할 수 있으며, 나머지 경우에는 봉급을 지급하지 않는다(공무원보수규정 제28조). 직위해제 된 경우에는 봉급의 80%를 지급하되, 징계의결 요구중이거나 형사사건으로 기소되어 직위해제 된 사람이 직위해제일로부터 3개월이 지나도 직위를 부여받지 못한 때에는 3개월이 지난 후의 기간 중에는 봉급의 50%를 지급한다(공무원보수규정 제29조).

34) 박수근, "휴직명령과 정당성의 판단기준", 「노동판례비평」, 민주사회를 위한 변호사모임, 2005, 214쪽.

Ⅰ. 전직

전직은 동일한 기업 안에서 근로자의 직무내용이나 직무장소가 변경되는 것을 말한다. 학자에 따라서는 근로자의 직무가 변경되는 것을 전직으로, 근무 장소가 변경되는 것을 전근으로, 이 둘을 포괄하는 개념으로 배치전환이라는 용어를 사용하기도 한다.[35] 노사관계실무에서 전직은 통상 사용자의 인사권의 행사로 행해진다. 사용자는 사업의 효율적인 운영을 위하여 근로자들을 조직하고 업무에 노동력을 배치할 권한을 가지는데 그 일환으로 이루어지는 것이 전직이다. 따라서 일반적인 경우에 있어서 전직은 사용자의 업무상의 필요성(전직의 필요성)에 의해 이루어지므로 근로자에게 있어 불이익으로 나타나지는 않는다. 근로기준법 제23조 제1항이 사용자의 권한행사가 제한되는 전직을 예시하고 있지만 사용자들이 취업규칙이나 단체협약 등에 징계로서의 전직을 특별히 규정하고 있지 않는 이유다.

그러나 실무에 있어서는 종종 사용자가 의도하지 않았다고 하더라도 인사권의 행사로서 전직의 결과 근로자에게 불이익한 결과가 나타나기도 하고, 경우에 따라서는 사용자가 징계라는 절차를 회피하기 위해 전직이라는 수단을 이용하여 근로자에게 불이익을 주기도 한다. 그와 같은 사용자의 조치가 단순한 인사권의 행사인가 혹은 징계인가를 구별하기는 쉽지는 않다. 그 판단기준은 첫째, (예상하기 힘든 경우지만) 단체협약이나 취업규칙에서 징계절차를 두고 있는 경우에 해당 징계절차를 거쳤는지 여부, 둘째, 전직의 결과 근로자에게 경제상・생활상・정신상으로 불이익한 결과가 나타났는지 여부를 판단한다. 셋째, 궁극적으로는 그러한 불이익에 대한 수용여부가 근로자들마다 다를 수밖에 없으므로 사용자의 전직조치에 대해 해당 근로자가 부당성을 주장하며 이의제기를 하는지 여부에 따라 판단해야 한다.

---

35) 김형배, 「노동법」, 528쪽.

Ⅱ. 강등(강위), 승급정지

이와 같은 조치는 근로자의 인사상의 지위에 대한 불이익취급이다. 근로자는 헌법 제32조의 근로권보장의 내용으로 근로관계지위유지의 권리를 갖는다.[36] 이를 구체화한 것이 근로기준법 제23조 제1항으로 근로자는 정당한 이유 없이 기존에 형성하고 있던 근로관계상의 지위에 대해서 불리한 처우를 받지 않을 권리가 있다. 따라서 동 규정이 예시하고 있지 않더라도 사용자가 근로자에 대해서 근로계약상의 의무위반에 대한 책임으로 직급(강등)이나 직위(강위)를 낮추는 것은 징계에 해당된다. 또한 일부 사업장에서 시행하고 있는 승급정지도 기존의 지위를 낮추는 것은 아니지만 향후의 근로관계상의 지위를 높일 수 있는 승진을 봉쇄하는 것으로서 그렇지 않은 타 근로자와 비교하면 분명히 불이익취급으로서 하나의 징계임을 알 수 있다.[37] 이와 같은 인사상의 지위에 대한 불이익취급은 그 자체의 불이익뿐만 아니라 급여도 낮아지고, 특히 노동을 통해 사회생활상의 관계를 형성하고 있는 근로자들에 있어 중대한 인격적 이익의 침해로 여겨질 수 있다. 당사자에게 있어서는 중징계로 받아들여질 수 있는 징계수단인 것이다.

Ⅲ. 대기발령(직위해제[38])

(1) 대기발령, 승무정지 등은 일시적으로 근로자의 업무를 박탈하는 불이익취급이다. 이들은 사업장에서 기존에 하던 직무에서 배제되지

---

36) 김성진, "인사권행사의 정당성", 「동북아법연구」(제7권 제2호), 전북대 동북아법연구소, 2013. 9, 138쪽.

37) 서울행정법원 2009. 7. 1. 선고 2008구합47494판결은 다른 근로자들이 모두 특별한 사정이 없는 경우에 근속승진 하도록 되어 있는 경우에 해당 근로자만 누락시키는 것은 징계에 해당하는 것으로 판결하였다.

38) 대기발령과 직위해제는 실무상 일체로 이해되는 것이 일반적이고, 구분하더라도 직위해제가 대기발령에 선행하는 경우가 있을 뿐이므로 별다른 구별의 실익은 없다.

만 출근의무가 면제되는 것은 아니라는 점에서 근로자의 출근의무까지 면제되는 등 근로자의 업무가 완전히 정지되는 정직과 차이가 있다.39) 대기발령은 근로자 개인 혹은 사용자의 경영상 사정으로 당해 근로자에게 기존의 직무를 계속적으로 담당하게 하는 것이 불가능하거나 부적당한 경우에 장래의 업무상의 장애를 예방하기 위하여 일시적으로 당해 근로자에게 직위를 부여하지 아니함으로써 직무에 종사하지 못하도록 하는 잠정적인 조치로서 보직의 해제를 의미한다.40) 승무정지는 운전업무에 종사하는 근로자가 운전에 부적당한 사유가 있는 경우에 일시적으로 운전업무를 정지시키는 것으로서 택시회사나 버스회사에서 대기발령과 유사하게 사용하는 근로자에 대한 제재이다.41) 이러한 조치도 앞서 전직의 경우와 같이 통상 사용자가 업무상의 필요성이 있는 경우에 인사권의 행사로서 행한다. 따라서 실제에 있어서 대기발령의 경우에도 인사권의 행사로서의 대기발령과 징계로서의 대기발령을 구분하여야 하는 어려운 문제가 있다.

(2) 사용자에게 인사권의 행사로서 대기발령의 필요성을 인정한다고 할 때, 대기발령과 징계는 그 목적이 인력의 적정한 배치라는 인사상의

---

39) 일반적으로 승무정지를 하더라도 근로자에게는 출근의무가 있지만, 사업장에 따라 승무정지에 출근정지까지 포함하는 조치를 하는 경우도 있는데 그 경우는 정직을 의미한다(대법원 1997. 11. 25. 선고 96누13231판결). 대기발령(직위해제)의 경우도 근로관계가 종료된 것이 아니므로 사용자가 집에서 대기할 것을 명하는 등 특단의 지시가 없다면 출근의무가 있다(대법원 2003. 5. 16. 선고 2002두8138판결).

40) 김성진, "대기발령의 법적성질과 정당성", 「노동법학」(제26호), 한국노동법학회, 2008. 6, 238쪽.

41) 판례는 "운송사업체에 있어서의 승무정지처분은 사용자가 경영권행사의 일환으로 업무수행을 위하여 근로자에 대하여 하는 업무명령인 승무지시의 소극적 양태로서 이러한 승무정지처분이 경영상의 필요나 업무수행상의 합리적인 이유에 기인한 경우에는 정당한 업무명령에 속한다고 할 것이므로 비록 단체협약 등에 승무정지가 징계사유로 열거되어 있다고 하더라도 징계로서의 승무정지와는 별도로 업무명령으로서의 승무정지도 가능하다"고 한다(대법원 2005. 12. 9. 선고 2005두10484판결).

필요성에 의해서인가 기업질서유지를 위한 제재인가라는 점에서, 조치의 성질이 일시적·잠정적인 조치인가 확정적·종국적인 조치인가라는 점에서, 근로자에 대한 불이익취급이 본질적인 부분인가(징계) 부수적인가(대기발령)라는 점에서 성질상 구분된다고 할 수 있다.

그런데 대기발령이 인사권의 행사로서 행해지는 것인지 혹은 징계로서 행해지는 것인지에 관한 노사관계실무를 보면 다음과 같이 어떤 일관된 기준을 찾아볼 수는 없다. 첫째, 실무에서 대기발령사유로 삼고 있는 사유들은 일반적으로 근로자의 직무수행능력의 부족, 근무성적 또는 근무태도 불량, 근로자에 대한 징계절차의 진행, 근로자가 형사사건으로 기소된 경우 등 다양한데, 이들 중 근로자의 직무수행능력이나 근무성적 또는 근무태도에 관한 사유들은 실상은 징계로서 처리해야 할 사유들이다.[42] 둘째, 사업장에 따라서는 대기발령을 취업규칙의 인사의 장에 규정하는 경우도 있고, 징계의 장에 규정하고 있는 경우도 있듯이 사용자의 자의에 따라 규정의 형식이 정해지고 있다.

한편, 사법실무에 있어서도 대부분의 경우에 있어서 노사관계실무의 분류를 그대로 따르고 있다. 일부 하급심 판결에서는 사용자가 대기발령을 인사규정에 규정하고 있더라도 실질이 징계이므로 징계절차를 거쳤어야 할 것인데, 그를 위반한 사정까지를 포함하여 징계권의 남용으로 판단한 사례[43]도 있다. 그러나 대부분의 대법원의 판결은 대기발령이 장래에 있어서 예상되는 업무상의 장애를 예방하기 위한 조치라는 점에서 과거의 근로자의 비위행위에 대하여 기업질서유지를 목적으로 행하여지는 징벌적 제재로서의 징계와는 그 성질이 다르기 때문에 양자를 구별[44]해야 한다고 하면서도 실제로는 그렇지 않고 있다. 즉, 앞서 본대로 징계로서 다루어야 할 사유들에 대하여도

42) 자세히는 김성진, "대기발령의 법적성질과 정당성", 232-237쪽.

43) 서울고등법원 1989. 7. 7. 선고 88나39247판결.

44) 대법원 1996. 10. 26. 선고 95누15926판결 등.

그대로 대기발령으로 인정하고 있고, 사용자가 취업규칙에서 구분하여 규정한 내용을 그대로 인정하여 징계절차규정의 적용여부를 판단하고 있다.

그러나, 인사권의 행사로서 대기발령과 징계로서의 대기발령은 그 실질에 따라 분명히 구분해야 한다.[45] 그 구체적인 구별기준은 다음과 같다.

첫째, 대기발령이 징계의 장에 규정되어 있다면 당연히 징계다.

둘째, 대기발령의 사유가 근로자의 직무수행능력이나 근무성적 또는 근무태도에 관한 것 혹은 과거의 근로자의 비위행위에 관한 것 등 실질적으로 징계의 사유로 보아야 할 사항이면 징계로 보아야 한다.

셋째, 대기발령의 목적에 비추어 그 사유가 적정한 것이라고 하더라도 대기발령 자체로 인하여 근로자가 경제상・생활상・정신상의 불이익을 입는 경우에 있어서는 징계로 보아야 한다. 사유 자체로는 대기발령이 적절하다고 하더라도 그에 따라 행해지는 대기발령의 효과에 의해 근로자에게 불이익한 결과가 나타나는 경우 이 역시 제재로서의 성질을 가지기 때문이다. 다만, 이 역시도 그러한 불이익에 대한 수용여부가 근로자들마다 다를 수밖에 없으므로 궁극적으로는 사용자의 조치에 대해 해당 근로자가 부당성을 주장하며 이의제기를 하는지 여부에 따라 판단해야 한다.

한편, 대기발령은 통상 사용자의 인사권의 행사로서 행해지므로

---

45) 이와 관련 인사권의 행사로서의 대기발령과 징계로서의 대기발령을 구분하지 않는 견해로는 정영훈, "제재적 목적의 대기발령의 법적성질 및 정당성 판단", 「노동판례비평」(제16호), 민주사회를 위한 변호사모임, 2011, 334-335쪽. 동 견해에 의하면 대기발령의 진정한 목적을 탐구하는 것이 어렵고, 사용자가 대기발령으로 처리할 수도 있는 사안을 징계로 처리하는 것은 오히려 근로자에게 불리하므로 징계성 대기발령의 경우에도 현행대로 인사권의 행사로서의 대기발령으로 인정해주고, 다만, 그에 대한 정당성 판단을 엄격하게 진행하자고 한다. 그러나 근로자의 보호는 사용자의 인사권의 행사 당시부터 신중할 필요가 있고, 그 과정에서 근로자에게 절차적인 권리를 보장할 필요성도 있으므로 사후적인 정당성 통제로는 부족하다.

그 기간의 장단에 대해 사용자에게 재량권이 있는 것으로 여겨진다. 그렇지만 사용자가 임의로 대기발령을 장기화할 경우에 그에 따른 근로자의 불이익은 커지므로 이 역시도 일정한 제한이 필요하다. 일반적으로 대기발령의 기간은 대기발령 사유의 취지에 맞게 그 기간이 합리적인 범위 내이어야 한다. 대법원 판례 중에는 대기발령을 받은 근로자가 상당한 기간에 걸쳐 근로의 제공을 할 수 없다거나, 근로제공을 함이 부적당한 경우가 아닌데도 사회통념상 합리성이 없을 정도로 부당하게 긴 기간 동안 대기발령 조치를 유지한 것은 정당한 이유가 없다고 하면서 1년 10개월간의 대기발령에 대해서 무효로 판결한 경우가 있다.[46)]

제5절 감급(減給)

Ⅰ. 의의

(1) 감급(감봉)은 사용자가 근로자의 비위행위에 대해서 근로자의 근로제공의 대가로 발생한 임금액 중 일정액을 삭감하는 제재이다. 이는 실제 근로자가 임금청구권을 확보하는 것을 전제로 한 상태에서의 제재로서 지각·조퇴·결근 등 근로자의 근로제공이 이루어지지 않아서 그에 상응한 임금이 제공되지 않는 것과는 구별하여야 한다. 다만, 그 경우에도 근로자가 실제 근로제공을 하지 않은 시간을 초과하여 임금을 공제하는 것은 실질적으로 감급의 제재에 해당한다. 근로자의 근로의 제공이 있었지만 사후에 노동의 질이나 성과를 문제 삼아 급여를 삭감하는 것은 실질적인 감급의 징계다.[47)]

---

46) 대법원 2007. 2. 23. 선고 2005다3991판결.

다만, 그에 대해 사전에 약정(취업규칙이나 단체협약에 의한 성과급제도의 도입 등)한 경우라면 임금의 계산방법에 불과하므로 문제가 안 된다.

(2) 감급의 제재는 근로기준법에 의해 예정된 징계수단이기 때문에 그 자체 정당성이 인정되면 일종의 임금전액지급의 원칙(근로기준법 제43조)의 예외에 해당된다.[48] 또한 감급은 근로자의 근로계약상의 의무위반에 대한 사용자의 일방적인 경제적 제재로서의 성격을 가진다. 징계의 본질을 일종의 질서벌로 이해하는 견해는 감급은 예방과 보복을 목적으로 하므로 손해의 전보를 목적으로 하는 계약벌로서의 위약금과는 본질적으로 다르다고 한다.[49] 그러나 근로자의 근로계약위반이 있을 경우 사용자에게 손해가 발생하지 않았다고 할 수는 없으며, 그 경우 감급의 징계는 사용자에 의한 일방적(다만, 근로기준법 제23조의 제한을 받는)인 손해전보로 이해할 수 있다. 그리 해석할 경우, 사전에 취업규칙 등에 의해 벌금의 징계수단이 예정되어 있는 사업장의 경우에는 근로기준법 제20조의 위약금예정 금지규정에 대한 예외로도 이해될 수 있다.

Ⅱ. 규정의 해석

근로기준법 제95조는 "취업규칙에서 근로자에 대해서 감급의 제재를 정할 경우에 그 감액은 1회의 금액이 평균임금의 1일분의 2분의 1을, 총액이 1임금지급기에 있어서의 임금총액의 10분의 1을 초과하지 못한다."고 규정하여 감급 액의 한계를 정하고 있다.[50] 사용자가 이 규정을

47) 대법원 2008. 6. 12. 선고 2006두16328판결.

48) 이상국, "사용자의 징계권에 관한 연구", 「한양법학」(제21집), 한양법학회, 2007. 8, 608쪽; 박홍규, 「고용법 · 근로조건법」, 304쪽.

49) 임종률, "근로자징계의 법리" 165쪽.

초과하여 감급을 한 경우 500만 원 이하의 벌금형으로 처벌될 수 있고(근기법 제114조 제1호), 그 초과분에 대해서는 근로자에게 반환하여야 한다.

근로기준법이 감급 액의 상한을 둔 이유는 임금은 근로자에게 있어 생존의 기초가 되는 수입이므로 사용자가 근로계약상의 의무를 위반한 근로자를 경제적인 제재수단으로 징계할 수 있다고 하더라도 일상적인 근로자의 생활을 위협하지 않는 선에서의 징계만을 허용하고자 하는 취지이다. 다만, 징계에 있어 감급 액을 제한하더라도 그 제한이 지나쳐서 감급의 징계수단으로서의 기능을 약화시키게 되는 경우, 사용자는 오히려 적정한 수준에서의 감급의 제재로서 그칠 수 있었던 사안에서조차 그 이상의 정직이나 해고와 같은 중징계로 나아갈 수 있다는 점에서 사용자의 재량의 폭을 과도하게 제한하는 것은 능사가 아니다.[51)]

감급 액의 제한규정에 관한 일반적인 해석은 다음과 같다.

먼저, 학계의 통설적인 견해에 의하면 '1회의 금액이란 징계사유 1건당 액수를 말하고, 1회의 사안에 대해서는 감급총액이 평균임금의 1일분의 2분의 1 이내일 것을 규정한 것으로, 1회의 사안에 대해서 여러 차례에 걸쳐 평균임금 1일분의 반액을 감액하는 조치는 허용되지 않는다. 총액이란 1임금지급기에 징계사안이 2건 이상인 경우의 감급의 총액을 말한다. 1임금지급기에 여러 차례의 징계사안이 발생한 경우, 그 징계사안에 대한 총액이 당해 임금지급기의 임금총액의 10분의 1 이내이어야 하며, 10분의 1을 넘는 감급의 제재를 행할 필요가 있는 경우에는 그 부분의 감급은 다음 지급기로 연기될 수 있다.'고 한다.[52)]

---

50) 이 규정은 일본 노동기준법 제91조와 내용이 같다. 한편, 공무원의 경우 감봉의 징계를 받은 공무원은 봉급의 40%를 감액하여 60%를 받는다(공무원보수규정 제45조 제1항).

51) 같은 취지의 견해; 하갑래, 「근로기준법」, 759-760쪽.

52) 박지순, "징계제도의 법적구조 및 개별쟁점의 재검토", 244~246쪽; 이상윤, 「노동법」, 382쪽; 노동법실무연구회, 「근로기준법주해 Ⅱ」, 90쪽; 菅野和夫/이정 역,「일본노동법」, 385쪽 등.

다음으로, 노동부의 행정해석에 의하면 '제95조 규정은 감액의 범위에 대한 제한을 하고 있을 뿐 감급의 횟수나 그 기간에 대한 제한을 하고 있지 않다. 따라서 1개월 동안 수회 또는 수개월 동안 수회의 감급을 할 수 있다'[53]고 한다.

단순히 해당 규정을 문언그대로 해석하면 다음과 같은 결론에 이른다. 즉, 감급징계 1회의 금액은 1일 평균임금의 50%로 제한된다. 감급징계는 횟수의 제한이 없으므로 (동일 징계사안에 대한 것이 아닌 이상)수회 행해질 수 있다. 1임금지급기에 수회의 징계가 행해지더라도 감급총액은 1임금지급기 임금의 10% 이하로 제한된다.

Ⅲ. 감급제한규정의 문제점

위와 같은 규정내용이나 그에 터 잡은 학계나 실무의 해석이 적절한 것일까? 감급징계에 관한 실무의 관행이나 감급징계의 실효성에 비추어 다음과 같은 문제점이 있다.

첫째, 제95조는 '1회의 감액제한'과 '1임금지급기에 있어서 총액제한'을 병렬적으로 규정하고, 1회의 제한액을 극히 낮게 규정함으로써 감급 액의 제한대상을 비위행위(혹은 징계사유, 징계사안)의 횟수로 할 것인지 아니면 징계로 할 것인지 혼동을 초래하고 있다. 제95조의 규정형식을 보면 마치 근로자의 비위행위의 횟수별로 징계가 이루어질 것으로 전제하고 그와 같은 규정을 둔 것이 아닌가 생각되기도 한다. 그런 연유로 위 학계의 견해에서도 징계사유나 징계사안, 징계의 개념을 명확히 구분하여 사용하고 있지 않고 있다. 또 이를 받아 일부 사법실무에서도 감액제한의 대상인 '1회'를 비위행위의 횟수로 이해하고 있다.[54]

---

53) 근로기준팀-462, 2008. 1. 25.

54) 서울지방법원 1995. 4. 18. 선고 95나3342판결은 감액제한에 관한 근로기준법 제95조의 규정에 대해 "…위 조항의 전단은 근로자가 1회의 비행사실로 인하여 징계를 받게 되는 경우 그 감액의 제한을 받는 경우, 전단의 제한과 함께 후단의 제한 역시

그러나 여기서의 '1회'는 규정의 문언을 그대로 이해하여 징계로서의 감액 1회를 의미한다고 할 것이다. 또한 그것이 실무현실이다. 실무는 근로자의 비위행위(징계사유)가 발생함에 따라 수시로 징계를 하는 것도 아니고, 징계에 있어서 비위행위의 수가 쉽사리 특정이 되는 것도 아니며, 일정기간의 다수의 비위행위에 대해 하나의 징계를 하는 것이 통례이다. 굳이 비위행위의 수에 따라 감액징계를 하지 않고 있다.

둘째, '1회의 감액제한'에서 그 '1회'가 징계로서의 감액 1회를 의미한다고 보면 하나의 감액징계로 평균임금 1일분의 50%로 감급의 총액을 제한하는 제95조의 규정은 감급의 징계수단으로서의 실효성을 거의 기할 수 없게 하고 있다.[55] 실무는 통상 '몇 개월의 감급'이라는 형식으로 징계를 한다. 그 경우에도 감급징계로 공제할 수 있는 임금총액이 1일 평균임금의 50% 이내이어야 한다는 것은 징계의 의미를 무색하게 한다. 또한 예컨대, 취업규칙에 구체적인 감급 액에 대한 규정을 두고 있지 않은 상태에서 어떤 근로자에 대해 징계로써 '3개월 감급'을 결정한 경우에 제95조 전단규정에 맞추기 위해서 해당 근로자의 1일 평균임금의 50%를 3회로 나누어 매월 공제해야하는가?

셋째, 제95조의 감급제한규정은 실무의 임금지급방식에 따른 차이를 완전히 간과하고 있다. 실무에서의 임금지급기는 통상 월급제가 다수이지만 주급제, 일급제도 있다. 그 경우 다음과 같은 문제가 발생한다. 일급제의 경우 감급의 제한액은 전단규정에 따라 1일 평균임금의 50%인가 아니면 후단규정에 따라 (1임금지급기로서의 1일 평균임금의)10%인가? 월급제의 경우 '1개월의 감급처분'을 하면서 임금 10%를 감액 지급[56]하는 것은 후단규정에 따르면 유효하지만 전단규정에 따라 무효인

받는다는 취지를 규정하고 있다. …원고의 비행사실이 몇 회인지에 대한 피고의 아무런 입증이 없는 이상 피고회사가 원고에 대한 위 감봉징계로써 감액할 수 있는 임금의 한계는 원고의 1일 평균임금의 1/2에 해당하는 금액이다."고 판시하고 있다.

55) 공무원의 경우(급여의 40% 감액)와 비교하면 공무원에 대해서 더 엄격한 징계를 하여야 할 필요성이 있다고 감안하더라도 더더욱 터무니없다.

56) 서울행정법원 2007. 7. 19. 선고 2006구합36339판결의 사실관계에서 해당 회사의 취

가? 전단규정에 따라 1회의 감급에 대한 제한액인 '1일 평균임금의 50%를 일률적으로 적용하여 '1일 감급'과 '1개월 감급'을 하면서 동일하게 1일 평균임금의 50%를 감액 지급하는 것이 징계의 형평성에 비추어 적정한 것인가?

넷째, 노사관계실무에서 징계가 자주 발생하는 것도 아닌데, 1임금지급기(통상 1개월)에 수회의 감급의 징계가 이루어질 것을 전제로 하여 그 총액을 1임금지급기 임금총액의 10%로 제한하는 규정은 전혀 현실과 맞지 않는 무의미한 규정이다.

Ⅳ. 근기법 제95조의 개정론 및 해석론

이와 같은 문제를 해결할 1차적인 방법은 제95조 규정의 개정이다. 그리고 개정의 방향은 '징계로서의 감급의 실효성 확보'와 '근로자의 생활의 안정'을 기하는 취지가 함께 고려되어야 한다. 그에 따르면 감급의 횟수나 감급기간을 특별히 제한할 필요가 없는 이상, 감급액수만을 제한하는 방식으로 하여야 할 것이다.

결론적으로, 불필요한 오해를 불러일으키는 제95조 전단의 규정은 삭제하고, 후단의 규정만을 남겨두는 것이 간명하다. 어떠한 임금지급방식이든 간에 전체 임금액에서 10% 이내로 감급 액을 제한하는 것은 위와 같은 방향에 충분히 부합한다.[57] 어쩌면 이 규정의 최초의 제안자는 오로지 후단의 규정만을 염두에 두었을 수도 있다고 생각된다.

업규칙에는 감급에 대하여 "임금의 1/10 이하를 감급한다."는 규정을 두고 있다. 또한 서울고등법원 1995. 4. 20. 선고 94구7784판결의 사실관계를 보면 회사가 징계대상자에게 기본급의 5%, 10%를 감액하는 징계를 하였다가 해당 징계처분이 근로기준법의 감급제한 규정을 어겼다는 지적이 있자 징계재의를 한 결과 각 평균임금의 1/121, 1/61로 감액하는 결정을 하였다.

57) 외국의 입법례 중 구체적으로 감급 액의 제한을 두고 있는 나라는 이탈리아다. 그에 의하면 기본보수의 4시간 분을 초과할 수 없다. 주급제 임금지급방식을 전제로 보면 이는 대체로 전체 임금액의 10% 수준에 해당한다.

당장 개정이 어렵다면 다음과 같이 해석할 수도 있을 것이다.

첫째, 감급의 제재를 할 경우에 '1회의 금액이 평균임금의 1일분의 2분의 1'을 초과하지 못한다는 제95조 전단의 규정을 비율적으로 해석하여 감급의 징계 1건에 의해서 감급되는 임금의 한도액은 (임금의 지급방식이 통상 월급제이므로)1개월 평균임금의 50% 이내로 제한되는 것으로 해석한다.

둘째, '총액이 1임금지급기에 있어서의 임금총액의 10분의 1을 초과하지 못한다.'는 후단의 규정은 감급징계에 따라 각 임금지급기별로 공제되는 임금액수에 관한 것으로 해석한다.

셋째, 앞서 두 해석방법에 따라 제95조 전단과 후단규정을 전체적으로 하나의 제한규정으로 해석하여 그 결과로 감급의 기간이 제한된다. 예컨대, 매월의 감급액수를 10%로 할 경우라면 가능한 감급징계는 5개월 이내의 감급이어야 하고, 감급의 액수를 5%로 할 경우에는 10개월 이내의 범위에서 감급을 할 수 있다고 해석하는 것이다.

V. 감급과 다른 징계의 병과

근기법 제95조의 해석과 관련하여 다른 징계를 함에 있어 근로자에게 경제적인 제재가 함께 부가되는 경우에 동 규정이 적용되는가의 문제가 있다. 다음과 같이 해석하면 된다.

첫째, 징계해고로 인하여 퇴직하는 경우에 퇴직금을 감액 지급하는 것이 위 규정의 적용을 받는가의 문제에 있어서는 그렇지 않다고 본다. 제95조 규정은 근로계약 존속 중의 근로자에 대하여 임금에 대한 감급의 제재를 할 경우에 그 감액의 한도를 정한 것으로 퇴직한 근로자에게 적용되는 규정이 아니다.

둘째, 근로관계의 존속을 전제로 한 징계(정직, 대기발령, 강등 등)에 부가하여 임금의 삭감이 이루어지는 경우에 위 규정의 적용을 받는가의 문제는 사안에 따라 달리보아야 한다. 먼저, 해당 징계의 효과가 근로자에 대해서 종래와 동일한 업무에 종사하게 하면서 임금만을 감액하는 경우에는 제95조의 규정이 적용된다. 다음으로, 해당 징계로 근로자의 업무가 변경되고 이에 수반하여 임금이 감액되는 경우라면 근로자의 직무가 변경됨에 따라 수반되는 당연한 결과이므로 제95조 규정이 적용되지 않는다.[58]

제6절 견책

견책(譴責)은 용어 그대로 근로자의 비위행위에 대해 사용자가 근로자를 꾸짖는 제재이다. 이와 유사한 용어로는 경고, 주의조치 등이 사용되기도 한다. 견책은 구두 또는 서면으로 행해지고 있는데, 경고와 구별하여 사용자가 근로자에 대해 책임을 묻는 방식으로 시말서의 제출을 요구하는 것을 견책으로 이해하는 경우도 있다.[59] 어떠한 용어를 사용하든 간에 이러한 징계는 당사자에게 실질적인 불이익을 부과하지 않는 가장 경미한 징계수단이다. 이러한 징계수단을 사용하는 이유는 근로자에게 기왕의 비위행위에 대해서 스스로 반성하도록 하면서 장래에 동일한 비위행위를 저지르지 않도록 하는 일반 예방적 목적도 가지고 있다. 징계의 본질이 계약책임이라는 전제에서 보면 견책은 근로자의 근로계약상의 의무위반에 대한 사전경고의 의미로 이해할 수 있다. 한편, 견책의 징계를 당한 근로자는 이후 동일한 비위행위를 저지르거나 여타 징계를 당하는 경우에 있어서 가중된 징계를 받을 수도 있고, 견책의 징계 그 자체로 인해서 승진이나 전직 등을 위한 기업내부 인사고과 평정에

58) 서울고등법원 1992. 9. 17. 선고 92나253판결.

59) 김형배, 「노동법」, 551쪽.

서 불이익을 받을 수도 있다.

제7절 그 밖의 징계

사용자는 근로기준법 제23조 제1항에 규정된 징계의 종류에 구애받지 않고 다양한 방식의 징계수단을 활용할 수 있다. 노사관계실무에서 드물게 활용되고 있는 예로는 '봉사명령'과 '무단결근처리'가 있다.

먼저, 봉사명령은 근로자의 비위행위에 대한 책임을 물어 사업장에서 업무와 관련한 봉사활동을 명령하는 것이다. 판례 중에는 운수회사의 사용자가 근로자에게 차고지 내에서 '고객친절', '복장단정', '차량청결' 등의 구호를 제창하도록 지시한 봉사명령이 해당 근로자의 인격권을 침해하는 것으로 무효라고 한 사례[60]가 있다.

다음으로, 무단결근처리에 대해서는 징계의 수단으로 인정될 수 있는지 논란이 있다. 일부견해는 무단결근처리도 취업규칙에 징계의 종류로 규정할 수 있다고 한다.[61] 그러나 이는 사용자가 근로자에 대한 급여를 일방적으로 지급하지 않겠다는 취지의 결정에 불과하다.[62] 근로자가 문제된 기간에 노무를 제공하지 않았다면 무급처리는 당연한 결정이고, 노무를 제공했음에도 그와 같은 결정을 하는 것은 임금을 지급하지 않겠다는 결정일 뿐이다.

60) 서울 행정법원 2007. 12. 14. 선고 2007구합30987판결.

61) 하갑래, 「근로기준법」, 763쪽.

62) 서울고등법원 2000. 3. 9. 선고 99누10802판결은 무단결근처리는 '그 밖의 징벌'에 해당하지 않으므로, 이로 인해 임금이 지급되지 않더라도 노동위원회에 구제신청을 할 수 없다고 한다.

제6장 징계의 절차적 정당성

제1절 절차적 정당성론

Ⅰ. 문제의 제기

앞서 본대로, 사용자에게 사업의 목적달성 및 기업질서의 유지를 위해서 근로자에 대한 징계가 필요하더라도 근로자에 비해 상대적으로 우월한 위치에서 일방적으로 행사되는 사용자의 징계는 약세에 있는 근로자의 보호를 위해서 헌법이나 근로기준법 등의 각종 법규범에 의해서 제한될 필요가 있다. 따라서 궁극적으로 사용자의 징계권의 행사가 사법상의 정당성을 인정받아 그 자체 효력을 인정받기 위해서는 그러한 각종 제한규범에 해당하지 않아야 한다. 사법상의 정당성 여부에 관한 검토에 이르기 전의 징계는 아직 그 효력이 잠정적으로 인정될 뿐이다.

한편, 사용자의 징계권을 제한하는 각종 규범들은 대체적으로 징계의 실체적인 내용을 제한하고 있고, 그에 의해서 징계내용의 타당성에 대한 실체적인 정당성 판단이 이루어진다. 이러한 사정에 기초해서 판단한다면 징계의 사법상 정당성은 곧 징계내용의 실체적인 정당성이라고도 할 수 있다. 그러나 법의 일반원리나 우리의 성문법규범이 추구하는 것이 여기까지에 한하는 것일까? 법이 추구하는 정의의 이념에 비추어 본다면 그렇지 않을 것이다. 징계에 있어서도 법의 근본원리인 절차적 정의가 일반적으로 인정되어야 할 것이다. 징계에 관한 우리 대법원의 판단에 있어서도 일반적으로 절차적 정당성을 요구하고 있다.[1)] 그렇다

---

1) 대법원 1979. 1. 30. 선고 78다304판결; 대법원 1995. 3. 10. 선고 94다33552판결; 대법원 1995. 1. 24. 선고 94다24596판결 등.

면 문제는 사용자가 징계권을 행사함에 있어서 근로자에게 절차적인 권리를 보장하도록 의무지울 수 있는 법의 일반원리나 실정법적 근거를 찾을 수 있는지, 그것이 가능하다면 구체적인 내용이 무엇인지를 규명하는 일일 것이다. 그러한 결과는 사용자에게 어느 정도까지 절차적인 의무를 부과할 수 있을 것인지 판단의 기초가 된다.

다음으로, 징계의 정당성 판단에 있어서 절차적인 정당성이 하나의 판단도구로 이용될 수 있다고 한다면 실체적인 정당성과의 체계가 문제된다. 양자는 하나의 정당성 판단에 있어서 기능적으로 결합되어 작용하는지 아니면 독자적인 정당성의 판단도구인지 검토되어야 한다. 양자가 별개의 도구라고 한다면 어떤 도구가 우선적인 판단의 도구인지도 검토되어야 한다.

Ⅱ. 절차적 정당성의 이론적 근거

1. 헌법상 적법절차의 원리

(1) 우리 헌법은 제12조(신체의 자유) 제1항 후문에서 "누구든지 법률과 적법한 절차에 의하지 아니하고는 처벌·보안처분 또는 강제노역을 당하지 아니한다."고 규정하고 있고, 동조 제3항은 "체포·구속·압수 또는 수색을 할 때에는 적법한 절차에 따라 검사의 신청에 의하여 법관이 발부한 영장을 제시하여야 한다."고 규정하여 적법절차(適法節次)[2)]에 관한 규정을 두고 있다.

---

2) 적법절차에 관한 규정의 시초는 1354년의 영국 웨스트민스트법률에서 처음으로 대헌장 제39조에 규정되었고, 그 이후 17세기에 이르러 적법절차는 국가권력의 자의적 행사를 배제하는 근대적인 인권보장을 의미하게 되었다. 그 뒤 1791년의 미국의 수정헌법 제5조는 "누구든지 적법절차에 의하지 아니하고는 생명·자유 또는 재산을 박탈당하지 아니한다."고 규정하였는데, 이 조항은 일반적으로 '적정한 기소 또는 고발이 있을 것과 보통법의 적정한 절차에 따라 그에 대한 답변의 기회가 주어질 것'을 의미한

이 규정은 국가권력의 자의적인 행사를 배제하고 국민의 인권을 보장하기 위한 것으로 단순히 절차적 정의의 구현을 위한 원리에 머무는 것이 아니라 공권력 행사의 근거가 되는 적정한 실체법(due law)의 원리로까지 확장되어 있다. 따라서 행정, 입법, 사법 등 모든 국가작용은 절차상의 적법성을 갖추어야 하는 동시에 공권력 행사의 근거가 되는 법률의 실체적 내용도 합리성과 정당성을 갖추어야 한다는 헌법상의 원리로 이해되고 있다.[3)]

(2) 헌법상 적법절차의 원리가 오늘날 실체법내용의 정당성에까지 그 의미가 확대되었더라도 이 원리가 본래적으로 의미하는 바는 절차적 정의(procedural justice)에 있다. 절차적 정의란 실체적 정의(substantive justice)에 대응하는 개념으로 '결과'의 정의가 실체적 정의라면 이러한 결과를 가져오게 하는 '절차'의 정의가 절차적 정의이다.[4)] 법의 목적은 궁극적으로 정의의 실현에 있으므로 실체적 정의를 이루는 것이 중요하지만 절차적 정의가 보장되지 아니하면 실체관계가 올바로 파악될 수 없으므로 실체적 정의에 앞서 절차적 정의의 확보가 선행되어야 한다.[5)] 이런 점에서 절차적 정의는 실체적 정의를 달성하기 위한 전제조건이 되기도 하고, 현실 법절차는 항상 일정한 조건 즉, 제한된 가용자원의 조건 하에 수행되는 것을 전제로 하므로 실체적 정의를 보충하기도 한다.[6)]

다(성낙인, "헌법상 적법절차에 관한 연구", 「절차적 정의와 법의 지배」, 박영사, 2003, 5-6쪽).

3) 성낙인, "헌법상 적법절차에 관한 연구" 19-20쪽.

4) 심헌섭, "정의에 관한 연구-정의의 기본개념과 기본원리-" 「법학」(제29권 제2호), 서울대 법학연구소, 1988, 94쪽.

5) 강용현, "징계절차의 적법성", 「이회창 선생 화갑기념 논문집 · 법과 정의」, 박영사, 1995, 829쪽.

6) 정태욱, "절차적 정의에 관한 연구", 서울대 박사학위논문, 1995. 8, 95-96쪽.

(3) 적법절차에 관한 규정은 비록 헌법상 신체의 자유에 관하여 규정되어 있지만 그 근저에 깔려있는 due process의 정신이 개인의 권리와 자유의 존중이라는 근대법의 이념에 기하여 성립한 것이라면 모든 제재절차에 적용되어야 할 기본원리로서의 가치를 가진다. 따라서 그 적용범위는 국가의 모든 공권력 작용뿐만 아니라 개인에게 신체적·정신적 그리고 재산상 불이익이 되는 일체의 제재에 있어서도 적용되어야 할 것이다.[7] 이에 따라 헌법재판소도 변호사에 대한 징계[8]나 사립학교 교직원에 대한 징계[9] 등 다양한 판결례에서 적법절차의 원칙을 적용하고 있다.

(4) 헌법 제32조 제3항은 국가가 근로조건의 기준을 인간의 존엄성을 보장받도록 법률로 정하도록 규정하여 근로자에게 근로권의 보장을 천명하고 있다. 헌법상 적법절차의 원리가 국가의 입법 작용에도 적용됨에 따라 국회는 입법권을 행사함에 있어 법률제정절차의 적법성과 정당성뿐만 아니라 법률의 내용 또한 적법성과 정당성을 가져야 하므로[10] 국가가 근로권 보장규정에 따라 근로기준법을 제정

---

7) 권영성, 「헌법학원론」(보정판), 법문사, 2002, 401-403쪽; 김재훈, "징계절차의 하자관행과 징계행위의 효력", 「노동판례비평」, 민주사회를 위한 변호사모임, 2001, 99쪽.

8) "법무부장관의 일방적 명령에 의하여 변호사 업무를 정지시키는 것은 당해 변호사가 자기에게 유리한 사실을 진술하거나 필요한 증거를 제출할 수 있는 청문의 기회가 보장되지 아니하여 적법절차를 존중하지 아니한 것이 된다."(헌법재판소 1990. 11. 9. 90헌가48, 변호사법 제15조 위헌심판)

9) "직위해제처분은 실질상 징계처분의 일종인 정직과 비슷한 처분인데도 불구하고 징계절차 또는 기타 이와 유사한 절차에 의하여 교원의 직위해제여부를 결정하는 것이 아니라, 형사사건으로 기소되었다는 사실만을 이유로 해서 임면권자의 일방적인 처분으로 직위해제를 행하게 되어 있다. 따라서 징계절차에 있어서와 같은 청문의 기회가 보장되지 아니하여 당해 교원은 자기에게 유리한 사실을 진술하거나 필요한 증거를 제출할 방법조차 없는 것이니 그러한 의미에서 적법절차가 존중되고 있지 않다고 할 것이다." (헌법재판소 1994. 7. 29. 93헌가3 등, 사립학교법 제58조의 2 제1항 단서 및 제3호 위헌제청)

10) 헌법재판소는 국회의 입법형성권도 실체적 적법절차의 원리에 부합하여야 한다고 판시하고 있다. 즉, "입헌민주주의국가에 있어서는 입법부도 헌법에 의해서 창설되고 입법형성권도 가능한 것이므로 선거법을 비롯한 모든 법률은 참정권을 보장하고 정

함에 있어서는 근로관계에 있어서 근로자의 인간의 존엄성이 보장되도록 입법을 하여야 할 의무를 부담한다.[11] 근로관계에 있어서의 사용자의 징계권의 행사기준은 가장 중요한 근로조건 중에 하나이므로 이에 관한 입법의 내용 역시도 헌법상 적법절차의 원리에 따라 합리성과 정당성을 갖추어야 한다.

징계와 관련하여 헌법상 적법절차의 원리가 근로자의 인간의 존엄성이 보장되는 근로권의 보장을 위해서 근로기준법이 명시적으로 규정하고 있는 것은 해고예고제도(제26조)와 해고사유의 서면통지제도(제27조) 등 해고에 관련된 규정뿐이다. 이러한 입법태도는 앞서 절차적 정의에 관한 헌법의 규정이나 해석론, 이에 관한 외국의 입법례에 비해 그 내용이 충분하지 않다.[12] 이렇듯 근로기준법이 징계일반에 직접적으로 적용되어야 할 절차적인 내용을 규정하지 않는 결과, 입법자가 근로기준법을 제정함에 있어서 근로자에 대한 징계와 관련하여 보장하여야 할 절차적 정의를 포기한 것이 아

당하게 수행할 수 있도록 제정하는 것을 원칙으로 하여야 한다. 그 법률이 정치적 타협에 의하여 국민의 정치적 참여를 부당하게 제한하거나 불합리한 선거법을 제정하는 것은 적법절차의 원칙에 반하고, 헌법이 위임한 권한에서 벗어나는 것으로 입법형성권의 한계를 이탈하는 위헌적인 법률이라 하지 않을 수 없다."(헌법재판소 1989. 9. 8. 88헌가6, 국회의원선거법 제33조, 제34조의 위헌심판)

11) 헌법재판소는 노동관련 법령에 대해서도 적법절차의 원리가 적용된다고 판시하고 있다. 즉, "노동조합법 제46조 중 '제42조의 규정에 의한 구제명령에 위반하거나' 부분은 노동위원회의 확정되지 아니한 구제명령을 그 취소 전에 이행하지 아니한 행위를 동법 제43조 제4항 위반의 확정된 구제명령을 위반한 경우와 차별함이 없이 똑같이 2년 이하의 징역과 3,000만 원 이하의 벌금이라는 형벌을 그 제재방법과 이행확보수단으로 선택함으로써 국민의 기본권제한방법에 있어 형평을 심히 잃어 위 법률규정의 실체적 내용에 있어 그 합리성과 정당성을 더욱 결여하였다고 할 것이므로 헌법상의 적법절차의 원리에 반하고 과잉금지의 원칙에도 저촉된다고 할 것이다."(헌법재판소 1995. 3. 23. 92헌가14, 노동조합법 제46조 위헌제청)

12) 이러한 사정은 비교법적으로 프랑스나 이탈리아의 징계절차에 관한 입법정도나 '사용자의 주도 하에 이뤄지는 고용종료'에 관한 ILO 158호 협약 제7조가 "근로자의 고용은 근로자의 행위 또는 근무태도와 관련하여 당해 근로자가 자신에게 불리한 혐의에 대한 변호의 기회를 갖기 이전에는 그와 같은 이유 때문에 종료될 수 없다. 다만, 사용자가 그러한 기회를 제공할 수 없는 정당한 이유가 있는 경우에는 그러하지 아니하다"고 규정한 내용에도 미치지 못한다.

닌가 하는 의문이 들기도 하며,[13] 나아가 근로기준법의 어떠한 규정이 근로자의 징계에 관련된 절차적인 권리보장의 근거규정으로 해석되어야 하는 것인지에 대한 논란으로 이어지고 있다. 징계와 같이 근로자 개인에게 불이익을 과하는 절차에 있어서는 불이익취급의 대상인 근로자의 변명과 소명이 충분히 이루어져야 실체적 정의의 실현이 가능하다는 점에서 보면 이러한 입법태도는 징계문제에 있어서 인간의 존엄성이 보장된 근로조건의 기준이 법정되었다고 보기는 어렵다. 이는 입법자가 헌법의 근로권보장에 관한 입법을 시행하면서 적법절차의 원리를 제대로 반영하지 못한 것으로서 이에 대해서는 별도의 입법적인 개선이 필요하다.

(5) 앞서 보았듯이, 사용자의 징계권의 행사에 대응하여 근로자는 인간의 존엄성이 보장되는 근로권의 보장을 받고 있으며, 징계의 절차와 관련해서는 헌법상 적법절차의 원리가 반영되는 절차적인 권리를 향유하고 있다. 그런데 근로기준법에 이러한 헌법상의 기본권내용이 구체적으로 실현되어야함에도 징계일반에 대해서는 규정되어 있지 않은 상황에서 헌법상의 기본권 조항이 근로관계에 직접 적용될 수 있는지 아니면 다른 일반조항을 통해서 간접적으로 적용되는지에 관한 논란이 있을 수 있다.

이에 관해서는 일반적으로 근로권이나 노동3권의 사인간의 적용여부에 관한 논란으로 다루어지며 간접적용설과 직접적용설의 대립이 있다.[14] 이 문제에 대해서는 근로기준법의 일반조항을 통해서도 헌법상의 기본권조항을 충분히 실현할 수 있다는 점에서 간접적용설이 타당하다고 할 것이다. 이에 따르면 사용자의 징계권의 행사로

---

13) 대법원이 취업규칙 등의 징계규범에 절차적인 권리가 규정되어 있지 않은 경우에 근로자에 대한 징계절차상의 권리보장에 소극적인 것은 그와 같은 배경에서 기인한다.

14) 간접적용설에 관한 대표적인 견해로는 김형배, 「노동법」, 160쪽 이하; 직접적용설에 관한 대표적인 견해로는 김유성, 「노동법Ⅱ」, 25쪽 이하.

부터 근로자의 기본권이 침해되는지 여부는 직접 헌법상 기본권 조항에 의해 판단할 것이 아니라 근로기준법의 일반조항을 통해 판단하면 된다. 이 경우 근로기준법의 어떠한 조항을 통해 근로자의 기본권침해여부를 판단할 것인지 문제된다.

이와 관련하여 논의하고 있는 대체적인 견해들은 근로기준법 제23조 제1항의 '정당한 이유'규정을 근거로 징계절차에 있어서도 절차적 정의가 요구된다고 한다.[15] 그러나 이 견해는 다음과 같은 이유로 부당하다.

첫째, 이 규정이 사용자의 징계에 대해서 정당한 이유의 제시를 요구하는 것은 정당한 이유가 없는 사용자의 징계 그 자체를 금지 혹은 제한하고자 하는 것이지 사용자의 결정에 의해서 나름대로 징계할 정당한 이유가 있다고 판단하여 징계를 시행하는 시점에서는 절차적으로 아무런 역할을 할 수가 없다.

둘째, 이 규정은 '정당한 이유 없이 해고 등의 징벌을 하지 못한다.'라고 규정하고 있는데, 문언해석상으로도 절차적 정의와 관련성이 없다. 즉, 이 규정의 문장을 다시 정리하면 '해고 등의 징벌은 정당한 이유가 있어야 한다.'는 것으로 정리되는데, 이 문장이 의미하는 바는 예컨대, '해고 등의 징벌은 정당하여야 한다.'는 문장과 비교하면 차이를 발견할 수 있다. 앞서 문장에서 '정당한'이 수식하는 것은 '해고 등 징벌의 이유'이고, 뒤의 문장이 수식하는 것은 '해고 등 징벌'이다. 여기서 '해고 등 징벌'이 정당하여야 한다는 것에는 실체적 · 절차적 정당성을 모두 포함하는 것으로 해석할 수 있지만, '해고 등 징벌의 이유'가 정당하여야 한다는 것에서는 실체적 정당성 외에 절차적 정당성을 이끌어 낼 수 없다. 여기서 해고 등 징벌의

15) 김재훈, "징계절차의 하자관행과 징계행위의 효력", 「노동판례비평」, 민주사회를 위한 변호사모임, 2001, 99쪽 이흥재, "해고의 법리와 실제", 「한국노사관계의 새지평」, 다산출판사, 1996, 186-187쪽: 이승욱, "해고절차에 관한 고찰 -해고동의(협의)조항을 중심으로", 「노동법연구」(제2권 제1호), 서울대학교 노동법연구회, 1992, 128쪽: 도재형, "징계해고의 절차적 제한" 75쪽.

'이유'는 어느 모로 보나 실체적인 사유를 의미하는 것이지 절차적인 내용을 포함하고 있지 않기 때문이다.

셋째, 일부 견해[16]는 절차적 정의의 실체적 정의에 대한 기능적 관점에 주목하여 그와 같은 견해를 피력하고 있으나 이 역시 수용하기 어렵다. 이 견해는 징계해고에 있어서 혐의가 되는 근로자의 징계사유의 존부 등에 관한 불확실성을 흡수・제거하고 피징계자의 수용가능성을 제고하기 위해서는 '정당한 이유'에 절차적 정당성도 포함되도록 해석하여야 한다는 것이다. 그러나 여기서의 정당한 이유는 어떤 징계에 대해 그 원인이 되는 해당 '징계사유' 그 자체가 정당한 것인가의 문제이지 그 징계사유의 존재여부에 관한 문제가 아니고, 나아가 절차적 권리의 보장이 피징계자의 수용가능성을 높인다고 하더라도 그것은 피징계자의 인식의 문제일 뿐이지 객관적 평가의 관념인 정당성의 문제와는 별개인 것이다.

넷째, 사용자의 징계권을 제한하는 입법례(이탈리아, 프랑스, 영국 등)들은 대체로 실체적・절차적인 면에서 별도의 규정을 두어 제한하고 있다. 우리의 경우도 해고에 있어서는 일부 별도의 절차적인 규정을 두고 있는 이상, 제23조 제1항을 징계 일반에 대한 실체적인 정당성 외에 절차적인 정당성의 근거조항으로 포섭하기에는 무리가 있다.

결국, 이러한 점에 비추어 보면 이 규정에 의해서는 직접적으로 근로자의 절차적 권리를 이끌어 낼 수 없다. 징계에 있어서 헌법이 보장하고 있는 근로자의 절차적인 권리는 다음과 같이 근로기준법 제4조의 근로조건 대등결정의 원리에 의해서 실현된다.

---

16) 박종희, "현행 해고보호제도의 체계적 이해와 해석에 관한 연구", 「안암법학」(통권 제44호), 안암법학회, 2014. 5, 455쪽.

2. 근로조건 대등결정의 원리

(1) 근로기준법 제4조는 “근로조건은 근로자와 사용자가 동등한 지위에서 자유의사에 따라 결정하여야 한다.”라고 규정하여 근로조건대등결정의 원칙을 선언하고 있다. 이는 근로관계에서 근로조건은 사용자의 일방적인 결정에 의해서 정해지는 것이 아니라 근로자와 사용자 사이의 의사의 합치에 의하여 정하여야 한다는 것을 의미한다.

이 규정의 성격에 관하여 일부 견해는 노사 사이에 현실적으로 힘의 우열관계가 있음을 부인할 수 없다거나 이 규정에 대한 벌칙규정이 존재하지 않는다는 점을 근거로 근로기준법의 이념을 선언한 훈시규정으로 보고 있다.[17] 그러나 사용자와의 관계에서 현실적으로 약세에 있는 근로자의 지위를 보정하기 위한 입법인 근로기준법의 입법취지를 생각할 때, 이 규정을 단순한 훈시규정으로 이해할 수는 없다. 근로계약도 기본적으로 당사자의 대등한 지위를 전제로 하는 채권계약인바, 근로관계에서 근로조건의 결정을 함에 있어 상호 대등한 지위에서 합의에 기초하여야 한다는 것은 너무나 당연한 법리다. 근로자와 사용자의 힘의 우열관계에 따른 현실적인 이유로 근로조건이 근로자에게 불리하게 결정되는 것은 어쩔 수 없다고 하더라도 근로계약의 본질상 근로조건을 결정하는 과정에서는 최소한 형식적으로라도 근로계약 당사자의 합의라는 외관은 갖추어야 하고, 그러한 당연한 법리를 선언하고 있는 이 규정이 단순한 훈시규정이라고 할 것은 아니다.[18] 근로기준법의 입법취지에 비추어 볼 때, 이 규정은 근로관계의 실질적인 대등성을 확보하기 위한 것으로 근로기준법상 근로조건의 설정에 관한 대원칙을 천명하고 있는 규정으로서 의미를 갖는다고 봐야 한다. 판례 중에도 이 규정을 효력규정

17) 김형배, 「노동법」, 199-200쪽; 임종률, 「노동법」, 359쪽; 박홍규, 「고용법・근로조건법」, 150쪽.

18) 이 규정을 효력규정으로 보는 견해는 이병태, 「최신노동법」, 520-521쪽; 하갑래, 「근로기준법」, 135쪽.

으로 본 사례가 있다.[19)]

이 규정을 훈시규정으로 보면 사용자가 이 규정에 위반하여 일방적으로 근로조건을 결정하더라도 그에 따른 사법상의 효력에 영향을 미치지 못하겠지만, 이를 효력규정으로 보는 이상 이 규정에 위반하여 사용자가 일방적으로 근로조건을 결정하는 것은 일반적으로 효력이 없다고 보아야 한다. 이 규정을 효력규정으로 보지 않는 일부 견해도 이 규정위반의 효력에 대해서는 동일한 결론을 취하기도 한다.[20)]

(2) 근로관계에서 근로조건 결정의 방법은 여러 가지인데, 이 규정의 취지에 맞게 노사가 대등한 지위에서 근로조건을 결정하는 가장 이상적인 방법은 노동조합이 관여하는 단체교섭에 의한 방식이다. 다만, 이 규정이 관할하는 방식은 개별 근로관계에서의 근로조건의 결정에 관한 것에 한한다. 근로조건의 결정에 있어 일반적으로 이 규정이 어떻게 적용되는지는 다음과 같이 정리할 수 있다.

첫째, 최초로 근로조건을 결정하는 경우에는 근로조건의 실질이 근로자에게 불리하게 결정되더라도 형식적으로는 근로자의 합의가 전제되므로 이 규정에 반하지 않는다. 그러한 불리한 내용에 근로자가 형식적인 합의를 해주지 않으면 근로관계가 성립될 수 없기 때문이다.

둘째, 근로관계 계속 중에 종전과 유사하거나 기존의 근로조건보다 유리한 내용으로 근로조건이 변경되는 경우에도 별도로 문제되지 않는다. 근로조건 결정과정에서 근로자의 구체적이고 적극적인 동의가 없었다는 이유로 그것을 무효로 한다고 하여 근로자에게 특

---

19) 대법원 1977. 7. 26. 선고 77다355판결은 "기존 근로조건의 내용을 사용자가 일방적으로 근로자에게 불이익하게 변경하는 것은 근로기준법의 보호법으로서의 정신과 기득권보호의 원칙 및 근로조건은 근로자와 사용자가 동등한 지위에서 자유의사에 의해 결정되어야 한다는 근로기준법 제4조의 규정상 허용될 수 없다."고 하였다.

20) 박홍규, 「고용법 · 근로조건법」, 150쪽; 이상윤, 「노동법」, 111쪽.

별히 유리할 것도 없으며, 그 같은 이유로 결정의 사법상 효력이 문제될 리 없다. 그 과정을 거쳐 근로자의 의사는 묵시적인 동의로 의제될 것이다.

셋째, 근로관계 중에 종전의 근로조건에 비해 불리한 내용으로 근로조건을 변경하는 경우에는 근로기준법 제4조가 적용되어 사용자가 근로자의 동의를 얻지 않고 일방적으로 기존의 근로조건을 근로자에게 불리하게 변경하는 것은 그 부분에 한하여 효력이 없다. 예컨대, 사용자가 일방적으로 식대를 삭감하거나 상용근로자를 일용근로자로 신분에 불이익한 변화를 가져오게 하는 것 등은 효력이 없다. 근로조건 대등결정의 원리가 특별히 의미를 갖는 지점이 이러한 상황이다. 한편, 이 규정의 적용의 결과는 궁극적으로 사법상의 기득이익침해금지의 원리나 계약의 구속력의 성질이 발현된 것으로 볼 수 있다. 근로관계 속에서 사용자와의 합의를 통해 근로자에게 부여된 기왕의 근로조건은 기득의 권리로서 당사자의 동의가 있지 않은 이상 침해될 수 없는 것이고, 그런 점에서 근로조건은 근로자의 근로권 중 재산상의 권리로서의 성격을 갖는다는 점도 알 수 있다. 또한 근로관계도 근로계약에 의해 형성되는 계약관계인 이상, 계약당사자들의 기존의 합의인 기왕의 근로조건은 당사자들을 구속하여 양 당사자의 합의가 있지 않은 이상 한쪽 당사자에 의해 일방적으로 변경될 수 없는 것이다.

한편, 이에 관한 외국의 사례를 보면 다음과 같다. 먼저, 일본의 경우, 최근의 노동계약법 제정을 통해 제8조에서 "근로자와 사용자는 그 합의로 근로계약의 내용인 근로조건을 변경할 수 있다"고 명시하고 있다. 여기서의 합의는 근로자와 사용자가 취업규칙을 통하지 않고 근로조건의 변경에 개별적으로 합의하는 것을 말한다. 우리의 경우는 근로기준법 제4조의 해석을 통해 그와 같은 결론을 이끌어 내고 있지만 일본의 경우는 법률에 명시적으로 그와 같은 규정을 두고 있다는 점이 특징이다. 다음으로, 프랑스의 경우에는 근로자의 동의가 필요한 근로계약의 변경과 동의가 필요 없는 근로조건의 단순변경으로 구분하여 적용된다. 근로계약의 변경은 개별 근로자와 사용자간에 합의의 대상이 되었던 계약사항(즉, 근로조건)에 대한 변경을 의미하고, 근로조건의 단순변경은 사용자의 권한(인사권 등)에 속하는 사항으로서 이러한 권한이 남용되는 것이 아닌 한 근로자는 그에 따를 의무가 있다.[21)]

넷째, 취업규칙의 제정 및 변경의 방법으로 근로조건을 결정하는 경우에는 근로기준법이 구체적으로 근로조건 대등결정의 방법을 규정하고 있다. 즉, 근로기준법 제94조 제1항이 취업규칙의 작성 및 변경에 관하여 근로자집단 과반수의 의견을 청취하도록 하거나 불리한 변경에 대해서는 동의를 얻도록 한 것은 근로기준법 제4조가 규정하는 근로조건의 대등결정의 방식을 구체화한 것이다. 따라서 취업규칙의 작성·변경에 관한 위 규정을 위반하였을 경우에는 동시에 제4조의 규정을 위반한 것으로서 효력이 없다고 보아야 한다.

(3) 사용자의 징계권의 행사에 대해 근로자가 갖는 헌법상의 절차적인 권리가 근로기준법 제4조의 해석을 통해서 실현되는 논리는 다음과 같다.

먼저, 징계는 그 자체가 근로조건에 속한다. 근로기준법 제23조 제1항은 정당한 이유 없이 징계나 해고 등을 할 수 없다고 규정하고, 제1조와 제3조는 이 법이 '근로조건의 (최저)기준'을 정한 법임을 명시하고 있는데, 근로기준법이 징계나 해고 등에 관한 위의 규정을 둔 것은 해고나 징계 등 근로자의 인사를 근로조건의 일종으로 보기 때문이다.

다음으로, 징계의 사유나 절차는 그 자체가 근로조건이면서 근로조건의 기준에 해당한다.[22)] 나아가 '징계의 절차'는 그 자체가 근

21) 조용만, "근로조건의 변경과 근로계약", 「노동법학」(제10호), 한국노동법학회, 2000, 249-257쪽 참조.

로조건 혹은 근로조건의 기준이면서도 근로조건(징계)을 결정하기 위한 근로조건이라는 성격도 갖는다. 따라서 징계라는 근로조건을 결정하기 위한 징계의 절차는 근로기준법 제4조에 의해 노사대등성이 확보되어야 한다. 만약, 사용자가 징계권을 행사함에 있어서 근로자에게 절차적인 권리를 보장하지 않는 것은 곧바로 근로조건 대등결정의 원리에 대한 침해로 직결된다는 것을 의미한다.

(4) 이와 같이 사용자가 징계권을 행사함에 있어서는 절차적 정의에 관한 근로자의 헌법상 기본권 및 근로기준법 제4조의 근로조건의 대등결정이라는 근로기준법의 원리가 반영되어야 하며, 이는 취업규칙 등 징계규범의 설정과정에서부터 근로자의 절차상의 권리가 반영되도록 요구된다. 대법원이 '재심징계위원회에서 소명기회 부여 등 재심징계절차와 관련한 규정을 두지 않았고, 원징계절차 규정을 준용하는 규정도 없었다 하더라도 원 징계를 의결한 인사위원회가 재심 역시 담당하는 경우에는 인사위원회의 원 징계관련 절차규정은 재심절차에도 적용 된다'[23]고 하여 사용자의 징계절차규정의 불비에 대한 책임을 일부 인정하고 있는 것은 그러한 취지를 반영한 것이다.[24]

---

22) 대법원 2009. 2. 12. 선고 2008다70336판결은 단체협약 중 해고의 사유나 절차에 관한 부분은 규범적 부분으로 보고 있는데, 이는 해고의 사유나 절차가 근로조건에 포함되고 단체교섭의 대상이 된다는 것으로 이해할 수 있다.

23) 대법원 2006. 12. 22. 선고 2004두12902판결; 하급심 판결 중에는 "취업규칙은 사용자가 다수의 개별적 근로관계를 처리하는 데 편의를 위하여 근로계약의 내용이 되는 사항과 복무규정, 직장질서에 관한 사항을 정하는 것이므로 취업규칙에 징계절차 규정을 갖출 권한과 책임 역시 사용자가 부담하는데, 사용자가 취업규칙에 징계절차규정을 두지 않은 잘못을 근로자에게 전가하여 취업규칙이 정한 징계절차규정을 무시하여 진행한 징계가 적법하게 된다고 할 수 없다"고 한 사례(서울 행정법원 2005. 5. 3. 선고 2004구합18689, 18702판결, 항소 및 상고기각으로 확정)가 있다. 징계절차를 인사위원회를 통해 하도록 하는 근거규정이 있기는 하지만 인사위원회의 구성과 운영을 방기한 사용자의 책임을 묻고 있다는 데 의미가 있다.

24) 대법원 2002. 2. 22. 선고 2000다65086판결에서 '노동조합규약 등 자치적 규범의 제정에 있어서도 헌법이 보장하고 있는 조합원 개개인의 기본적 인권을 필요하고 합리적인 범위를 벗어나 과도하게 침해 내지 제한하여서는 안 된다.'고 판결하였다. 이

한편, 이에 더 나아가 근로기준법이 취업규칙의 필요적 기재사항으로 '제재에 관한 사항'을 정하고 있는 것에는 당연히 징계절차가 포함된다고 할 것이므로, 상시 10인 이상을 사용하는 업체에서는 징계절차를 취업규칙에서 정하도록 강제하고 있다거나[25] 취업규칙에 변명기회의 부여 등 해고절차에 관한 규정이 없으면 이러한 취업규칙은 해고의 정당한 유효요건인 절차적 제한을 규정하지 않아 근로기준법에 위반하여 무효라는 견해[26]가 있다. 그러나 그것은 근로기준법의 원리가 제대로 반영되지 못한 불충분한 규범일 뿐 그 자체의 효력까지 부정할 것은 아니다. 실제, 그 규정에 의해서 징계가 내려질 경우 그에 대한 정당성 통제를 통해서 제한을 가하는 것으로 족하다.

Ⅲ. 절차적 정당성의 체계적 지위

헌법상 적법절차의 원리나 근로기준법상 근로조건 대등결정의 원리에 따라 사용자의 징계권의 행사에 있어서도 근로자의 절차적 권리가 보장되어야 한다면 사용자의 징계권의 행사가 정당성을 갖추기 위해서는 실체적 정당성과 함께 절차적인 정당성이 요구된다. 그런데 문제는 양자가 기능적으로 연관되어 어느 한 쪽의 하자가 다른 쪽의 하자와 결합되어 해당 징계의 정당성 판단에 영향을 미치는지 혹은 양자가 별도의 판단구조를 갖는 것인지 문제된다. 이 문제는 정당성의 판단에 있어서 어느 것을 선행할 것인지도 관련된다.

이에 대해서는 절차적 정의의 기능과 관련하여 판단하면 절차적 정의는 실체적 정의를 사전에 담보하는 안전장치로서의 기능을 한다는 점

판결은 헌법상의 기본권 규정을 원용하여 단체 내부의 규정을 무효로 판단한 전형적인 사례다{윤진수, "사법상의 단체와 헌법", 「비교사법」(제15권 제4호), 한국비교사법학회, 2008, 48쪽}.

25) 강용현, "징계절차의 적법성", 826쪽.

26) 이홍재, "해고제한에 관한 연구", 150-151쪽.

에서 보면 절차적 정당성의 문제와 실체적 정당성의 문제는 서로 별개의 판단구조를 가지고 있으며, 서로의 판단에 영향을 끼치지 않는다고 볼 것이다. 또한 판단의 순서는 역할의 순서 상 절차적 정당성을 먼저 판단한 후에 그것이 충족이 되면 실체적 정당성을 판단하는 것으로 이해하여야 할 것이다. 이에 대해서는 사법실무[27]도 절차적 정당성을 선행적으로 판단하고 있다.

제2절 징계절차위반의 효력

I. 문제점

사용자가 근로자를 징계하는 과정에서 근로자에게 절차적인 권리를 보장할지 여부나 보장의 정도는 근로관계에 있어서 근로자가 인간의 존엄이 실현되는 근로권을 보장받는지 여부와 밀접한 관련이 있다. 근로자의 근로관계지위유지의 권리보장에 있어 궁극적으로 근로자가 관심을 가지는 사항은 징계의 정당성 여부에 있다는 점은 주지의 사실이나 사용자의 징계권의 행사과정에서 그에 적절히 대응할 수 있는 절차적인 권리를 확보하는 것은 그 과정에서 근로자의 노동인격을 실현하는 데 도움이 된다. 이 점에 있어서 사용자의 징계과정에서 절차적 정의가 관

27) 대법원은 “단체협약이나 취업규칙 또는 이에 근거를 둔 징계규정에서 징계절차를 규정한 것은 징계권의 공정한 행사를 확보하고 징계제도의 합리적인 운영을 도모하기 위한 것으로서 중요한 의미를 갖는 것인바, 징계규정에서 징계위원회의 구성에 노동조합의 대표자를 참여시키도록 되어 있고 또 징계대상자에게 징계위원회에 출석하여 변명과 소명자료를 제출할 기회를 부여하도록 되어 있음에도 불구하고 이러한 징계절차를 위배하여 징계해고를 하였다면 이러한 징계권의 행사는 징계사유가 인정되는지 여부에 관계없이 절차상의 정의에 반하는 처사로서 무효”라고 보고 있다(대법원 1992. 11. 13. 선고 92다11220판결; 대법원 1995. 12. 5. 선고 95다36138판결 등).

철되는 것은 그 징계의 정당성 여하를 떠나서 중요한 가치이며, 기능적으로도 징계제도의 운영이 객관적이고 합리적으로 운영되게 하여 그 결과 역시 공정하게 결정되도록 함으로써 징계의 내용적 정당성을 확고히 하는 데 도움이 된다할 것이다. 이러한 징계절차의 중요성에 대해서는 대법원도 인식의 궤를 같이 하고 있다.[28)]

이와 같이 징계과정에 있어서의 절차적 권리의 보장이 중요함에도 실제 기업실무에서는 근로자의 절차적인 권리가 보장되지 않는 경우가 상당수 있다.[29)] 이는 사용자가 징계규범을 설정함에 있어 처음부터 징계절차규정을 마련하지 않는 것에서부터 징계절차규정이 미비한 경우 혹은 이미 설정하고 있는 징계절차규범을 실제 징계처분과정에서 지키지 않는 경우 등으로 다양하게 나타난다. 이러한 각각의 경우에 있어서 징계대상 근로자에게 절차적인 권리를 보장하지 않는 것이 징계의 정당성에 어떠한 효력을 미칠지가 이 논제의 대상이다.

Ⅱ. 징계절차규범이 존재하는 경우

1. 징계절차규범의 효력

근로기준법은 제96조 제10호에 취업규칙에 필수적으로 기재하여야 할 사항의 하나로 "제재에 관한 사항"을 규정하고 있고, 징계절차에 관

---

28) 대법원은 단체협약이나 취업규칙 등에 규정된 징계절차에 대해서 징계권의 공정한 행사를 확보하고 징계제도를 합리적으로 운영하기 위한 것으로 이해하고 있다(대법원 1994. 4. 12. 선고 94다3612판결). 한편, 헌법재판소도 징계절차에 대해서 징계의 객관성과 공정성을 확보하고 나아가 사용자의 징벌권 남용을 방지하고자 하는 것이라고 판시하고 있다(헌법재판소 2007. 3. 29. 선고 2006헌바69).

29) 2002년 7월에서 2010년 6월까지 서울지방노동위원회에서 징계해고로 다투어져 구제명령이 이루어진 549건의 사례 중 징계절차에 하자가 있었던 경우는 그 중 23.7%인 130건에 달하였다{하경효 · 박종희 · 강선희, "서울지노위 판정례 분석을 통한 해고제한제도의 운영실태와 특징", 「고려법학」(제61호), 고려대 법학연구원, 2011. 6, 453쪽}.

한 사항도 당연히 이에 해당하므로 통상 취업규칙에 징계절차에 관한 내용이 정해진다. 그 외 징계절차에 관한 사항은 징계 그 자체가 계약책임의 성질을 가지고 있듯이 원리적으로는 근로계약에서도 정할 수 있지만 그런 경우는 드물 것이다. 노동조합이 존재하는 사업장에서는 단체협약으로 징계절차에 관한 사항을 두고 있다.

한편, 징계제도의 설정은 기본적으로 사용자의 재량영역이라는 점에서 징계제도를 둘 경우에 징계절차를 반드시 두도록 강제할 수는 없을 것이다. 즉, 근로기준법이 근로조건의 설정은 대등하게 이루어져야 한다는 점을 천명하고 있다고 하더라도 그 의미는 징계제도를 둘 경우에 가급적 근로자의 보호를 위해서 징계절차를 두도록 촉구하는 의미가 있는 것이지 그러한 규정을 두고 있지 않다고 하여 취업규칙 등 징계규범의 효력이 무효로 된다고는 볼 수 없다. 징계에 있어서의 근로자에 대한 절차적 권리의 보장여부는 구체적으로 징계에 대한 쟁송이 있는 경우에 그 효력이 다투어질 것이다.

취업규칙에 징계절차규범을 둘 경우, 이 규정은 근로기준법 제97조에 의해 규범적인 효력을 발생한다. 이 규정은 "취업규칙에 정한 기준에 미달하는 근로조건을 정한 근로계약은 그 부분에 관하여는 무효로 한다."라고 하여 근로계약에 대한 취업규칙의 강행적·보충적 효력을 규정하고 있지만, 그 자체 사용자가 징계과정에서 스스로 지켜야할 규범이라는 측면에서 효력을 발휘하는 것이다.

또한, 단체협약에 징계절차에 관한 규정을 둘 경우, 그 성격이 문제될 수 있는데, 노사 간에 징계절차에 관한 사항을 단체협약에 둘 경우, 단체협약의 적용을 받는 근로자가 징계를 당하는 경우에 직접적으로 적용을 받을 수 있는 근로조건에 관한 구체적이고 객관적인 기준이므로 규범적 부분이라 할 수 있고,[30] 단체협약의 규범적 효력에 따라 사용자는 이를 지켜야 할 의무가 있다.

---

30) 임종률, 「노동법」, 146쪽.

2. 징계절차규정을 위반한 징계의 효력

(1) 일반적으로 헌법상 적법절차의 원리나 근로기준법상 근로조건 대등결정의 원리 상 사용자의 징계권의 행사에 있어서도 근로자에 대한 절차적인 권리를 보장하여야 하고, 절차적 권리의 보장여부(절차적 정당성)는 해당 징계의 정당성 판단에 있어서 독자적인 유효요건으로 기능하고 있는 이상, 사용자가 기왕에 징계규범으로 징계절차에 관한 사항을 설정하고 있다면 사용자는 이를 지켜야 할 의무가 있고, 이를 지키지 않았을 경우에는 해당 규정의 규범적 효력 상 그 징계의 효력은 인정되지 않는다고 보아야 한다. 징계에 있어서의 절차적인 하자는 단지 그 징계의 정당성 판단에 있어서 하나의 평가요소에 불과한 것이 아니라 독자적으로 그 징계의 효력을 무효로 돌릴 수 있는 중요한 하자인 것이다. 이에 대해서는 사법실무도 일찍이 "취업규칙 등에 제재에 관한 절차가 정하여져 있으면 반증이 없는 한, 그 절차는 정의가 요구하는 것으로서 유효요건"[31]이라고 하여 절차하자의 문제를 절차적 정의에 위배되는 것으로 보아서 사법적 효력을 부정하였다.

(2) 징계절차규정을 위반한 징계의 효력은 일반적으로 무효로 볼 것이나 모든 징계절차의 하자에 대해 일률적으로 그 효력을 부정할 것인가? 이에 대해 판례[32]는 "단체협약에 정하여진 해고에 관한 절차위반이 그 해고를 무효로 하느냐 여부는 일률적으로 말할 수는 없고, 그 규정의 취지에 따라 결정되어야 할 것이고, 단체협약 규정상의 해고절차 위반으로 처벌받았다 하여 그것만으로 반드시 당해 해고의 사법상 효력이 부정되는 것은 아니다."고 하였다. 사실 엄격히 말하면, 우리 법제에서 사용자가 징계제도를 설정하면서 반드시 징

31) 대법원 1979. 1. 30. 선고 78다304판결.

32) 대법원 1994. 3. 22. 선고 93다28553판결.

계절차를 두어야 할 의무는 없다. 그럼에도 사용자가 징계절차규정을 둘 경우, 특히 징계절차에 관한 상세한 규정을 두거나 절차적으로 근로자의 권리를 확대해서 둘 경우에 사용자가 이들 규정을 엄격히 지키지 않았다고 해서 징계절차에 위반한 것이라고 하여 징계의 효력을 부정하는 것은 그다지 합리적이지 못하다. 근로자의 절차적인 권리를 보장하려고 두었던 규정이 오히려 사용자에게 족쇄로 작용하는 측면도 있다. 더구나 취업규칙 등의 규범성을 강력히 인정해야 할 정도로 그 제정과정에 전문성이 인정되는 것도 아니다. 따라서 절차하자의 정도에 따라 그 효력을 달리 보는 것이 오히려 합리적일 수 있고, 그에 관한 판례의 태도는 타당하다.

문제는 어떠한 절차적 하자가 징계의 효력을 좌우할 수 있는지 아니면 징계의 효력에 영향을 끼칠 정도의 하자는 아닌지 등을 분별할 기준이 무엇인가이다. 이에 대해서는 일반적으로 해당 절차규정의 취지를 살펴 그에 의한 절차적인 권리가 근로자의 방어권 보장에 본질(핵심)적인 영향을 끼쳤다면 중요한 절차에 관한 사항으로 볼 것이고, 그렇지 않은 경우라면 절차하자가 있다고 하더라도 징계의 효력에 영향을 끼치지 않는 것으로 볼 것이다. 판례 중에는 징계규정에는 징계개최 3일전까지 당사자에게 통보하도록 한 규정이 있고, 실제로는 2일전에 통보가 되어 근로자가 징계위원회에 출석하여 방어권을 행사하였다면 절차적인 권리가 침해된 것으로 보지 않은 사례[33]가 있고, 징계규정에는 5일전 통보로 규정되어 있는데, 실제로는 2일전에 통보가 이루어진 것에 대해 당사자가 이의제기를 한 사안에서 절차의 하자가 치유된 것으로 보지 않았던 사례[34]도 있다. 판례의 태도에는 규정의 취지 외에 당사자의 행동까지 고려하고 있는 바, 이 역시도 실제 그러한 절차규정을 통해 당사자의 방어권이 실질적으로 보장될 수 있었는지가 가장 중요한 고려

33) 대법원 1991. 2. 8. 선고 90다15884판결.

34) 대법원 1991. 11. 26. 선고 91다22070판결.

요소라는 점을 확인하고 있다고 할 것이다.

(3) 사용자가 징계규정을 두면서 징계절차에 관한 규정을 임의규정으로 만들어 둔 경우에 그에 관한 효력은 어떻게 해석할 것인가? 이 경우에도 대법원은 징계규범을 그대로 적용하여 징계절차 적용의 임의성을 인정하고 있다. 즉, 징계절차규정이 존재한다 하더라도 징계혐의사실에 대한 사전통지규정이나 피징계자의 진술이 임의적인 것으로 규정되어 있다면 사용자에게는 그러한 절차를 행할 의무가 없다는 것이다.[35] 그러나 근로조건이 대등한 지위에서 결정되어야 한다는 전제에서 징계절차에 있어서의 근로자의 절차적 권리의 보장은 반드시 필요한 것이고, 특별히 이에 관한 근거규정이 있어 당사자가 그에 대한 절차적인 기대를 형성하고 있는 경우라면 그 규정이 사용자에게 절차적인 권리부여에 대한 의무를 부과하고 있는 것으로 해석하여야 할 것이다.[36]

(4) 징계절차의 정당성에 대한 주장 · 입증책임은 누구에게 있을까? 일반적으로 해고무효 확인소송에서 해고에 정당한 사유가 있다는 주장 · 입증책임은 사용자가 부담하므로 징계절차의 적법성에 대한 주장 · 입증책임도 근로자가 부담하는 것이 아니라 사용자가 부담한다고 할 것이다.[37]

---

35) 대법원 1991. 4. 9. 선고 90다카27042판결.

36) 하급심 판결 중에는 '당사자에게 구두 또는 서면으로 소명할 기회를 부여할 수 있다는 규정만 있는 경우 피징계자에게 소명의 기회를 부여할 것인지 여부는 인사위원회의 재량사항이지만 피징계자에게 소명의 기회는 보장되어야 하고, 당사자에게 소명의 기회를 부여하지 못할 정도로 장소적 · 시간적으로 급박한 사정이 없었다면 피징계자에게 소명의 기회를 부여하지 아니한 채 해고를 한 것은 징계절차의 재량권을 남용한 것'이라는 판결이 있다{서울행정법원 2005. 5. 3. 선고 2004구합18689, 18702 판결(항소 및 상고기각으로 확정)}.

37) 대법원 1991. 7. 12. 선고 90다9353판결.

III. 징계절차규범이 없는 경우

1. 문제점

앞서 살펴보았듯이 헌법상의 적법절차의 원리는 절차적 엄격함이 특별히 강조되는 형벌의 영역에서 벗어나 그 밖의 개인에 대한 모든 불이익취급의 과정에도 지켜져야 할 법의 일반원리로 확장되었고, 또한 근로기준법상의 근로조건 대등결정의 원리는 사용자가 근로자에 대한 불이익취급으로서 행하는 징계의 과정에서 약세에 있는 근로자의 보호를 위해서 징계과정에서의 절차적인 정당성을 요구하고 있다. 이에 따라 사용자가 취업규칙이나 단체협약 등에 징계제도를 두면서 근로자의 절차적인 권리를 보장하기 위한 절차규정을 둔 경우에 이는 일정한 규범적인 효력을 발휘하여 사용자의 징계절차위반은 해당 징계의 효력을 좌우한다. 그런데, 한편으로는 근로기준법은 10인 이상의 사업장에 취업규칙의 작성을 의무로 부과하면서 징계에 관한 사항을 필요적 기재사항으로 규정하고 있지만 사용자가 징계에 관한 규범을 설정할 경우에 근로자의 절차적인 권리를 보장하는 규정을 명시적으로 강제하고 있지는 않다. 그에 따라 사용자가 징계절차에 관한 규정을 둘 것인가는 일반적으로 사용자의 재량권 영역으로 남겨져 있다고 인식된다. 이 경우 사용자가 징계절차에 관한 규정을 두지 않는 경우에 그와 같은 사용자의 징계재량권의 행사는 통제될 수 없는 것인가? 징계절차에 있어서 근로자의 절차적인 권리를 보장하는 규정을 두지 않은 취업규칙이나 단체협약이 근로기준법이나 노조법으로 인정되는 규범적인 효력에 기초하여 그대로 그 규범성을 발휘하도록 하는 것이 정당한 것인가? 이러한 의문들은 궁극적으로 사용자가 징계절차에 관한 규정이 없는 징계규범에 따라 실제로 근로자에 대한 징계를 행하는 과정에서 전혀 절차적인 권리를 보장하지 않는 경우에 절차적 정의의 필요성에도 불구하고 징계의 효력을 긍정할 수 있을 것인가에 대한 문제로 귀결된다.

이에 관하여 우리 판례는 징계규범의 규범성을 강력히 인정하면서 비록 근로자에게 절차적인 권리를 보장하지 않는다고 하더라도 그 징계의 유효성을 긍정하고 있다. 그러한 판례의 논리는 타당한 것인가? 이 논제에서는 그 동안 전개해 온 징계에 관한 전반적인 논의를 기초로 판례의 문제점을 지적하고 그에 대한 필자의 의견을 정리하였다.

2. 판례의 입장

이 문제에 관한 대법원의 입장은 일관되어 있다. 즉, 대법원은 징계절차에 관한 규범도 없고, 그에 따라 사용자가 근로자에게 징계절차에 관한 권리도 보장하지 않아 문제된 최초의 사안에서 "취업규칙 등에 제재에 관한 절차가 정하여져 있으면 반증이 없는 한 그 절차는 정의가 요구하는 것으로 유효요건이라 할 것이나 회사의 징계에 관한 규정에 징계혐의자의 출석 및 진술의 기회부여 등의 절차가 규정되어 있지 않는 경우에는 그와 같은 절차를 밟지 아니하고 한 징계처분도 정당하다."[38] 고 판결하였다. 또한 징계혐의자에 대한 진술권 부여규정만 있을 뿐 징계혐의사실을 통지하여야 한다는 규정이 없는 경우 사용자가 반드시 징계대상자에게 그 사실을 통지하여 줄 의무가 있는 것은 아니라고 한다.[39] 이와 같이 대법원은 징계에 있어서 근로자에게 절차적인 권리를 보장하지 않은 사안에서 징계의 절차적인 정당성을 문제로 삼지 않고 있다. 대법원의 이러한 태도는 우리의 노동법제와 유사한 일본의 판례입장과 유사하다.[40]

3. 학설의 개요

(1) 이 문제에 대한 학계의 견해는 대체적으로 대법원의 태도를 비판하

---

38) 대법원 1979. 1. 30. 선고 78다304판결.

39) 대법원 1995. 2. 3. 선고 94다17758판결; 대법원 1992. 9. 25. 선고 92다18542판결.

40) 國際通信電話事件, 大阪地裁判決, 昭和 36. 5. 19, 勞民集 제12권 제3호.

면서 징계규범에 근로자의 절차적 권리를 보장하는 규정이 없다고 하더라도 근로자보호를 위해서는 최소한의 절차적인 권리를 보장하여야 하는 것으로 보고 있다. 다만, 그 근거에 관하여는 다음과 같은 다양한 설명방식이 동원되고 있다.

첫째, 헌법상의 적법절차의 원리나 절차적 정의의 보장을 근거로 드는 견해에 따르면 헌법상의 적법절차의 원리는 그 적용대상이 당사자에게 불이익이 되는 일체의 제재절차에 적용되는 것을 전제로 하면서 절차적 정의란 특정한 단체협약, 취업규칙의 규정에만 근거한 것이라고 볼 것은 아니며, 자기를 변호할 권리는 어떤 단체내부에 있어서의 제재에 관한 일종의 자연적 정의의 원칙이라고 할 수 있다고 한다.[41]

둘째, 헌법 제32조의 근로권의 보장을 근거로 드는 견해는 근로권 보장의 주체인 근로자는 단순한 근로관계의 객체가 아니라 근로권의 주체로서 징계절차에 참여하여 자신을 방어할 수 있는 기회를 가져야 하고 그것을 통해 근로권의 실질적인 보장이 가능하게 된다고 한다.[42]

셋째, 근로기준법 제23조 제1항의 '정당한 이유'규정을 근거로 드는 견해는 이 규정을 해석함에 있어서 실체적 정당성 외에 절차적 정당성을 포함시킨다.[43]

넷째, 근로관계에 있어서의 신의칙이나 형평의 원리를 드는 견해들은 징계를 요구하는 사용자 측에서 징계대상자의 비위사실을 주장하고 그 증빙자료를 제출할 수 있는 것에 상응하여 징계대상자인

41) 강용현, "징계절차의 적법성", 838쪽; 강기탁, "징계위원회 구성방법에 관한 절차상 하자를 중심으로", 「노동판례비평」, 민주사회를 위한 변호사모임, 2006, 221쪽; 김재훈, "징계절차의 하자관행과 징계행위의 효력", 99쪽; 菅野和夫/이정 역, 「일본노동법」, 396쪽.

42) 김재훈, "징계절차의 하자관행과 징계행위의 효력", 99쪽; 도재형, "징계해고의 절차적 제한", 73-77쪽.

43) 이흥재, "해고의 법리와 실제", 186-187쪽; 정재성, "징계절차를 위반한 징계의 효력", 「노동법연구」(2권 1호), 서울대 노동법연구회, 1992, 341쪽.

근로자에게도 그에 대하여 변명하고 증빙자료를 제출할 기회가 주어지는 것이 형평의 원리에 부합한다고 한다.[44]

다섯째, 그 외 절차적 정의의 기능적 역할에 주목하는 견해도 있다. 즉, 징계절차의 본질상 그 대상자에게 자기를 위하여 변명할 기회를 주는 것이 실체에 상응한 판단을 하기에 적합한 상황을 조성하여 실체적 진실의 발견에 유리하고,[45] 징계절차에 있어서의 사용자의 자의를 배제하는 것이 절차적 정의의 실현에 이바지한다는 것이다.[46]

4. 검토 및 의견

(1) 이 문제에 관한 대법원의 태도는 다음과 같은 점에서 부당하다.

첫째, 위와 같은 징계절차에 관하여 최초의 판결이 있었던 시대는 헌법상으로도 적법절차에 관한 규정을 두고 있지 않았던 독재정부 시절의 판결에 불과한 것으로 그 뒤 1987년의 헌법 개정으로 적법절차에 관한 규정이 들어온 이후에는 그와 같이 변화된 환경에 맞추어 새로운 판례 법리를 형성할 필요가 있다.

둘째, 취업규칙 등 징계에 관한 규범은 그 규정 그대로만 법규범으로서의 효력을 인정할 수 있을 정도로 규범의 정당성이 충분치 못하다. 즉, 대부분의 사업장에서 징계에 관한 규범으로 통용되는 취업규칙은 그 제정이나 변경이 사용자의 주도로 이루어지고 있고, 그 과정에 일부 근로자의 의견이 반영되는 절차가 있다고 하더라도 세부적인 내용까지 근로자의 의사가 미치기는 어렵다. 사용자의 의사가 주로 반영되는 취업규칙의 징계규정에 거의 절대적인 규범성을 인정하는 것은 합리적이지 못하다.

---

44) 도재형, “징계해고의 절차적 제한”, 73-77쪽.

45) 강용현, “징계절차의 적법성”, 838쪽; 임종률, “근로자 징계의 법리” 168쪽.

46) 강기탁, “징계위원회 구성방법에 관한 절차상 하자를 중심으로”, 「노동판례비평」, 민주사회를 위한 변호사모임, 2006, 221쪽.

셋째, 대법원의 태도는 취업규칙에 규정된 범위 내에서만 법규범성을 엄격히 인정하여 사용자의 자의를 통제하려는 것이지만 사용자의 자의는 그 이전 취업규칙의 제정단계에서부터 통제되어야 한다. 소규모 사업장의 경우 대부분의 사용자들은 징계규범을 두고 있지도 않고, 징계규범을 두더라도 상세히 규정하고 있지 않으며, 사용자의 입장에서 징계제도를 설정하면서 징계절차규정을 두는 것은 순전히 호의에 기반하고 있다. 그러한 현실에도 불구하고 사용자의 의사가 그대로 반영된 정도의 징계규범에 법규범성을 엄격히 인정하는 것은 근로관계에 있어서의 노사균형성을 추구하는 헌법이나 노동법의 이념에 비해 충분치 못한 해석이다.

넷째, 대법원이 취업규칙에 규정된 그대로의 징계규범에 대해서만 법규범성을 엄격히 인정할 경우에는 취업규칙에 징계에 관한 규범을 상세히 · 성실히 설정한 사업장과 그렇지 않은 사업장과의 형평의 문제가 발생한다.[47] 즉, 근로자에 대해서 우호적으로 징계절차에 관한 상세한 규정을 둔 사용자가 징계권의 행사 과정에서 어떤 사정으로 징계절차 규정을 지키지 못하였을 경우에 그 징계의 효력은 무효로 되어 사용자의 손해로 귀결되지만, 근로자에 대해서 비우호적으로 징계절차에 관한 규정을 아예 두지 않았을 경우에는 대법원의 입장에 따르면 그러한 문제는 아예 발생하지도 않는다. 마치 악화가 양화를 구축하는 형국이다.

다섯째, 대법원은 사용자의 전환배치와 같은 인사권행사의 정당성 판단에 있어서 비록 취업규칙 등에 근로자의 절차상의 권리가 규정되어 있지 않았어도 인사권의 행사에 있어서 신의칙상 요구되는 절차를 거쳤는지 여부를 하나의 정당성 판단의 요소로 보고 있다.[48] 통상, 사용자의 업무상 필요성이 인정되는 인사권의 행사에

47) 장원찬, "피해자가 징계위원으로 참여한 징계의결의 효력", 「판례연구」(제9집), 서울지방변호사회, 1996. 1. 365쪽.

48) 대법원 2005. 2. 18. 선고 2003다63029판결.

비해 징계가 근로자에 대한 불이익의 정도가 더 강하다는 점에서 보면 오히려 인사권의 행사에 있어서 보다는 징계에 있어서의 근로자의 절차적인 권리의 보장이 더 필요하다. 그런 점에서 보면 대법원의 태도는 일관성이 결여되어 있다.

(2) 대법원의 판결이 위와 같은 문제가 있다면 그것은 변경되어야 한다. 그와 관련하여서 다양한 법적 · 논리적 근거들이 제시되고 있는바, 필자의 의견을 첨가하면 다음과 같다.

첫째, 학계 및 실무에서 제시하고 있는 논리 중 헌법상 적법절차의 원리와 절차적 정의론 및 근로권 보장의 취지, 신의칙과 형평의 논리들은 모두 타당한 논리다. 다만, 근로기준법 제23조 제1항의 '정당한 이유'에서 절차적 정당성론을 이끌어 내는 것은 앞서 검토한대로 부적절하다.

둘째, 비록 징계절차규정이 없다고 해도 사용자에게 징계절차에 있어서 근로자의 절차적인 권리를 보장하도록 직접적으로 의무지울 수 있는 실정법적 근거로는 근로기준법 제4조의 근로조건 대등결정의 원리다. 사용자가 징계를 통해 근로자에게 어떠한 종류의 제재를 가할 지는 근로조건에 직결되는 문제다. 그것을 결정하는 과정에서 근로자와 사용자는 대등한 관계에서 서로의 의사를 주고받을 수 있어야 하며, 그 과정이 사용자의 일방적인 규범의 설정과 집행으로 이루어져서는 안 된다. 그러한 원칙은 근로관계 전반을 아우르는 대원칙으로서 사용자가 이를 위반하는 행위를 할 경우 곧바로 그 효력을 제한하는 역할을 한다.

셋째, 근로관계는 근로제공의무의 미확정성과 사용자결정성을, 사용자의 징계는 일방성과 포괄성이라는 특징을 갖고 있다. 이를 전제로 사용자가 설정하는 징계규범의 불완전성 및 그에 따른 충분치 못한 법규범성을 감안한다면 사전에 규범화되지 못한 징계의 가능성도 열어두고 나아가 사용자의 일방적 의지에 의해 징계절차규정을 두지 않은 것에 대해서도 그에 따른 징계처분의 효력을 제한하는 해석을 하는 것이 근로자나 사용자에게 있어서 형평에 맞고, 헌법이나 근로기준법의 원리에 따라 사용자의 징계권을 체계적으로 이해하는 길이다.

(3) 비록, 사용자가 징계규범을 설정하면서 근로자의 절차적 권리를 보장하는 규정을 두지 않은 경우에도 절차적 정의를 실현하도록 강제하고자 한다면 어느 정도의 절차적 권리를 보장하여야 할지 문제다. 우리 법제는 이에 관하여 아무런 지침을 주지 못하고 있다. 이에 대해서는 징계에 있어서 근로자에게 절차적인 권리를 보장하는 취지에 따라 해석을 하면 된다. 절차적 정의가 실현되어야 할 이유는 징계과정에 근로자가 주체적으로 참여하여 징계결정에 있어서의 사용자의 자의를 배제하고, 이를 토대로 징계의 실체적 내용이 정당성을 얻도록 조력하는 데 있으므로 이에 직접적으로 영향을 미치는 절차적 권리가 보장되면 족하다. 그리고 그 내용은 징계대상 근로자에게 징계의 대상으로 되었음을 통지하고 징계과정에서 변명의 기회를 실질적으로 부여하는 것이다. 이는 징계대상 근로자가 보장받아야 할 최소한의 것이고, 절차적 권리의 핵심에 속하는 사항이다. 이에 더 나아가 징계(해고)를 결정하는 기관구성의 공정성을 드는 견해[49]도 있으나 충분조건일 뿐이다.

Ⅳ. 실질상 징계와 절차하자의 문제

1. 문제점

필자는 징계의 개념을 사용자가 근로자의 기업질서 위반행위에 대하

49) 이승욱, “해고절차에 관한 고찰 -해고동의(협의)조항을 중심으로”, 126쪽.

여 제재로서 부과하는 일체의 불이익한 인사조치로 정의하고 있고, 여기에는 사용자가 징계의 형식으로 행하는 것 외에 실질적으로는 근로자에 대한 불이익취급으로서 징계에 해당하는 것이지만 형식적으로는 인사권의 행사나 통상해고 등의 형식을 취하는 경우도 포함하고 있다. 즉, 실질상 징계의 개념을 인정하고 있다. 대법원은 명시적으로 '실질상 징계'라는 표현을 사용하고 있지는 않지만 '취업규칙이나 단체협약에 어떤 사유의 발생을 당연퇴직사유로 규정하고 그 절차를 통상해고나 징계해고와 달리한 경우, 그 당연퇴직사유가 근로관계의 자동소멸사유로 보이는 경우를 제외하고는 당연퇴직도 근로기준법에서 정한 해고에 해당한다.'고 한 사례[50] 등을 보면 그 개념을 인정할 수 있다고 본다.

실질상 징계의 개념을 인정할 경우에는 사용자가 이들에 대해서 의도적으로 징계절차에 관한 규정을 회피하려고 하는 것이기에 당연히 징계절차 규범이 부재하는 상황이 초래된다. 이와 같이 근로자에 대한 인사권의 행사가 실질적으로는 근로자에 대한 징계임에도 사용자가 징계절차를 회피하기 위해서 징계절차를 밟지 않고 징계절차가 필요 없는 인사 조치를 행한 경우에 그 효력이 문제된다. 이 경우에도 근로자에 대한 불이익취급이라면 절차에 있어서의 정의는 실현되어야 하기 때문이다.

2. 판례의 입장

이 문제에 대한 판례의 입장은 문제된 근로자의 행위가 징계규범 상의 징계사유와 관련된 경우에는 징계절차를 거쳐야 하지만 징계사유와 무관한 경우에는 징계절차를 거칠 필요가 없다고 한다. 즉, 근로자에게 문제된 특정 사유가 징계해고사유로만 기재되었거나 통상해고사유와 징계해고사유에 중첩적으로 기재된 경우에 대해 판례는 해당 사유를 들어 근로자를 해고하면서 징계해고에 의하지 않고 통상해고의 방법을 취

50) 대법원 1999. 9. 3. 선고 98두18848판결 등.

할 수는 있으나, 그 경우라도 징계해고의 절차를 거쳐야 하는 것으로 보고 있다.[51)] 판례가 이와 같이 해석하는 배경에는 절차적 보장규정의 취지가 회피됨으로써 근로자의 지위에 불안정이 초래되는 것을 허용하지 않겠다는 것이다. 한편, 취업규칙에 징계해고사유와 통상해고사유가 별도로 기재된 경우에 판례는 비록 통상해고사유가 실질적으로 징계사유로 보이더라도 징계해고에 필요한 징계절차를 거칠 필요는 없다고 한다.[52)] 다만, 이러한 대법원의 입장과는 달리 직위해제에 이은 직권면직에 관한 일부 하급심 판결 중에는 절차의 하자가 징계의 효력에 영향을 끼치는 것으로 보는 판결례도 있다.[53)]

3. 검토 및 의견

사용자의 근로자에 대한 인사권의 행사가 근로자에게 불이익한 결과를 가져오는 것으로서 실질상 징계에 해당한다면 그 과정에 있어서 근로자의 절차적인 권리는 보장되어야 하고, 그렇지 않은 경우 해당 인사조치는 절차적 정의에 반하여 효력이 없다고 보아야 한다. 그 논거는

---

51) 대법원 1994. 10. 25. 선고 94다25889판결; 대법원 2002. 5. 14. 선고 2000두4675판결은 "사직서 제출에 의한 의원면직 형식을 취하였으나 실질적으로는 해고에 해당하는 경우에 있어서, 그것이 징계해고로서 정당하기 위해서는 취업규칙 등에 규정된 징계절차를 취하여야 할 것이고, 이러한 절차를 거치지 않은 경우에는 징계해고로서의 효력은 없다."고 한다.

52) 대법원 1995. 3. 24. 선고 94다42082판결; 대법원 1995. 7. 14. 선고 95다1767판결; 대법원 1998. 4. 24. 선고 97다58750판결; 대법원 2000. 6. 23. 선고 99두4235판결 등.

53) 서울고등법원 1989. 7. 7. 선고 88나39247판결은 '직위해제처분에 대해서 징계와 별도로 규정되어 있다고 하더라도 직위해제는 그 실질에 있어서는 징계와 다를 바 없다(사안의 경우 근무성적이 나쁘다는 이유로 직위해제와 직권면직으로 이어졌다). 또한 인사규정에 인사위원회에서의 절차에 있어 관계인의 의견진술이 임의적으로 규정되어 있더라도 "애매하고 추상적인 사유로 종업원에 대하여 해고의 전제가 되는 직위해제처분을 하고자 한다면, 적어도 본인에게 이를 알려서 해명의 기회를 주고 인사위원들이 모여서 토론을 거쳐 의견을 취합하는 과정을 거쳐야만 한다고 해석하는 것이 근로기준법 제27조와 피고회사의 인사규정의 정신에 합당하다고 할 것이며, 그렇다면 뚜렷하고 합리적인 사유 없이 공정하지 못한 절차에 의하여 원고들을 징벌한 이 사건 직위해제는 징벌권의 남용으로서 무효라고 하지 않을 수 없고, 이것이 유효함을 전제로 하는 이 사건 해고 또한 효력이 없다."고 하였다.

다음과 같다.

첫째, 근로자에 대한 불이익취급의 경우라면 그에 대해 징계규범에 어떻게 규정되어있는지를 불문하고 당연히 절차적인 권리를 보장하는 것이 헌법상의 적법절차의 원리나 근로기준법 제4조의 근로조건 대등 결정의 원리에 비추어 맞다. 이와 관련하여 헌법재판소는 사립학교 교원의 직위해제처분에 대해 실질상 징계로 보면서 당사자에게 청문의 기회 등의 절차적인 권리를 보장하지 않는 것은 헌법상 적법절차의 원리에 위배된다고 판시하기도 하였다.[54)]

둘째, 사용자가 설정하는 징계나 인사에 관한 규범은 사용자의 자의에 의해 설정되어 있고, 그것은 인사권이나 징계에 대한 명확한 인식에 기초해 치밀하고 정확하게 설계된 규범이 아니다. 따라서 그러한 규범에 대해서 대법원 판례의 태도처럼 엄격히 법규범성을 인정할 필요는 없다.[55)]

셋째, 사실 이러한 입장은 실질에 기한 판단을 하자는 것이다. 우리 사법실무는 어떤 사안을 판단함에 있어서 대체적으로 형식보다는 실질에 기한 판단을 하고 있다. 예컨대, 대법원은 “취업규칙이나 단체협약에 어떤 사유의 발생을 당연퇴직사유로 규정하고 그 절차를 통상해고나 징계해고와 달리한 경우, 그 당연퇴직사유가 근로관계의 자동소멸사유로 보이는 경우를 제외하고는 당연퇴직도 근로기준법에서 정한 해고에 해

---

54) 헌법재판소는 1994. 7. 29. 93헌가 3 등, 사립학교법 제58조의 2 제1항 단서 및 제3호 위헌제청사건의 결정에서 “직위해제처분은 실질상 징계처분의 일종인 정직과 비슷한 처분인데도 불구하고 징계절차 또는 기타 이와 유사한 절차에 의하여 교원의 직위해제여부를 결정하는 것이 아니라 형사사건으로 기소되었다는 사실만을 이유로 해서 임면권자의 일방적인 처분으로 직위해제를 행하게 되어 있다. 따라서 징계절차에 있어서와 같은 청문의 기회가 보장되지 아니하여 당해 교원은 자기에게 유리한 사실을 진술하거나 필요한 증거를 제출할 방법조차 없는 것이니 그러한 의미에서 적법절차가 존중되고 있지 않다고 할 것이다.”라고 하였다.

55) 이러한 판례의 태도에 대해 ‘판례가 징계절차를 취업규칙에 정한 바에 따르도록 한 것은 근로자의 운명을 우연에 맡기도록 하는 결과를 가져온다.’는 비판이 있다(조성혜, “공기업 근로자에 대한 직위해제와 직권면직의 문제점”, 「노동법학」(제23호), 한국노동법학회, 2006. 12, 324-325쪽).

당한다."고 판결[56)]하는 것이 대표적인 예이다. 사용자가 취업규칙에 설정한 내용의 외관과 실질이 일치하지 않는 경우에 그 실질을 인정한 것으로서 이 사안에서도 동일하게 적용할 수 있다.

제3절 징계절차별 검토

Ⅰ. 사전통지와 진술기회부여

1. 의의

징계대상 근로자에 대한 사전통지와 진술기회의 부여는 징계절차에 있어서 가장 기본이 되는 절차적 권리의 내용이다. 근로자에 대한 사전통지가 있어야 근로자는 자신에 대한 징계사실을 알고 그에 대응할 수 있는 준비를 할 수 있게 되고, 실제 징계과정에서 사용자가 제기하고 있는 징계혐의사실에 대하여 자신의 입장에서 진술을 하고 유리한 자료를 제출함으로써 스스로 방어권을 행사할 수 있는 것이다. 이를 통해 근로자는 자신에 대한 징계과정에서 절차적으로 대등한 지위에 서게 됨으로써 불이익을 주려는 사용자에 대해 적절한 방어권을 행사할 수 있는 것이다. 이러한 절차적 권리의 보장은 궁극적으로 사용자에게 징계를 함에 있어서 신중을 기하게 하고 징계의 적정성을 담보해줄 수 있다. 판례 역시 징계의 사전통지나 진술기회부여의 의미에 대해서 징계권의 공정한 행사를 확보하고 징계제도의 합리적인 운영을 도모하기 위한 것으로서 중요한 의미가 있다고 하면서 이에 위반하여 이루어진 해고는 절차적 정의에 반하여 실체적인 정당성 여부를 따질 필요 없이 무효라

56) 대법원 1999. 9. 3. 선고 98두18848판결.

고 한다.[57)]

이러한 절차적 권리의 중요성은 일찍이 ILO에서도 인식하여 1982년에 채택한 "고용주 주도 하의 고용종료에 관한 협약(제158호 협약)"에서 해고절차와 관련하여 제7조에서 근로자는 자신의 행위 또는 근무태도와 관련하여 당해 근로자가 자신에게 불리한 혐의에 대한 변호의 기회를 갖기 전에는 해고될 수 없다고 규정하였다. 이러한 사정에서 보듯 절차적 정의의 중요성이나 근로조건 대등결정의 원리에 비추어 절차적 권리의 가장 핵심이 되는 사전통지와 진술기회의 부여는 모든 징계에 있어서 반드시 보장되어야 할 절차적 권리라 할 것이다. 징계규범에 그러한 절차적 권리가 규정되어 있지 않은 경우에도 마찬가지다.[58)]

2. 사전통지의 방법

(1) 징계사실에 대한 통지는 징계대상 근로자 본인에게 직접 알려야 한다. 본인의 소재를 알 수 없어 사전통지가 불가능한 경우가 아닌 한 본인에 대하여 이루어져야 하며, 그렇지 아니한 경우는 적법한 사전통지로 볼 수 없다.[59)] 징계대상자의 부서 동료에 대한 사전통지는 부적법하다.[60)] 징계대상자가 구속 중이라고 하더라도 통지절차를 생략할 수는 없다.[61)]

---

57) 대법원 1991. 7. 9. 선고 90다8077판결 등.

58) 대법원이 "징계혐의자에 대한 진술권부여 규정만 있을 뿐 징계혐의사실을 통지하여야 한다는 규정이 없는 경우 사용자가 반드시 징계대상자에게 그 사실을 통지하여 줄 의무가 있는 것은 아니다."(대법원 1995. 2. 3. 선고 94다17758판결)고 한 것은 그런 점에서 부당하다. 구체적으로는, 근로자가 진술기회를 보장받기 위해서는 징계혐의 통지가 선행되어야 할 것임에도 이를 별도로 해석하였다는 점에서 문제가 있는 판결이다.

59) 하급심 판결 중, 서울고등법원 1991. 7. 5. 선고 90나36968판결은 '징계위원회 출석통보를 인사기록카드에 적힌 주소로 내용증명우편으로 발송했으나 근로자가 그 이전에 주소를 옮긴 탓으로 통보서가 반송돼 피징계자가 출석하지 않은 채로 징계위원회가 개최되었다면 그 징계처분은 불법이라고 하였다.'

60) 대법원 1993. 7. 13. 선고 92다50263판결.

61) 대법원 1992. 7. 28. 선고 92다14786판결.

(2) 징계사실의 통지 시기는 징계대상 근로자가 변명과 소명자료를 준비할 수 있는 상당한 기간을 두고 그 통지가 이루어져야 한다. 판례는 시간적 여유를 두지 않고 촉박하게 이루어진 통보는 실질적으로 변명과 소명자료 제출의 기회를 박탈하는 것과 다를 바 없어 징계규정이 정한 사전통보의 취지를 몰각한 것으로서 부적법하다고 하였다.[62] 어느 정도가 '상당한 기간'으로 인정될 지는 구체적인 사안에 따라 다르다. 징계위원회 개최 하루 전에 통지된 경우도 가능하다고 본 사례[63]도 있고, 30분 혹은 1시간 30분 전에 통지된 경우는 부적법한 통지로 보았으며, 2일 전에 통보한 경우도 효력이 없는 것으로 본 사례도 있다.[64]

한편, 판례는 일정한 경우 서면통지절차의 하자가 치유되는 것으로 보고 있다. 예컨대, 대법원은 징계위원회 개최 3일 전까지 본인과 노동조합에 징계사실을 통보하도록 규정하고 있으나 2일 전에야 통보가 이루어졌고, 그에 대해 근로자가 징계위원회에 출석하여 소명을 한 사례,[65] 징계위원회 개최 당일 또는 전날 밤에 실내방송을 통하여 징계위원회의 개최를 통지받은 징계대상자들이 인사위원회에 출석하여 통지의 촉박함에 대하여 이의 없이 충분한 변명을 한 사례[66] 등에서는 하자가 치유된 것으로 보았다. 그러나 징계위원회 개최 30분전에야 통보가 이루어져 징계대상자가 사실상 변명과 소명자료를 준비할 수 없었고, 징계위원회에 출석하여 진술을 하였더라도 스스로 징계에 순응하는 경우가 아닌 사안,[67] 단체협약에 조합원의 징계 시에 5일 전에 서면으로 통보하도록 규정된 경우에는

62) 대법원 1991. 7. 9. 선고 90다8077판결.
63) 대법원 1979. 11. 27. 선고 78누123판결.
64) 대법원 1991. 7. 9. 선고 90다8077판결; 대법원 1991. 8. 13. 선고 91다13731판결; 대법원 1991. 11. 26. 선고 91누4171판결.
65) 대법원 1991. 2. 8. 선고 90다15884판결.
66) 대법원 1991. 11. 13. 선고 92다11220판결.
67) 대법원 1991. 7. 9. 선고 90다8077판결.

그 통지가 5일 전에 도달하여야 한다고 하면서 5일의 기간 여유 없이 통지된 경우 징계대상자가 스스로 징계위원회에 참석하여 변명하고자 하였으나 관례가 없다고 회사가 거절하여 소명자료만 제출한 사안 등에서는 하자가 치유되지 않는 것으로 보았다. 이러한 대법원의 태도는 일부 절차의 하자가 있더라도 그것이 당사자의 방어권을 본질적으로 침해하는 것이 아닌 한 하자의 치유를 인정해주는 태도다. 이에 대해 상법상 주주총회 통지기일을 준수하지 않은 경우 그것을 주주총회결의취소사유의 하나로 보는 것과 비교하면서 그 제도가 규정된 취지를 감안하여 엄격하게 해석하여야한다는 비판[68]이 있으나 징계당사자의 방어권이 실질적으로 보장되고 있다면 그러한 절차적 하자는 그리 문제될 것은 아니다.

(3) 사전통지의 내용은 당사자가 어떠한 사유로 징계를 받게 되는지 알 수 있도록 구체적이어야 한다. 형식적인 징계통보만 있는 경우에 근로자는 어떠한 사유로 자신에 대한 징계가 이루어지는지 알 수 없어 그에 대한 변명의 준비나 유리한 자료를 준비할 수 없기 때문이다. 판례는 징계대상자가 위반한 취업규칙 및 단체협약의 조문만 나열하였을 뿐 그 위반행위의 내용이나 일시 등 위반행위의 개요를 알 수 없도록 통지한 경우에는 적법한 통지로 보지 않았다.[69] 징계의 통보는 그 징계사유를 세세한 부분까지 자세히 명시하지는 않더라도 징계사유의 발생일자와 위반행위의 개요만이라도 명시하여 근로자가 징계위원회 개최 전에 이에 관한 소명자료를 수집하거나 징계사유의 존부를 알아볼 수 있는 기회를 주어야 할 것이다.[70]

---

68) 이승욱, "해고절차에 관한 고찰", 119쪽.
69) 대법원 1993. 2. 9. 선고 92다27102판결.
70) 서울행정법원 2000. 10. 5. 선고 99구35764판결.

3. 해고의 서면통지

(1) 근로기준법 제27조는 "사용자는 근로자를 해고하려면 해고사유와 해고시기를 서면으로 통지하여야 한다."고 규정하고 있다. 이 규정이 도입되기 이전에는 사용자의 일시적인 감정에 의한 해고가 이루어지기도 하였고, 해고여부나 해고의 사유가 명확하지 않아 분쟁해결에 어려움이 있었다. 따라서 이 규정은 해고사유 등의 서면통지를 통해 사용자로 하여금 근로자를 해고하는 데 신중을 기하게 함과 아울러, 해고의 존부 및 시기와 그 사유를 명확하게 하여 사후에 이를 둘러싼 분쟁이 적정하고 용이하게 해결될 수 있도록 하고, 근로자에게도 해고에 적절히 대응할 수 있게 하기 위한 취지라 할 것이다.[71] 해고사유와 해고시기의 서면통지는 해고의 효력발생요건으로 이에 위반한 해고는 효력이 없다.

(2) 해고의 서면통지의 시기는 해고 당시에 이루어져야 한다. 해고 당시에 서면에 의한 통보가 전혀 되지 않는 때에는 뒤늦게 해고사유와 시기를 담고 있는 서면을 전달한다고 하여도 종전의 절차적 하자가 치유되지 않는다.[72] 사후에 서면을 통한 하자치유를 넓게 인정하면 절차적으로 근로자의 방어권 행사를 무력화시킬 수 있다.[73]

서면통지의 내용은 해고에 대한 확정적 의사표시여야 한다. 불확정기한이나 조건부로 해고에 대한 서면통지를 하는 것은 근로자의 지위를 불안정하게 하므로 허용될 수 없다.[74] 또한 통지하여야 할 내용은 근로자의 입장에서 해고의 사유로 기재된 것이 무엇을 의미

---

71) 대법원 2011. 10. 27. 선고 2011다42324판결.

72) 서울행정법원 2010. 10. 14. 선고 2010구합8546판결(확정).

73) 전형배, "해고서면통지의 효력요건", 「노동판례비평」, 민주사회를 위한 변호사모임, 2011, 166쪽.

74) "후임자가 정해졌다. 당분간 근무를 계속하다가 후임자가 오면 인계하라"고 말한 것은 해고의 예고로 볼 수 없다(대법원 2010. 4. 15. 선고 2009도13833판결).

하는지 알 수 있을 정도로 구체성을 띠어야 한다.[75)]

서면으로 통지하는 방법에는 제한이 없으므로 우편, 인편, 직접 교부 등도 무방하지만, 근로자에게 서면이 도달하여야 한다. 한편, e-메일에 의한 서면통지가 유효한지 논란이 있었으나 사업장의 업무사정에 따라 전자문서에 의한 정보교류가 일반화된 경우에는 서면통지로서 효력을 인정할 수 있고,[76)] 그렇지 않은 경우라면 통지로서의 효력이 부인되는 것으로 봐야 한다.[77)]

(3) 이 제도와 관련하여 다음과 같은 논란이 있다.

첫째, 해고사유가 근로자에게 인지되었다고 볼 수 있는 경우에도 해고사유의 서면통보가 필요한지 문제다. 이에 대해 근로자가 인지한 사실과 해고사유가 반드시 일치하는 것이 아니고 해고의 형식에 관한 요식주의를 취한 근로기준법의 취지에 비추어 해고사유의 서면통지가 필요하다는 견해[78)]가 있으나 실질적으로 근로자가 해고의 사유를 알 수 있고, 그에 따라 적절히 방어권을 행사할 수 있는 상황이라면 굳이 그러한 절차가 필요한 것은 아니라고 할 것이다.[79)]

둘째, 사용자가 서면으로 명시한 해고사유에 사용자나 법원이 구속되는지 문제다. 이에 대해 사용자는 해고통지 시에 명시한 해고사

---

75) 판례는 "해고사유 등을 서면으로 통지할 때는 근로자의 처지에서 해고의 사유가 무엇인지를 구체적으로 알 수 있어야 하고, 특히 징계해고의 경우에는 해고의 실질적 사유가 되는 구체적 사실 또는 비위내용을 기재하여야"한다고 판시하고 있다(대법원 2011. 10. 27. 선고 2011다42324판결).

76) 대법원 2010. 7. 22. 선고 2010다33279판결.

77) 서울행정법원 2010. 6. 18. 선고 2010구합11269판결(확정).

78) 노동법실무연구회, 「근로기준법주해Ⅱ」, 279쪽(김희수 집필부분).

79) 같은 취지의 견해 : 하경효, "해고서면요건의 제도적 기능과 적용상의 쟁점", 「고려법학」(제56호), 고려대학교 법학연구원, 2010, 555쪽; 하급심 판결 중에는 '해고통보 전에 회사로부터 해고사유가 구체적으로 명시된 인사위원회 출석요구서를 수령한 바 있고, 그 후 개별 징계사유별로 반박하는 내용의 의견진술서를 인사위원회에 작성 · 제출한 사정 등에 비추어 회사가 근로자를 해고할 때 해고통보서에 해고사유를 '징계해임'으로 간단히 기재했어도 해고사유를 명시하지 않은 것으로 볼 것은 아니다.'는 사례가 있다(서울행정법원 2009. 5. 28. 선고 2008구합48718판결, 항소기각으로 확정).

유에 구속되지 아니하고, 해고의 정당성을 뒷받침하는 명시하지 않은 부가적 사유를 주장할 수 있다는 견해[80]가 있으나 서면통지제도의 입법배경과 취지에 비추어 볼 때, 사용자가 근로자에게 서면으로 통지한 해고사유와 그 내용과 성격에서 동일성을 인정할 수 없는 별개의 사유를 해고사유로 주장할 수 없고, 법원도 추가된 사유로 해고의 정당성을 판단해서는 안 된다고 볼 것이다.[81]

셋째, 외형적으로는 근로관계종료의 형식을 취하고 있지만 실질적으로는 해고로 인정되는 경우[82]에도 서면통지의 형식을 갖추어야 하는지 문제된다. 이와 관련하여 취업규칙에 징계해고사유와 통상해고사유가 별도로 기재된 경우에 비록 통상해고사유가 실질적으로 징계사유로 보이더라도 징계해고에 필요한 징계절차를 거칠 필요는 없다고 보는 대법원의 논리에 따른다면 실질상 해고의 경우에 있어서는 서면통지가 필요 없다는 판례가 나올 가능성도 배제할 수는 없다. 그러나 이제 해고의 절차에 대해서는 법에 의한 통제가 이루어지고 있는 점에 비추어 징계와 같은 관점으로 볼 수는 없으므로 실질상 해고의 경우에도 서면통지가 필요하다고 본다.[83]

4. 진술기회부여

징계대상자가 징계과정에서 징계혐의사실에 대해 의견을 개진하는 것은 자신의 방어권을 행사하는 것으로 절차적 권리의 가장 핵심적인

---

80) 하경효, "해고서면요건의 제도적 기능과 적용상의 쟁점", 「고려법학」(제56호), 고려대 법학연구원, 2010, 555쪽.

81) 노동법실무연구회, 「근로기준법주해 Ⅱ」, 279쪽(김희수 집필부분).

82) 사법실무는 외형상 근로자의 사직서 제출에 따른 근로관계의 합의해지, 기간의 정함이 있는 근로계약의 갱신거절, 취업규칙이나 인사규정에 따른 당연퇴직처분 등에 있어서도 그 실질이 근로자의 의사에 반하는 근로관계의 종료인 경우 해고로 인정하고 있다.

83) 서울행정법원 2008. 12. 4. 선고 2008구합19628판결은 '근로자가 10일간 무단결근한 경우, 10일째 무단결근일 다음날에 직권해직 된다는 취업규칙에 다라 직권해직 된 사안에서 위 직권해직처분이 법의 제한을 받고 있는 해고인 이상 직권해직을 서면으로 통지한 바 없어 무효이다'라고 판결하였다(항소기각으로 확정).

실현과정이다. 대법원 판결 중에 '징계규범에 소명기회부여가 임의적으로 규정되어 있어 소명기회를 부여할 지는 인사(징계)위원회의 재량사항이라고 보이기는 하지만 피징계자에게 소명기회를 부여하는 것은 객관적 진실을 규명하고, 징계의 절차적 정당성을 확보한다는 중요한 의미를 가진다 할 것이므로 이사회 및 인사위원회가 피징계자에게 소명기회를 부여하지 아니한 채 해고한 것은 징계절차의 재량권을 남용한 것'으로 판결한 사례[84)]는 이 권리의 본질을 제대로 인식하고 있는 것으로 보인다. 한편, 징계대상자에게 징계위원회의 출석통지서를 송부하여 충분히 진술을 할 수 있는 기회를 제공하였음에도 징계대상자가 특별한 이유 없이 징계위원회에 출석하지 아니하거나 변명서 등을 제출하지 아니한 경우에는 자신의 진술권을 포기한 것으로 볼 수 있다.[85)]

Ⅱ. 징계위원회

1. 의의

취업규칙이나 단체협약에 징계제도를 설정하고 있는 기업의 경우 대체로 징계위원회제도를 통해 근로자에 대한 징계를 행하고 있다. 근로기준법이 징계에 있어서 징계위원회를 거치도록 강제하는 규정을 두고 있지는 않지만, 기업이 징계위원회제도를 두는 것은 근로자에 대한 징계를 신중히 하고, 징계 과정에 근로자가 참여할 수 있는 길을 제도적으로 구비하여 징계의 공정성을 기한다는 점에서 적극 권장할 일이다.[86)] 한편, 기업에서 징계위원회의 역할과 관련하여 그 성격에 대하

84) 대법원 2006. 2. 26. 선고 2005두14806판결.

85) 대법원 1993. 9. 28. 선고 91다30620판결.

86) 판례 중에는 회사 규정에 징계에 관하여 인사위원회의 심의를 거치도록 규정하고 있음에도 인사위원회의 구성과 운영에 대한 아무런 규정을 두지 않은 경우, 인사위원회를 거치지 않고 이루어진 징계의 효력을 부정한 판결이 있다(서울 행정법원 2005. 5.

여 다음과 같은 논란이 있다.

첫째, 징계위원회를 자문기구로 보는 견해는 징계위원회의 설치 및 구성 등을 사용자가 임의적으로 할 수 있는 점을 근거로 징계위원회는 징계에 관한 기업의 내부의사결정을 위한 자문기능을 수행하는 것으로 본다.[87]

둘째, 징계위원회를 단순한 자문기구가 아니라 의사결정기관으로 보는 견해는 징계위원회가 해고나 징계에 관하여 현장의 의견을 반영시켜 기업의 독단을 방지하고 공평을 위하여 설치된 것이라는 점을 강조한다.[88]

셋째, 노동조합이 있는 사업장에서 단체협약으로 징계위원회에 노조의 참여권을 인정하는 경우에는 징계위원회가 교섭기관 혹은 조정기관의 성격을 가지고 있다고 설명하는 견해도 있다.[89]

징계위원회의 성격에 관한 이와 같은 다양한 의견은 징계위원회의 역할이 개별 기업에 따라서 다양하게 나타나고 있는 점을 보여주고 있다. 따라서 징계위원회가 자문기구로서 혹은 조정기구로서 경우에 따라서는 실질적인 의결기관으로서의 역할을 수행하고 있다고 볼 수는 있다. 다만, 징계위원회가 모든 경우에 있어서 혹은 본질적으로 의사결정기관 혹은 의결기관이라고 하기에는 무리가 있다. 징계에 있어서 근로자 혹은 노동조합의 참여가 일정부분 보장된다고 하더라도 현행법 하에서 징계에 관한 권한은 궁극적으로 사용자에게 있고, 형식적으로도 징계의 당사자 혹은 법적 책임의 주체는 기업일 수밖에 없기 때문이다.

---

3. 선고 2004구합18689, 18702판결. 항소 및 상고기각으로 확정).

87) 장원찬, "피해자가 징계위원으로 참여한 징계의결의 효력", 「판례연구」(제9집), 서울지방변호사회, 1996, 360-363쪽.

88) 이승욱, "해고절차에 관한 고찰" 119-120쪽; 황영목, "징계처분(해고)절차에 관한 판례의 검토", 「재판과 판례」, 대구판례연구회, 1995, 706쪽.

89) 도재형, "징계해고의 절차적 제한, 58쪽.

2. 징계위원회의 구성

(1) 징계위원회의 역할이 궁극적으로 공정한 징계를 담보해내고자 하는 데 있다면 징계위원회의 구성에서부터 공정하게 이루어지는 것이 필요하다. 더 나아가 기업은 징계위원회를 공정하게 구성할 의무까지 부담하고, 사용자 측으로만 징계위원회를 구성하는 경우 부적법하다고 할 수 있을까?

이에 대해 징계위원회 구성에 관한 취업규칙이나 단체협약의 규정에 사용자 측만이 참여하도록 규정되어 있는 경우에는 근로기준법 제23조 위반이라는 견해가 있다.[90] 그에 따르면 권리와 의무를 관장하는 기관은 공정하게 구성되어야 한다는 절차적 정의의 요청에 비추어볼 때 기업은 이해관계의 당사자로서 공정한 제3의 기관이 아니고 만약 사용자 측으로만 징계위원회가 구성된다면 근로자에게 소명의 기회를 부여한 취지가 몰각될 뿐 아니라 공정한 판정을 기대할 수 없기 때문이라는 것이다.

그러나 징계절차와 관련하여 징계위원회의 구성이나 근로자 측의 참여를 제도적으로 강제하고 있지 않은 현행법 하에서 그와 같은 해석은 무리가 있다. 대법원도 단체협약 등에 징계위원회를 구성할 때 노동조합 측의 견해를 대변할 수 있는 사람을 징계위원회에 포함시켜야 한다는 규정이 없는 경우에는 사용자 측의 임원만으로 징계위원회를 구성한 것도 적법하다고 보고 있다.[91]

(2) 위와 달리, 취업규칙 등 징계규범에 징계위원회 구성에 관한 규정을 두고 있는 경우에는 일정한 규범적 효력이 있다. 대법원은 단체협약이나 취업규칙 또는 이에 근거를 둔 징계규정에서 징계위원회의 구성에 노동조합의 대표자를 참여시키도록 되어 있음에도 그러한 절

---

90) 이승욱, "해고절차에 관한 고찰", 128쪽.

91) 대법원 1993. 11. 9. 선고 93다35384판결.

차를 거치지 않은 징계해고를 무효로 판결한 바 있다.[92]

또한, 대법원은 사용자가 징계위원회의 근로자위원 선정에 재량권을 행사할 수 있는지에 대해 다음과 같은 판결을 하여 논란을 촉발한 바 있다. 해당 판결은 '취업규칙 등에서 노・사동수로 징계위원회를 구성하도록 하고 있다면 이는 근로자들 중에서 징계위원을 위촉하여 징계위원회에 대한 근로자들의 참여권을 보장함으로써 절차적 공정성을 확보함과 아울러 사측의 징계권 남용을 견제하기 위한 것이라고 할 것이므로, 회사의 취업규칙에 직접적으로 징계위원의 자격과 선임절차에 관해서 규정하고 있지는 않지만, 노측 징계위원들이 이전부터 근로자들을 대표하거나 근로자들의 의견을 대변해 왔다는 등의 특별한 사정이 없는 한 근로자들의 의견을 반영하는 과정 없이 임의로 노측 징계위원을 위촉할 수 있는 것으로까지 해석할 수 없다'[93]고 하였다. 이 판결에 대해서는 '회사의 취업규칙에 징계위원 선임에 대한 명시적 규정을 두고 있지 않은 이상, 노측 징계위원의 선임에 반드시 근로자들의 의견을 수렴해야 한다고 할 수는 없음에도 불구하고 취업규칙의 규정을 확대해석하였다'는 비판적 견해가 있다.[94] 그러나 그와 같이 해석할 경우에는 징계의 공정성을 기하고자 하였던 징계규범의 취지가 무의미해질 수 있다. 비록 사용자 스스로 그러한 징계규범을 설정하였고, 형식적으로는 근로자위원을 선정할 수 있는 권한을 가지고 있더라도 그러한 절차가 규정된 이후에는 대외적으로 일정한 규범성을 가지는 것이고, 따라서 사용자가 근로자들의 의견을 대표할 수 없는 자를 근로자위원으로 선정하는 것은 권한의 남용으로서 효력이 없다고 보아야 하며, 결과적으로 근로자의 절차적 권리를 침해한 것으로 해석되어야 한다. 판결의

---

92) 대법원 1991. 7. 9. 선고 90다8077판결.

93) 대법원 2006. 11. 23. 선고 2006다48069판결.

94) 조성혜, "사납금 미납을 이유로 한 징계해고의 절차적실체적 정당성", 「노동법률」, 중앙경제사, 2007. 2, 102-103쪽.

태도는 규정을 실질적으로 해석한 것으로 타당하다.[95]

한편, 징계위원회의 구성에 근로자 측 대표가 참여하도록 한 징계규정에도 불구하고 근로자 측이 스스로 징계위원선정을 포기하였다면 근로자 측 위원이 참여하지 않은 채 이루어진 징계는 유효로 볼 것이다.[96]

(3) 징계의 공정성을 위해 징계위원회에 이해관계 있는 자의 참여를 제한하는 규정을 두는 경우가 종종 있다. 대법원은 그러한 규정의 성격을 강행규정으로 보고 해당 규정을 위반하여 이해관계 있는 자를 참여시킨 채 이루어진 징계를 무효로 보고 있다.[97] 나아가, 판례는 자격이 없는 위원이 징계위원회에 참여하였지만 그 무자격 위원을 제외하더라도 의결정족수가 충족되는 경우에도 징계를 무효로 본다. 이러한 대법원의 판결에 대해 징계위원회의 성격을 단순한 자문기구로 보는 견해에 의하면, 이해관계자에 대한 제척규정도 단순한 단속적·훈시적 규정에 불과하여 그에 위반한 징계도 유효하다고 하며, 무자격위원이 징계에 참여하였더라도 그를 배제하고 의결정족수를 충족한 경우에는 징계의 효력에 영향을 미치지 않는 것으로 보자고 한다.[98] 그러나 이 견해는 취업규칙의 법규범성을 제대로 이해하지 못하고 있으며, 단 한명의 무자격위원이라도 회의에 참여한 이상 다른 징계위원들에게 영향을 끼쳤으리라는 점을 무시하는 것으로 타당하지 않다.

---

95) 같은 취지의 견해로는 강기탁, "징계위원회 구성방법에 관한 절차상 하자를 중심으로", 「노동판례비평」, 민주사회를 위한 변호사모임, 2006, 223-224쪽. 이 견해는 대법원이 대상판결에서 노사동수 징계위원회 구성에 관한 규정만 있는 경우에 근로자들의 의견을 대변할 만한 자격을 가진 근로자가 선임되거나 이를 위한 선임절차가 필요하다고 명시적으로, 최초로 입장을 밝힌 것이라고 한다.

96) 대법원 1999. 3. 26. 선고 98두4672판결.

97) 대법원 1994. 8. 23. 선고 94다7553판결; 대법원 1994. 10. 7. 선고 93누20214판결 등.

98) 장원찬, "피해자가 징계위원으로 참여한 징계의결의 효력", 360-363쪽.

한편, 판례는 이와 같은 규정이 없는 경우에는 이해관계 있는 자가 징계위원으로 참여하였다고 하더라도 그 징계가 무효라고 할 수 없다고 한다.[99] 근로기준법이 징계의 공정성에 관한 최소한의 절차적 제한규정을 두고 있지 않은 이상 불가피한 해석으로 본다.

3. 징계위원회를 거치지 않은 징계의 효력

이에 대해 징계위원회를 자문기구로 보는 견해는 징계위원회를 경유하지 아니한 징계의 효력을 절차의 하자가 징계결의의 내용을 달리할 수 있을 정도의 영향을 미쳤는가에 따라 달리보자고 한다.[100] 그러나 그러한 절차규정이 비록 사용자 일방에 의해서 설정되었다고 하더라도 이미 취업규칙으로 규범성을 발휘하고 있는 이상에는 그 효력을 경시할 수 없을 것이다. 대법원도 '회사의 징계위원회의 성격이 의결기관이 아닌 심의기관이고, 징계는 징계위원회의 심의를 거쳐 임명권자가 하는 것이라고 하더라도, 징계위원회의 심의결과는 임명권자의 징계여부 결정에 중요한 자료로써 결정적인 영향을 미친다.'고 보면서 징계의 효력을 부정하였다.[101]

Ⅲ. 재심절차

1. 의의

취업규칙이나 단체협약에 징계제도를 설정하고 있는 기업의 경우 징계대상 근로자에게 재심청구권을 보장하고 있는 경우가 종종 있다. 이

99) 대법원 1995. 5. 23. 선고 94다24763판결.

100) 장원찬, "피해자가 징계위원으로 참여한 징계의결의 효력", 362-363쪽.

101) 대법원 1993. 7. 13. 선고 92다50263판결; 대법원 1996. 2. 9. 선고 95누12613판결 등.

경우 재심절차는 근로자에게 있어서 다시 한 번 방어권을 행사할 수 있는 기회를 준다는 점에서, 사용자에게 있어서는 징계에 보다 더 신중을 기하고 근로자에게 개전의 기회를 준다는 의미에서 제도적으로 긍정적인 역할을 하는 측면이 있다. 입법례로는 영국의 ACAS지침에서 근로자에게 재심청구권을 보장하도록 규정하고 있다.

재심절차를 두고 있는 경우 원징계절차와의 관계가 문제된다. 이에 대해 대법원은 징계에 대한 재심절차는 징계처분에 대한 구제 내지 확정절차로서 원래의 징계절차와 함께 전부가 하나의 징계절차를 이루는 것으로 보고 있다.[102) 대법원은 이러한 인식을 기초로 하여 재심절차가 있는 경우 징계의 절차적 정당성을 판단함에 있어서도 징계과정 전부를 통해서 정당성 여부를 판단한다. 따라서 원래의 징계가 그 요건을 갖추었더라도 재심절차를 전혀 이행하지 않거나 재심절차에 중대한 하자가 있어 재심의 효력을 인정할 수 없는 경우에는 그 징계를 무효로 보고 있다. 반대로, 원징계절차 과정에서 당사자에게 진술기회를 부여하지 않는 등의 하자가 있는 경우에 징계대상근로자가 재심징계위원회에 출석하여 충분히 변명을 하였다면 전체적인 징계절차에 관하여는 절차상의 하자가 치유되어 적법하다고 보고 있다.[103)]

2. 재심의 시기 등

징계규범에 재심의 기간이 정해진 경우에는 그 기간 내에, 그렇지 않은 경우에는 원징계절차 종료 후 상당한 기간 내에 재심이 이루어져야 할 것이고, 그러한 기간이 지난 후에 재심절차가 진행되는 경우에는 재심으로서의 효력이 없다고 보아야 할 것이다. 판례 중에는 인사규정에 재심절차의 기간을 정해 놓았는데 재심청구를 반려하고, 원 징계를 확정하여 퇴직조치 하였다가 재심기간이 지난 후 적법한 재심절차를 거치

102) 대법원 1997. 9. 30. 선고 97다10956, 10963판결.

103) 대법원 1995. 1. 24. 선고 94다33552판결. 대법원 1994. 8. 23. 선고 94다7553판결 등.

지 않아 징계가 무효라는 판결이 선고되자 비로소 인사위원회를 열어 재심청구를 기각한 경우 설사 해당 근로자가 인사위원회에 출석하여 의견을 진술하였더라도 적법한 재심절차로 볼 수 없다는 판결[104]이 있다. 다른 판결에서는 징계해고처분을 받고 정해진 기간 안에 재심신청을 하였는데, 상당한 기간이 지난 후 징계처분의 효력을 다투는 소송이 제기되자 비로소 재심절차를 개시한 경우,[105] 회사가 재심청구를 반려하여 원징계처분을 확정시키고 징계해고처분과 퇴직조치까지 끝냈다가 상당한 기간이 경과한 뒤 뒤늦게 재심징계위원회를 개최하여 원징계처분을 그대로 유지하는 재심결정을 한 경우[106] 역시 그 재심절차들은 원 징계에 대한 적법한 구제절차가 될 수 없고, 이 때 근로자가 재심절차에서 답변서를 제출하고 의견을 진술하였다 하여도 재심결정이 적법한 것으로 치유되지 않는다고 하였다. 원징계처분 후 상당한 기간이 경과된 후에 이루어진 징계는 징계의 기초사실에 대한 인식에 변화가 있어 근로자의 방어권보장이 무익해진다는 점에서 타당한 판결이다.

한편, 판례는 재심징계위원회에서 소명기회 부여 등 재심징계절차와 관련한 규정을 두지 않았고, 원징계절차 규정을 준용하는 규정도 없었다 하더라도 원 징계를 의결한 인사위원회가 재심을 담당하는 경우에는 인사위원회의 원 징계 관련 절차규정은 재심절차에도 적용된다고 보고 있다.[107]

3. 징계의 효력발생시기

(1) 재심절차가 있는 기업에 있어서는 징계(특히, 징계해고의 경우)의

104) 대법원 1997. 9. 30. 선고 97다10956, 10963판결.

105) 대법원 1994. 1. 14. 선고 93다968판결(재심청구 6-7개월 후 소송이 제기되자 재심절차를 개시한 사례).

106) 대법원 1987. 9. 22. 선고 87다카1187판결(해고와 퇴직처분 완료 후 1년 7개월이 지난 후 재심위원회를 개최한 사례).

107) 대법원 2006. 12. 22. 선고 2004두12902판결.

효력발생시기가 문제된다. 즉, 재심절차가 있더라도 원 징계가 이루어지는 시기에 징계의 효력이 발생하고 재심절차에서 구제가 되는 경우에는 소급하여 징계의 효력이 상실되는 것으로 볼지, 아니면 원 징계가 있더라도 재심청구가 있는 경우에는 원 징계를 확정하는 재심의 결정이 있는 경우에야 비로소 징계처분의 효력이 발생하는 것으로 볼지 문제된다. 이 문제는 징계해고시의 퇴직금 산정의 기산일이나 특례보충역제도에 의하여 기업에 취직한 근로자가 징계해고에 의하여 해고된 경우 당해 근로자가 언제 근로자로서의 지위를 상실하느냐에 따라 특례보충역편입처분이 취소되고 현역병입영날짜를 받게 되는지 여부가 결정된다는 점에서 실익이 있다.

(2) 이 문제에 대해 판례는 법상 해고는 사용자가 근로자의 의사와 관계없이 일방적으로 근로관계를 종료시키는 단독행위이므로 당초의 징계해고에 의하여 효력이 발생하고, 재심절차는 내부적으로 정하여 놓은 구제절차로서 재심에서 징계해고가 취소되면 소급하여 효력을 상실할 뿐이라고 한다.[108)]

이 판결에 대해서는 재심절차에서 재심청구가 인용된 경우 징계해고의 효력이 소급하여 소멸된다고 하는 것은 법률관계를 명확하게 하지 못한다거나 당초의 징계와 재심절차는 각각 별개의 절차가 아니라 전체적으로 하나의 징계절차를 이룬다는 판례의 입장과 배치된다고 비판하면서 재심절차는 징계절차의 한 부분으로서의 성격을 지니는 것으로서 사용자의 징계는 재심절차가 완료되어 근로자의 재심청구가 기각된 때에 그 효력이 발생한다고 주장하는 견해가 있다.[109)]

108) 대법원 1993. 5. 11. 선고 91누11698판결; 대법원 1996. 8. 23. 선고 95누11238판결; 대법원 1997. 2. 14. 선고 96누5926판결(이러한 판례에 따라 부당해고 등 구제신청 기간과 부당노동행위 구제신청 기간은 원칙적으로 재심신청에 대한 기각결정 등으로 재심절차가 종료된 날부터 기산하는 것이 아니라 원래의 처분이 있은 날로부터 기산한다).

한편, 이 견해와 결론을 같이하면서 원징계처분만이 존재하면서 재심신청여부가 불명확하거나 재심결정이 있기 전까지를 유동적 유효의 상태로 보고, 재심처분에 대해서는 원징계처분에 대한 승인이라는 독립한 인사처분으로 보면서 재심결정시에 징계의 효력이 발생하는 것으로 설명하는 견해도 있다.[110)]

(3) 이 문제는 다른 법률관계와 연동된 문제이므로 가능한 한 징계의 시점을 명확히 할 필요가 있다. 그런 점에서 판례의 태도가 옳고 재심결정시를 징계의 효력발생시점으로 보는 것은 타당하지 않다. 기업의 징계규범에 따라서는 재심청구기간을 정하고 있는 경우도 있고, 기간을 정하지 않은 경우도 있다. 또한 재심을 청구할 것인가의 여부도 전적으로 근로자의 태도에 달려있다. 그 경우 원징계처분 시점에서 재심신청기간 사이에는 징계의 효력발생여부가 불확정적이다. 그런 다양한 사정에 따라서 징계의 효력발생시점이 달라지는 것은 혼동을 초래한다. 특히, 퇴직금 산정과 관련해서는 재심기간 중의 급여가 그 이전과 많이 달라질 개연성이 높다는 점에서[111)] 원징계처분 시에 징계의 효력이 발생되는 것으로 보는 게 합리적이다. 한편, 징계의 효력발생시점에 관한 이러한 결론은 판례가 절차상의 하자를 판단함에 있어서 원징계절차와 재심절차를 전체적으로 하나의 절차로 이해하는 것과는 차원이 다른 문제다.[112)] 그것은 사후적으로 징계의 정당성을 판단함에 있어서 원징계절차에서의 하자 외에 재

109) 도재형, “징계해고의 절차적 제한”, 64-65쪽.

110) 김동욱, “징계재심철차가 있는 경우 구제신청의 기산점”, 「노동법률」, 중앙경제사, 2012. 4, 78~81쪽.

111) 통상, 근로자에 대한 징계절차가 진행 중인 경우에는 직위해제나 대기발령에 처하는 경우가 일반적이고, 대법원은 그 기간에 대해서 평균임금의 산정기간에서 제외하지 않는다(대법원 1994. 4. 12. 선고 92다20309판결).

112) 같은 견해 : 박해성, “단체협약에 징계처분에 대하여 재심을 청구할 수 있도록 규정하고 있는 경우 징계해고의 효력발생시기”, 「재판연구관 세미나자료 대법원판례해설」, 1993, 306-307쪽.

심절차에서 일어난 사정까지 함께 판단할 수 있다는 것으로서 사전에 확정되어야 할 징계의 효력발생시점과는 무관한 문제다.

Ⅳ. 노조의 인사협의 · 동의절차

1. 문제점

노조가 있는 기업의 경우 노조의 요구에 의해 단체협약으로 사용자가 노조 간부 혹은 조합원에 대한 인사조치(특히, 징계해고)를 함에 있어서 노조의 개입을 허용하는 경우가 있다. 노조의 개입 정도는 노조의 의견 참작, 노조와의 협의 혹은 동의(합의 혹은 승인) 등 다양하다. 이러한 규정은 노조의 입장에서는 노조의 단결력과 협상력을 기반으로 하여 사용자와의 교섭을 통해서 얻게 되는 투쟁의 결과물이기도 하고, 이를 통해 사용자의 인사권을 일정부분 제약함으로써 조합원들의 인사상의 권리를 보호할 수 있게 된다. 사용자의 입장에서는 그러한 규정은 단체교섭의 결과물이지만 궁극적으로는 자신의 인사권의 행사과정에 노조의 개입을 허용함으로써 스스로 자신의 권한을 제약하는 결정을 한 것이다. 판례는 인사권이 원칙적으로 사용자의 권한에 속하더라도 사용자는 스스로의 의사에 따라 그 권한에 제약을 가할 수 있으므로 노동조합과의 사이에 체결한 단체협약에 따라 조합원의 인사에 대한 조합의 관여를 인정하였다면 그 효력은 단체협약 규정의 취지에 따라 결정된다고 한다.[113)]

이러한 인사조항을 단체협약의 성격에 관한 일반론으로 이해하면 해당 조항은 규범적 부분으로 노조법 제31조의 규정에 따라 일정한 규범적 효력이 발생한다고 할 수 있다. 즉, 그와 같은 조항은 노조와 사용자 간의 협상의 산물이지만 해당 단체협약 규정을 통해 사용자가 조합원들

113) 대법원 1992. 9. 25. 선고 92다18542판결.

에 대해서 인사권을 행사함에 있어서는 노조와의 협의나 동의절차를 거쳐야할 의무를 부담하고, 그에 따라 조합원들은 자신에 대한 인사조치 과정에서 절차적인 권리를 확보하게 된다. 이는 곧 조합원들에게 있어 중요한 근로조건에 해당하고 조합원들에 대한 인사조치 과정에서 규정된 내용에 따라 일정한 규범적인 효력을 발휘하는 것이다. 다만, 그와 같은 일반론에도 불구하고 해당 규정이 적용되는 사안에 대한 판례 법리를 보면 개별 사안에 따라 해당 규정의 취지를 제대로 반영하는 해석을 못하는 경우도 있어 많은 비판을 받고 있다. 이하에서는 이 문제에 대한 기존 판례의 입장을 비판적으로 검토하고, 그에 대한 필자의 의견을 제시하고자 한다.

2. 판례의 입장

(1) 의견 참작 · 협의 조항의 경우

사용자가 조합원에 대한 인사에 있어서 노조의 의견 참작이나 노조와 협의하여 결정하라는 내용의 규정이 있는 경우, 문언 그대로 해석하면 징계과정에 노조의 참여정도가 낮고, 사용자가 노조의 의견에 구속당하지도 않는다. 이러한 점을 반영하여서인지 판례는 단체협약에 조합원의 신규채용 · 해고 · 휴직 · 상벌에 관하여 노조의 의견을 참작하여야 한다는 규정이 있는 경우, 그 취지는 노조의 의견을 인사결정에 참고자료로 삼기 위한 것에 지나지 아니하여 인사결정의 효력에 영향을 미치지 않는다는 것을 이유로 하여 조합원의 해고에 노조의 의견을 참작하지 않았더라도 그 해고는 무효가 아니라고 한다.[114] 또한 판례는 단체협약상의 '사전협의'규정에 대해서도 해당 규정의 취지는 회사가 노동조합간부 등에 대해서 자의적으로 인사권을 행사하여 노동조합의 정상적 활동이 저해되는 것을 막기 위한 것으로서 회사로 하여금 노동조

114) 대법원 1992. 4. 14. 선고 91다4775판결.

합 간부 등에 대한 인사의 내용을 노동조합에 미리 통지하고, 노동조합에게 징계를 포함한 인사의 공정을 기하기 위해 필요한 노동조합 측의 의견을 제시할 기회를 주고 노동조합으로부터 제시된 의견을 참고자료로 고려하게 하는 정도에 지나지 않는 것이라고 해석된다는 이유로 해당 규정을 위반한 해고라도 무효가 아니라고 한다.[115)]

(2) 동의 조항의 경우

판례는 종래 일부 예외적인 판결[116)]이 있기는 했었지만 원칙적으로 단체협약으로 노동조합 간부 등의 인사에 관하여 단순한 사전협의를 넘어서 노조의 동의 혹은 합의(승인)가 있어야 한다고 규정한 경우에는 노조 간부 등에 대한 징계해고를 할 때 이러한 절차를 거치지 않았다면 그 해고는 원칙적으로 무효라고 한다.[117)] 구체적으로, 판례는 단체협약의 인사조항에 노동조합간부 인사에 대하여는 사전 '합의'를, 조합원 인사에 대하여는 사전 '협의'를 하도록 용어를 구분하여 사용하고 있다면, 교섭 당시 사용자의 인사권에 관하여 노동조합간부와 조합원을 구분하여 제한 정도를 달리 정한 것으로 보아야 하고, 그 정도는 노동조합간부에 대하여는 조합원에 대한 사전 협의보다 더 신중하게 노동조합 측 의견을 참작하여야 한다는 정도의 차이만 있는 것으로 볼 수는 없으므로, 조합원에 대한 인사권의 신중한 행사를 위하여 단순히 의견수렴절차를 거치라는 뜻의 사전 '협의'와는 달리, 노동조합간부 인사에 대하여는 노동조합과 의견을 성실하게 교환하여 노사 간에 '의견의 합치'를 보아 인사권을 행사하여야 한다는 뜻에서 사전 '합의'를 하도록 규정한 것이라고 해석하는 것이 타당하다는 것이다.[118)] 이러한 판례의 입장은 동의

115) 대법원 1992. 6. 9. 선고 91다41477판결; 대법원 1995. 8. 11. 선고 95다10778판결 등.

116) 대법원 1993. 4. 23. 선고 92다34940판결(이 판결에서는 노조와의 합의규정을 노조의 의견을 참작하는 정도에 불과한 것으로 해석하였다).

117) 대법원 1992. 12. 8. 선고 92다32074판결; 대법원 1994. 9. 13. 선고 93다50017판결 등.

나 합의조항이 있는 경우에는 조합원에 대한 징계에 대하여 노조가 회사와 공동결정권을 가지거나 노조와의 합치된 의사에 따르게 하는 경우임을 명확히 한 것이라 할 것이다. 한편, 이 경우 노조의 동의는 노조의 대외적인 의사표시로 충분하고, 노조의 내부적인 의사결정과정에서의 하자는 문제되지 않는다.[119]

한편, 인사동의(합의)조항이 기업의 구조조정과 관련하여 체결된 경우(소위 '고용안정협약'의 경우)에도 규정된 내용 그대로의 규범적 효력이 인정되는지에 대해 종래의 판결은 이를 부정하였다. 그대로 소개하면, "사용자가 경영권의 본질에 속하여 단체교섭의 대상이 될 수 없는 사항에 관하여 노동조합과 '합의'하여 결정 혹은 시행하기로 하는 단체협약의 일부 조항이 있는 경우, 그 조항 하나만을 주목하여 쉽게 사용자의 경영권의 일부포기나 중대한 제한을 인정하여서는 아니 되고, 그와 같은 단체협약을 체결하게 된 경위와 당시의 상황, 단체협약의 다른 조항과의 관계, 권한에는 책임이 따른다는 원칙에 입각하여 노동조합이 경영에 대한 책임까지 분담하고 있는지 여부 등을 종합적으로 검토하여 그 조항에 기재된 '합의'의 의미를 해석하여야 한다.", "위 규정은 공사가 정리해고 등 경영상 결단을 하기 위해서는 반드시 노조의 사전 동의를 요건으로 한다는 취지가 아니라 사전에 노조에게 해고의 기준 등에 관하여 필요한 의견을 제시할 기회를 주고 공사는 노조의 의견을 성실히 참고하게 함으로써 구조조정의 합리성과 공정성을 담보하고자 하는 '협의'의 취지로 해석함이 상당하다"[120]는 것이다.

그런데, 최근의 판결 중에는 동의나 합의조항 그대로의 효력을 인정한 경우도 있다. "정리해고는 근로자에게 귀책사유가 없는데도 사용자의 경영상 필요에 의하여 단행되는 것으로서, 정리해고 대상과 범위, 해고 회피 방안 등에 관하여 노동조합의 합리적인 의사를 적절히 반영할

118) 대법원 2012. 6. 28. 선고 2010다38007판결.

119) 대법원 1993. 7. 13. 선고 92다42774판결.

120) 대법원 2002. 2. 26. 선고 99도5380판결, 2003. 7. 22. 선고 2002도7225판결 등.

필요가 있고, 노사 쌍방 간 협상에 의한 최종 합의 결과 단체협약에 정리해고에 관하여 사전 '협의'와 의도적으로 구분되는 용어를 사용하여 노사 간 사전 '합의'를 요하도록 규정하였다면, 이는 노사 간에 사전 '합의'를 하도록 규정한 것이라고 해석하여야 하고, 다른 특별한 사정없이 단지 정리해고 실시 여부가 경영주체에 의한 고도의 경영상 결단에 속하는 사항이라는 사정을 들어 이를 사전 '협의'를 하도록 규정한 것이라고 해석할 수는 없다."[121] 이러한 판례의 입장변화는 단체협약상의 명백한 규정을 단지 그 협약이 어떠한 상황에서 체결되었는가를 이유로 달리 해석할 이유가 없다는 점에서 타당한 판결이다.[122]

(3) 동의권의 포기 · 남용의 법리

판례는 인사동의조항에 위반한 해고의 효력에 관하여 원칙적으로 무효로 보면서도 한편으로는 동의나 합의규정이 있다고 하더라도 이는 사용자의 노동조합 간부에 대한 부당한 징계권 행사를 제한하자는 것이지 사용자의 본질적 권한에 속하는 징계권 행사 그 자체를 부정할 수 없으므로, 노동조합의 사전 합의권 행사는 어디까지나 신의성실의 원칙에 입각하여 합리적으로 행사되어야 한다고 하면서, 노동조합측이 동의권을 포기하거나 동의거부권의 행사가 신의칙에 반하여 남용되었다는 등 특별한 사정이 있는 경우에는 그러한 절차를 거치지 않았더라도 이를 이유로 징계해고를 무효라고 할 수 없다고 한다.[123]

노조의 동의권의 포기나 남용에 대한 구체적인 기준에 대해 판례는 '노조 측의 중대한 배신행위로 인하여 사용자 측의 절차의 흠결이 초래된 경우, 근로자가 사용자인 회사에 대하여 중대한 위법행위를 하여 직

121) 대법원 2012. 6. 28. 선고 2010다38007판결.

122) 자세히는 김성진, "구조조정과 고용안정협약의 효력", 「노동법학」(제46호), 한국노동법학회, 2013. 6, 47-49쪽.

123) 대법원 1992. 12. 8. 선고 92다32074판결; 대법원 1995. 3. 28. 선고 94다46763판결 등.

접적으로 막대한 손해를 입히고 비위사실이 징계사유에 해당함이 객관적으로 명백한 경우, 회사가 노조와 사전합의를 위하여 성실하고 진지한 노력을 다하였음에도 불구하고 노조가 합리적 근거나 이유제시도 없이 무작정 징계에 반대한 경우' 등을 들고 있다.[124] 예컨대, 판례는 '관례상 노조간부 징계 때 노조 관계자가 징계위원회에 참석하여 회사 측과 합의해 왔는데, 회사가 징계위원회에 회부된 당사자와 노조 측에 구두 또는 서면으로 3회에 걸쳐서 사전 통고를 하였음에도 모두 징계위원회 참석을 거부한 경우'[125], '노조 측 징계위원이 징계위원회의 개최나 심의를 방해하거나 그 방해를 위하여 징계위원회 출석 자체를 거부하고, 또는 출석하더라도 징계사유에 대한 정당한 의견제시를 하지 않고, 명백하고 중대한 징계사유가 있음에도 피징계자가 노조 간부라는 이유만으로 무작정 징계를 거부한 경우'[126] 등을 동의권의 포기 또는 남용으로 보고 있다.

한편, 최근의 판결 중에는 노조의 동의권의 포기나 남용에 대한 종래의 기준에 덧붙여 "단순히 해고사유에 해당한다거나 실체적으로 정당성 있는 해고로 보인다는 이유만으로는 노동조합이 사전 동의권을 남용하여 해고를 반대하고 있다고 단정하여서는 아니 된다."고 한 판결이 있다.[127] 이러한 판결에 대해서는 대법원이 권리남용금지법리의 적용을 통해 노조의 동의권의 포기나 남용을 최소한도로만 인정하려 한다는 평가가 있다.[128]

124) 대법원 2003. 6. 10. 선고 2001두3136판결.

125) 대법원 1992. 12. 8. 선고 92다32074판결.

126) 대법원 1993. 8. 24. 선고 92다34926판결.

127) 대법원 2007. 9. 6. 선고 2005두8788판결; 대법원 2010. 7. 15. 선고 2007두15797판결 등.

128) 도재형, "노동법에서의 권리남용 판례법리", 「노동법연구」(제29호), 서울대 노동법연구회, 2010, 53쪽.

3. 검토와 의견

(1) 의견 참작, 협의 조항에 대한 판례의 입장을 검토하면 다음과 같다. 판례가 조합원에 대한 징계 시에 노조의 의견을 참작하거나 노조와 협의하여 결정을 하도록 하는 규정이 있음에도 이를 위반하여 이루어진 징계의 효력을 유효로 보고 있는 것에 대해 일부 견해는 징계 당사자 본인에게 소명기회를 주지 아니한 징계가 무효인 것처럼 노조의 의견을 듣는 규정을 준수하지 않은 해고는 효력이 없다거나[129] 기업의 영리성의 요청과 근로자의 생존권적 요청을 비교·형량하여 협의의무를 다한 것인지 판단하여야 할 것인데, 사전에 노조와 충분히 협의하지 않은 경우에는 효력을 인정할 수 없다[130]고 한다.

그러나 그러한 판례의 입장은 사안에 따라서는 충분히 수긍할 수 있다고 본다. 즉, 그와 같은 조항이 있는 경우에 노조의 역할은 조합원에 대한 징계에 있어서 당사자가 아닌 제3자로서의 의견에 머무를 수밖에 없고, 징계의 결정에 영향을 끼치는 정도는 극히 제한적이다. 조합원의 입장에서도 자신에 대한 징계과정에 노조가 협의 수준의 역할이라도 개입해주는 것이 절차적 권리를 보장받는 것이기는 하되 그러한 절차는 부수적일 수밖에 없다.[131] 따라서 징계과정에서 본질적인 절차적 권리(통지와 변론권의 보장)가 침해당하지 않는 한 단지 그러한 절차적 하자가 있다는 이유로 해당 징계를 무효로 볼 수는 없을 것이다. 다만, 그와 같은 하자는 징계의 정당성 판단에 있어서 부정적 요소 중의 하나로 작용할 수 있고, 사용자는

---

129) 김선수, "단체협약상의 해고동의(협의)조항에 대한 판결례의 검토", 「노동법연구」(제4호), 서울대 노동법연구회, 1994, 315-318쪽.

130) 이승욱, "해고절차에 관한 고찰-해고동의(협의)조항을 중심으로", 116-117쪽.

131) 이 경우 노조의 역할은 형사사법절차에 있어서의 변호인의 역할과 유사하다. 그 경우 변호인의 조력을 받을 권리는 헌법상 보장된 권리이지만 징계에 있어서 노조의 역할은 법률보다 하위에 있는 단체협약 수준의 보장일 뿐이라는 점에서 강력하지도 않고, 그러한 역할을 반드시 노조만이 할 수 있는 것도 아니다.

그에 대해 단체협약위반의 책임을 부담한다.

(2) 판례가 전개하고 있는 동의권의 포기, 남용의 법리는 다음과 같은 점에서 부당하다.

첫째, 판례는 '동의나 합의규정이 있다고 하더라도 이는 사용자의 노동조합 간부에 대한 부당한 징계권 행사를 제한하자는 것이지 사용자의 본질적 권한에 속하는 징계권 행사 그 자체를 부정할 수 없다'고 하나, 이는 단체협약 규정에 대한 과도한 축소해석이다.

먼저, 이 규정의 취지는 단순히 사용자의 부당한 징계권행사를 제한하자는 것에 한정되는 것이 아니라 정당한 징계권행사라도 경우에 따라서는 노조의 동의여부에 따라 징계를 실시할 수 없는 경우도 예정하고 있는 것이다. 이와 관련 최근 판결이 "단순히 해고사유에 해당한다거나 실체적으로 정당성 있는 해고로 보인다는 이유만으로는 노동조합이 사전 동의권을 남용하여 해고를 반대하고 있다고 단정하여서는 아니 된다."[132]고 판시한 것은 그러한 취지를 소극적으로나마 인정한 예이다.

다음으로, 사용자의 징계권의 행사를 노조의 '동의'나 '합의'에 의해서 하기로 협약을 체결한 것은 그 문언 자체에서 사용자가 전속적이었던 징계권을 절차상 노조와 공동으로 행사하기로 제약한 것이고, 이로써 노조는 징계권의 행사에 있어서 공동결정권의 당사자로 서게 된 것이다. 판례가 '근로기준법이 원칙적으로 해고를 금지하면서, 다만 예외적으로 정당한 이유가 있는 경우에 한하여 해고를 허용하여 제한된 범위 안에서만 사용자의 해고권한을 인정하고 있는데, 노사 간의 협상을 통해 사용자가 그 해고권한을 제한하기로 합의하고 노동조합이 동의할 경우에 한하여 해고권을 행사하겠다는 의미로 해고의 사전합의조항을 단체협약에 두었다면, 그러한 절차

132) 대법원 2007. 9. 6. 선고 2005두8788판결; 대법원 2010. 7. 15. 선고 2007두15797판결 등.

를 거치지 아니한 해고처분은 원칙적으로 무효'[133]라고 판시한 것도 그러한 사정을 반영한 것이다. 그럼에도 판례가 '사용자의 본질적인 권한'이라는 표현을 사용하고, 그러한 취지의 연장선상에서 동의권의 포기나 남용의 법리를 전개하는 것은 논리모순이다. 사용자의 본질적 권한인 징계권에 대해 단체협약으로 노사공동의 결정사항으로 정한 것임에도 다시 사용자의 본질적 권한을 들어 노조의 권리행사를 축소하려는 것은 부당하다.[134]

둘째, 그간 대법원은 취업규칙의 법규범성을 엄격히 인정하여 취업규칙에 규정하고 있는 절차규정을 있는 그대로 비교적 엄격히 적용하고 있다. 법규범성의 측면에서 실체적으로 보면 취업규칙보다는 단체협약이 더 강하다고 할 수 있는데, 그럼에도 불구하고 단체협약상의 문언 그대로의 의미를 적용하지 않고 폭넓게 노조의 동의권의 포기나 남용을 인정하여 규정의 의미를 퇴색시키는 판결을 하는 것은 부당하다.[135]

---

133) 대법원 2007. 9. 6. 선고 2005두8788판결.

134) 같은 취지로, '사용자의 인사권이 단체교섭의 대상이 될 수 있는지 논란이 될 수 있으나 단체협약으로 합의한 이상, 다시 인사권을 이유로 단체협약의 효력을 부인하는 것은 사용자의 의사에 반한다.'는 견해(조영선"징계 시 노조의 사전 동의를 받도록 한 단체협약 규정의 취지 및 이를 위반한 징계의 효력", 「노동판례비평」, 민주사회를 위한 변호사모임, 2003, 181쪽), 또한 "해고동의조항에 의해서 제한될 수 있는 '해고권'과 해고동의조항에 의해서도 제한될 수 없는 '해고권 자체'를 실제로 구분할 수 없음에도 판례가 관념상으로 구별하여 해고동의조항에 의해서도 제한받지 않는 해고권의 영역을 설정한 것은 실질적으로 해고동의절차 미 준수 해고의 유효성을 인정하는 것과 다름없다"는 견해(정인섭, "해고동의절차에서의 대화와 타협", 「사법」(제2호), 사법연구지원재단, 2007. 95-96쪽).

135) 신의칙을 근거로 동의권의 남용을 인정하는 판례에 대해서는 "근로관계는 계약 당사자 간 대등성을 전제로 하는 다른 계약관계와 달리 근로계약 당사자 간의 종속관계를 특징으로 하기 때문에 근로자 보호이념, 특히 인간존엄에 상응하는 근로조건의 보장과 그 구체적 표현으로서 근기법상의 근로조건의 대등결정원칙과 균등대우원칙 등이 강조되지 않을 수 없다. 따라서 근로관계에 대한 신의칙이나 권리남용금지원칙의 적용을 검토함에 있어서는 근로자의 종속성 및 그에 따른 근로자 보호이념과의 정합성 여부가 고려되어야 한다."는 비판론이 있다{조용만, "노동법에서의 신의칙과 권리남용금지의 원칙", 「노동법연구」(제29호), 서울대 노동법연구회, 2010년 하반기, 33쪽}.

셋째, 판례는 노조의 사전 합의권 행사는 어디까지나 신의성실의 원칙에 입각하여 합리적으로 행사되어야 한다고 하면서, 그 예로 노조가 동의권을 포기한 것으로 볼 수 있는 사정을 들고 있으나 부당하다. 노조가 동의권을 포기하였다고 들고 있는 구체적 사례들을 보면 노조가 동의권을 포기한 것이 아니라 실질적으로 사용자 측이 징계를 진행하려는 것에 대해 공동결정권자로서 거부권을 행사하고 있는 것이다. 노조가 징계위원 선정이나 징계위원회 참여를 회피하는 행위는 동의권을 포기한 것이 아니라 징계거부의 의사표시를 행동으로 보여주고 있는 것이다. 사용자의 인사권행사로부터 조합원을 보호하기 위해서 협상의 결과물로 취득한 동의권을 노조가 스스로 포기하였다는 논리는 어색하기 그지없다.

넷째, 판례가 동의권의 남용사유로 들고 있는 '노조 측의 중대한 배신행위로 인하여 사용자 측의 절차의 흠결이 초래된 경우'나 '회사가 노조와 사전합의를 위하여 성실하고 진지한 노력을 다하였음에도 불구하고 노조가 합리적 근거나 이유제시도 없이 무작정 징계에 반대한 경우'와 같은 사정은 다음과 같은 점에서 동의권의 남용사유로 고려하기에는 부적절한 사유다.

먼저, 동의규정이 있는 경우 징계위원회에서의 노조 측과 사용자 측의 지위는 상호 간에 어떤 처분(법률행위)을 할 수 있는 당사자가 아니다. 단지, 사용자가 제3자(근로자)에 대해서 징계권을 행사하는 과정에서의 절차상의 공동결정권자일 뿐이다. 즉, 징계위원회에서의 노사의 역할은 제3자에 대한 징계문제에 있어서 절차적으로 상호 간에 동의(합의)여하를 결정짓는 것으로 동의권은 절차적 결정에 불과하며 징계에 대한 최종적인 결정권한은 사용자에게 있는 것이다. 또한 징계위원회에서의 노사는 제3자에 대한 징계문제에 관하여 합의를 이끌어내는 과정에서의 절차적 협조당사자일 뿐이지 상호간에 어떤 실체적 권리의무가 존재하는 권리행사의 당사자가 아니다. 또한 동의나 합의의 과정을 보면 어떤 의견에 동의하겠다는 당사자의 궁극적인 결단이 존재해야 하고, 양 당사자의 결단의 내용이 합치해야 하며, 그 과정에서 어느 한 쪽의 결단은 그 자체로 존재할 뿐 그것으로 인해서 상대방에 대한 권리의 행사나 남용이 있는 것이 아니다. 노조가 부동의의 결정을 하였다고 하더라도 그로 인해 징계에 대한 공동의 결정이 성립되지 못한 객관적인 결과만 있을 뿐이지 그로 인하여 절차적 합의당사자인 사용자 측의 어떤 권리의 침해가 있는 것이 아니다. 즉, 내용적으로 절차적 공동결정권자인 상대방에 대해서 권리남용의 문제가 발생하지 않는 것이다. 노조의 동의거부권의 행사로 실제적인 피해가 발생하고 권리남용의 상대방으로 되는 것은 궁극적으로 징계권자로서의 사용자일 뿐이다. 따라서 징계권자로서의 사용자에 대한 동의권남용의 판단의 기준은 징계의 절차적 공동결정권자로서의 당사자 사이에 발생한 절차상의 문제가 아니라 어떠한 실체적인 사안에 대해 결과적으로 징계를 할 수 없게 된 것이 남용의 정도에 해당될 것인지에 의해 이루어져야 한다. 위에서 들고 있는 기준은 징계위원회의 공동결정권자 사이에서 발생한 절차적 문제에 불과하여 동의권남용의 판단기준으로 고려할 수 없다.

다음으로, 징계위원회에서의 노조나 사용자 측은 최종적으로 징계의 가부를 결정하는 의사표시를 하기 전에 혹은 그 과정에서 다양한 방식으로 자신의 의사를 표현하기도 하고 상대방의 결정에 영향을 끼치기 위한 전략적인 행동을 취할 수 있다. 따라서 그 과정에서의 어느 한쪽의 행동을 '중대한 배신행위'라거나 '성실하고 진지한 노력을 다한 행위'로 호불호의 평가를 하는 것은 지양되어야 한다. 즉, 노조는 최종적으로 징계에 대한 동의거부의 의사결정을 할 수 있는 권리가 있고, 그 과정에서 사용자 측을 압박하기 위한 다양한 전략적인 행동을 할 수도 있으며, 징계에 대한 반대에 있어서도 합리적이고 구체적인 이유를 반드시 들어야 하는 것도 아니다. '합리성'이라는 관점에서 보면 노사가 공동으로 인식하기에 어려운 기준으로 어느 한쪽에 대해 그 기준을 강요할 경우에는 오히려 상대방의 입장을 고려하지 않는 판단이 될 수 있다. 따라서 그와 같은 행위들은 절차적 공동결정권자 사이에서는 충분히 허용될 수 있는 행동들이고, 그것들을 가지고 노조의 제3자(징계권자로서의 사용자)에 대한 권리남용의 성립문제에 대한 판단요소로 고려할 수는 없는 것이다.

다섯째, 판례가 적용하고 있는 기준 중, '근로자가 사용자인 회사에 대하여 중대한 위법행위를 하여 직접적으로 막대한 손해를 입히고 비위사실이 징계사유에 해당함이 객관적으로 명백한 경우'는 노조의 동의권 남용의 기준으로 고려될 수 있는 기준이나 너무 막연하고, 사안에 따라서는 사용자의 입장만 고려될 수 있는 기준이다. 보다 더 구체적이고 객관적인 기준이 필요하다.

(3) 노조의 동의거부권의 행사에도 불구하고 사용자의 징계권의 행사가 가능한 경우

조합원에 대한 징계 시에 노조가 행사할 수 있는 징계 동의권 혹은 거부권은 문언 그대로 해석하면 다른 결정의 가능성을 예상할 수 없는 단선적인 권리이다. 이에 따라 원칙적인 해석론을 전개할 경우에는 기업에 해악을 끼치는 모든 경우에 있어서조차 노조가 동의를 거부하면 징계할 수 없는 것인가라는 합리적인 비판론에 접하게 된다. 따라서 그럼에도 불구하고 사용자의 징계권의 행사가 가능한 예외적인 경우가 허용되어야 하고, 그 구체적인 기준이 필요하다. 필자가 제시하는 기준은 다음과 같다.

첫째, 근로자의 기업질서위반행위가 기업의 존속·유지를 위협하는 중대한 침해행위인가이다. 노조의 동의권의 행사가 근로자의 근로관계지위유지를 위한 권리라는 점에서 사용자의 인사권과의 조화적 실현을 위한 기준이 필요하고, 그 경우 노조의 동의권 행사의 한계는 사용자의 인사권의 본질적인 내용을 침해하지 않는 것이다. 이

경우 인사권의 본질적인 내용은 기업의 존속·유지가능성이다. 따라서 어떤 근로자의 비위행위가 기업의 존속·유지를 해할 정도로 중대히 기업질서를 침해하는 행위에 해당함에도 불구하고 노조의 동의거부권의 행사로 사용자가 해당 근로자에 대해 징계권을 행사할 수 없게 되는 것은 결과적으로 사용자의 징계권의 본질적인 내용을 침해하는 것으로서 이 경우 노조의 권리행사는 권리남용에 해당하여 무효로 된다. 이 경우 그에 대한 판단은 단지 과거의 위반행위에 한해서만 판단해서는 안 되고, 장래에도 그러한 위험이 있는가를 판단해야 한다.

둘째, '기업의 존속·유지를 해할 정도로 중대히 기업질서를 침해'하는 것에 대한 판단은 사용자의 입장에서 해석할 것이 아니라 객관적인 제3자의 입장에서 판단되어야 한다.[136)]

셋째, 근로자의 비위행위가 '기업의 존속·유지를 해할 정도로 중대히 기업질서를 침해'한다는 사실은 객관적으로 명백해야 한다.

위와 같은 기준에 비추어 그 동안 판례의 태도를 개략적으로 평가하면 앞서의 노조의 절차적 권리의 행사에 대한 부정적 시각에 기초하여 기업질서 침해의 위험성이 그다지 크지 않은 사안에서조차 사용자 측의 입장만을 고려하여 노조의 동의권의 포기나 남용을 손쉽게 인정함으로써 징계에 있어서 근로자의 절차적인 권리보호에 소홀하였다고 본다.

136) 최은배, "단체협약상 해고사전합의 조항의 의미와 적용", 「대법원 판례해설」(제72호), 법원도서관, 2007년 하, 401쪽.

제7장 징계의 실체적 정당성

제1절 정당성 요건

Ⅰ. 실체적 정당성의 의미

사용자의 징계권의 행사가 실체적으로 정당하다는 것은 징계처분이 내용적으로 정당하다는 것을 의미한다. 통상 계약법적 설명에 의하면 근로계약의 한 당사자로서 사용자는 근로자에 대해 징계권을 행사할 수 있고, 그것이 예외적으로 권리남용에 해당하지 않는 한 정당성을 인정받을 것이다. 그런데 헌법상 근로권을 누리는 근로자들에 대해서는 근로기준법 제23조가 '정당한 이유'라는 기준을 요구하고 있기 때문에 보다 엄격한 정당성 통제가 행해진다. 그에 따라 사용자의 근로자에 대한 징계처분이 실체적 정당성을 얻기 위해서는 정당한 이유의 제시가 필요하다. 앞서 징계의 본질을 계약책임으로 이해하는 이상, 정당한 이유는 두 가지 측면을 충족해야 한다.

첫째, 징계의 객관적 정당성요건으로 근로자의 근로계약의무위반의 상태가 존재해야 한다. 이는 근로자가 채무의 내용에 좇은 이행을 하지 않은, 즉 채무불이행의 상태를 의미하고, 통상적으로는 근로자의 비위행위가 징계사유에 해당되는 상태를 말한다.

둘째, 징계의 주관적 정당성요건으로 근로자가 비위행위에 이른 데에는 귀책사유가 존재해야 한다.

한편, 사용자의 징계가 위와 같은 정당한 이유를 충족하고 있다고 하더라도 징계가 실체적으로 정당하다는 평가를 받기 위해서는 사용자가 선택한 징계수단이 적정해야 한다. 사용자에게는 징계수단의 선택권이 있기 때문에 그 행사과정에서 재량권을 남용할 경우 징계처분이 무효로 될 수 있다.

Ⅱ. 근로계약의무 위반 - 징계사유 해당성

1. 징계사유

사용자가 근로자를 징계하기 위해서는 근로자의 어떠한 행위(비위행위)가 징계사유에 해당하여야 한다. 징계사유 혹은 근로자의 비위행위는 근로자가 근로계약에 따라 사용자에게 부담하여야 할 근로제공의무를 이행하지 않았거나 불완전하게 이행한 것이다.[1)] 이에 대해서는 통상 기업들이 기업질서위반행위로 규율하고 있는 경우가 많지만, 그것 역시 사용자들이 사업목적달성을 위해서 확정・구체화시켜 놓은 것에 불과하고, 따라서 그것을 위반하는 것은 그 실질이 근로제공의무를 충실히 이행하지 않은 것이라는 점은 앞서 본바와 같다.

근로자에 대한 징계사유는 반드시 사용자가 설정하는 징계규범 상의 징계사유로 한정되어 있는 것만은 아니다. 사용자가 취업규칙 등에 징계관련 규범을 설정함에 있어서 어떤 명확한 원칙에 의해서 설정하고 있는 것은 아니므로 종종 당연퇴직 규정이나 통상해고, 인사에 관한 사항에 징계사유로 볼 수 있는 사유가 존재하기도 한다. 그 경우에도 실질은 근로자의 근로제공의무 불이행에 대해 책임을 묻기 위한 것이므로 징계사유로 보아야 한다.

한편, 사용자는 징계사유로 사전에 명시하지 않은 징계사유를 제시하

---

1) 징계의 본질을 질서벌로 이해하는 견해 중에는 근로자의 비위행위를 근로계약위반사유와 기업질서위반사유로 구분하면서 근로자가 근로계약상의 의무를 위반하는 경우에는 근로계약해지나 채무불이행에 해당되므로 취업규칙이나 단체협약 내에 징계사유로 규정되어 있다 해도 사용자는 이를 이유로 근로자를 징계할 수 없다고 한다{김소영, “사용자의 징계권의 범위”, 「노동법학」(제34호), 한국노동법학회, 2010. 6, 148쪽}.

는 것도 가능하다. 다만, 그것은 해당 기업의 존재목적에 비추어 혹은 기존의 기업질서나 징계사유가 구체화된 경우 등 해석상 충분히 예상할 수 있는 내용에 한한다고 볼 것이다. 판례 중에는 근로자의 비위행위 시와 징계처분 시에 서로 다른 내용의 취업규칙이 있는 경우, 사용자는 근로자의 비위행위 시에 시행되고 있던 구 취업규칙에 따라 징계처분을 내려야 하지만, 신 취업규칙을 함께 적용하였다 하더라도 그 적용된 신 취업규칙 소정의 징계사유가 구 취업규칙상의 징계사유 이상으로 부가·확대한 것이 아니라 이와 동일하거나 이를 유형화·세분화한 것에 불과하다면 근로자에게 있어서 특별히 불이익한 것이 아니므로 징계의 효력이 부인되지 않는다고 한 사례가 있다.[2)]

2. 징계사유규범의 효력

(1) 사용자가 근로계약·취업규칙·단체협약 등의 징계규범에 징계사유를 설정하고 있는 경우에는 일정한 규범적 효력이 발생한다. 징계사유가 '기타 제 규정 위반'이나 '기타 회사에 손해를 끼친 경우' 등 포괄적으로 규정된 경우에는 별다른 문제가 없지만 판례는 징계사유가 특별히 제한적으로 기재된 경우에는 규범의 효력을 엄격히 적용한다. 따라서 단체협약이나 취업규칙에 근로자에 대한 징계해고사유가 제한적으로 열거되어 있는 경우에는 그와 같이 열거되어 있는 사유 이외의 사유로는 징계해고 할 수 없다.[3)] 취업규칙에서 징계사유로 규정하고 있을 뿐 징계해고사유로 규정되어 있지 않은 사유를 이유로 근로자를 징계해고 한 것 역시 정당성 없는 해고로서 무효이다.[4)] 또한 취업규칙에서 징계사유로 '고의로 중대한 사고를 발생시켜 손해를 끼친 경우'라고 정하였다면 과실에 대하여는 징계할

2) 대법원 1994. 12. 13. 선고 94다27960판결.

3) 대법원 1993. 11. 9. 선고 93다37915판결; 대법원 1994. 12. 27. 선고 93다52525판결.

4) 대법원 1992. 7. 14. 선고 91다32329판결.

수 없다.[5])

(2) 취업규칙은 단체협약에 위반되어서는 안 되고, 위반된 부분은 단체협약에서 정한 기준에 따라 규율된다. 따라서 단체협약상의 징계사유규정과 취업규칙상의 징계사유규정이 상호 저촉되는 경우에는 단체협약 규정이 우선하여 적용된다.[6]) 예컨대, 취업규칙에 열거되어 있는 징계해고사유라 하더라도 단체협약에 '해고에 관하여는 단체협약에 의하여야 하고 취업규칙에 의하여 해고할 수 없다'는 취지의 규정이 있거나 '단체협약에 정한 사유 외의 사유로는 근로자를 해고할 수 없다'는 규정이 있으면, 단체협약에 규정되어 있지 않은 사유로 근로자를 해고할 수 없다.[7])

(3) 하나의 단체협약이나 취업규칙 내에서 서로 상충되는 규정이 있고, 그 어느 하나에 근로자에게 유리한 규정이 있는 경우에는 근로자에게 유리한 규정이 적용된다. 예컨대, 취업규칙에는 징계사유로 '회사의 승인 없이 집회 또는 유인물을 배포하였을 때'라고 규정되어 있고, 별도의 징계규정에는 '회사의 허가 없이 사내에서 집회, 연설 또는 유인물을 배포하였을 때'라고 규정한 경우, 이 두 규정은 동일한 징계사유를 규정한 것이어서 취업규칙의 규정에도 '사내에서'라는 제한이 있다고 보아야 한다.[8])

(4) 단체협약이나 취업규칙 등에 정하고 있는 징계사유는 그 자체로 적법하여야 한다. 즉, 근로계약이나 취업규칙 또는 단체협약 등의 징계해고 규정이 법에 위배되거나 신의칙에 위반한다거나 권리남용에

---

5) 대법원 1993. 11. 9. 선고 93다37915판결.
6) 대법원 1993. 1. 15. 선고 92누13035판결; 대법원 1997. 7. 25. 선고 97다7066판결.
7) 대법원 1995. 1. 20. 선고 94다37851판결; 대법원 1997. 6. 13. 선고 97다14627판결.
8) 대법원 1991. 4. 12. 선고 90다8084판결.

해당하는 내용을 징계해고사유로 규정하고 있다면, 그 규정을 가지고 징계해고 하는 것은 정당성이 없다.[9] 또한 규정된 징계사유는 그 외 강행법규나 선량한 풍속, 사회질서에 반하여서도 아니 된다.

3. 징계사유 적용시기

(1) 징계권행사의 실체적 정당성은 징계 당시에 사용자가 주장하였던 징계사유로 한정된다. 따라서 처음에 징계해고를 하면서 사유로 삼지 않았던 별개의 사유를 정당성 판단의 근거로 삼아서는 아니 된다.[10] 예컨대, 유인물 배포를 징계해고사유로 삼아 근로자를 해고하였다면 학력·경력 은폐 또는 이력서 허위 기재 사실을 가지고 그 해고의 정당성을 판단해서는 아니 된다.[11] 또한, 원래의 징계처분에서 징계사유로 삼지 않은 사유를 재심절차에서 추가하는 것은 추가된 징계사유에 대한 재심의 기회를 박탈하는 것이 되므로 허용되지 않는다.[12] 문제는 징계사유가 추가된 경우에 그것이 본래의 징계사유와 동일한지에 대한 판단기준이다. 이에 대해 대법원은 '처분청은 당초의 징계처분사유와 기본적 사실관계의 동일성이 인정되는 한도 내에서만 징계처분사유를 추가하거나 변경할 수 있고, 기본적 사실관계의 동일성이 전혀 없는 별개사실을 징계처분사유로서 주장함은 허용되지 않으며, 법원으로서도 당초의 징계처분사유와 기본적 사실관계의 동일성이 없는 사실을 징계처분사유로 인정할 수 없다고 한다.[13]

한편, 직접 징계해고사유로 삼지 않은 징계처분 전후의 사정은 원징계처분이나 재심절차에서 징계양정의 참작사유로 삼을 수 있

9) 대법원 1990. 12. 7. 선고 90다카23912판결; 대법원 1991. 10. 11. 선고 91다20173판결.
10) 대법원 1993. 11. 23. 선고 92다34933판결; 대법원 1998. 3. 27. 선고 96누8994판결.
11) 대법원 2003. 6. 24. 선고 2001다23652판결; 대법원 2006. 6. 15. 선고 2005두8047판결.
12) 대법원 1996. 6. 14. 선고 95누6410판결; 대법원 1998. 5. 22. 선고 98다2365판결.
13) 대법원 1983. 10. 25. 선고 83누396판결.

다.[14] 면책하기로 합의하였거나 징계시효가 지난 비위행위도 징계 양정에서는 이를 참작할 수 있다.

(2) 취업규칙 등의 징계규범에 징계시효를 두는 경우에 사용자의 징계는 시효가 경과되지 않은 징계사유에 대해서만 가능하다. 따라서 취업규칙 등에 징계시효기간을 규정하고 있음에도 사용자가 시효가 소멸된 후에 근로자의 행위를 이유로 징계하는 것은 신의칙에 위반된다.[15]

Ⅲ. 귀책사유

근로자의 어떠한 행위가 객관적으로 근로계약의무를 위반한 상태에 있다고 하더라도 모든 경우에 있어서 근로자에게 징계책임을 물을 수는 없다. 그러한 상태에 대해 해당 근로자에게 책임을 묻기 위해서는 근로자의 귀책사유가 존재해야 한다. 대법원이 징계해고를 계약책임으로 이해하여 징계해고와 일반해고를 명백히 구분하고 있는 것은 아니지만 해고의 정당성 판단기준으로 '사회통념상 근로계약을 계속시킬 수 없을 정도로 근로자에게 책임 있는 사유'를 제시하고 있는 것도 비위행위를 한 근로자에게 책임을 묻기 위해서는 귀책사유가 필요하다는 것을 전제하고 있는 것이다. 이는 징계의 주관적 정당성요건으로 사용자의 징계를 계약위반에 따른 계약책임으로 이해한다면 근로자의 귀책사유에 따른 비위행위에 대해서만 징계의 대상으로 삼아야 한다.

계약책임에 있어서의 귀책사유는 고의·과실 또는 이와 동일시할 수 있는 사유이다. 따라서 근로자의 근로계약의무위반이 해당 근로자의 고의나 과실 및 그에 준하는 사유로 행해진 것에 대해서만 징계를 할 수

14) 대법원 1998. 5. 22. 선고 98다2365판결; 대법원 2002. 5. 28. 선고 2001두10455판결.
15) 대법원 2008. 7. 10. 선고 2008두2484판결.

있고, 그렇지 않은 행위에 대해서는 비록 결과적으로 비위행위가 발생하였더라도 징계를 할 수 없다. 따라서 예컨대, 근로자가 업무 외적인 영역에서 그 자신의 과실 없이 사고를 당하여 완전히 근로능력을 상실하였을 경우, 근로자는 노무제공을 할 수 없어 근로계약의무 위반의 상태에 빠지게 되지만 사용자는 해당 근로자에게 귀책사유가 없으므로 징계해고를 할 수는 없다. 그 경우 사용자는 근로자의 노무제공의무의 불이행에 따른 위험을 부담할 수는 없으므로 해당 근로자에 대해 일반해고의 방법으로 근로관계를 종료시킬 수밖에 없다.

Ⅳ. 수단의 적정성

1. 사용자의 징계수단 선택권과 한계

근로자의 비위행위에 대해서 징계가 가능한 정당한 이유가 충족된 경우에 사용자가 어떠한 징계수단을 선택할 것인지는 기본적으로 사용자의 권리이다. 이 역시도 사용자의 포괄적인 징계권한의 영역에 속하는 것이다. 다만, 이러한 권한에도 다음과 같은 일정한 한계가 존재한다.

첫째, 사용자의 징계권의 행사는 그 본질이 근로계약을 위반한 근로자에 대해서 계약책임을 묻고 있는 것이므로 그 권한의 행사는 신의에 맞게 행사되어야 하며 권리를 남용하여서는 아니 된다.

둘째, 사용자의 징계권의 행사는 상대적으로 근로자의 근로권을 제한하는 역할을 하므로 기본권 제한의 원리인 과잉금지의 원칙이 적용된다. 이에 따라 사용자가 선택할 징계수단은 근로자의 비위행위의 정도에 따라 비례적으로 적정해야 한다.

셋째, 다수의 근로자들이 동등한 정도의 비위행위를 범한 경우에 해당 근로자들에 대한 징계수단은 형평성이 유지되어야 한다(균등대우의 원리).

넷째, 근로자가 비위행위에 이른 것에 대해 사용자에게도 과실이 있다면 이 점은 징계수단의 선택에 있어서도 고려되어야 한다(과실상계의 원칙).

다섯째, 사용자가 취업규칙이나 단체협약 등에 징계제도를 설정하면서 여러 정상관계에 따라 다양한 징계수단을 적용할 것으로 기대할 수 있는 규정을 설정해 놓고 있는 경우에는 해당 규범의 효력범위 내로 사용자의 징계수단 선택권도 제한된다.

2. 근로자의 비위행위와 징계수단의 균형

사용자의 징계수단 선택권과 그 한계를 고려한다면 근로자가 근로계약상의 의무를 위반한 비위행위의 정도와 그에 따른 사용자의 징계처분 사이에는 적정한 균형이 유지되어야 한다. 판례는 근로자의 비위행위와 징계처분과의 관계에 대해 원칙적으로 취업규칙에서 징계사유를 규정함에 있어 동일한 징계사유에 대하여 여러 등급의 징계가 가능한 것으로 규정하였다든가, 어떤 징계사유에 대하여 원칙적인 징계의 종류를 규정하면서 예외적으로 정상에 따라 보다 무거운 징계를 할 수 있는 것으로 규정하였다든가 하는 경우에 그 중 어떤 징계처분을 선택할 것인지는 징계권자의 재량에 속한다고 하면서도, 이러한 재량은 징계권자의 자의적이고 편의적인 재량에 맡겨져 있는 것이 아니며, 징계사유와 징계처분과의 사이에 사회통념상 상당하다고 보이는 균형의 존재가 요구되고, 경미한 징계사유에 대하여 가혹한 제재를 과한다든가 하는 것은 권리의 남용으로서 무효로 보고 있다.[16)]

징계수단의 선택이 적정한 것인지 여부는 징계당사자와 관련된 모든 사정이 고려된다. 판례는 징계해고의 정당성 여부에 대해 당해 사용자의 사업의 목적과 성격, 사업장의 여건, 당해 근로자의 지위 및 담당 직

16) 대법원 1991. 10. 25. 선고 90다20428판결; 대법원 1992. 5. 22. 선고 91누5884판결 등.

무의 내용, 비위행위의 동기와 경위, 이로 인하여 기업의 위계질서가 문란하게 될 위험성 등 기업질서에 미칠 영향, 과거의 근무태도 등 여러 사정을 종합적으로 검토하여 판단하도록 하고 있다.[17] 따라서 징계대상자와 관련하여 표창이나 수상경력 등 정상에 유리하게 참작하여야 할 사정이 존재하는 경우에는 징계양정 시에 반드시 참작하여야 하며, 그러한 객관적인 사정들을 참작하지 않고 사용자의 자의적이고 주관적인 감정에 의하여 징계하는 것은 징계권의 재량범위를 일탈한 것으로 무효로 될 수 있다.[18] 또한 징계가 계약책임인 이상, 근로자가 비위행위에 이른 사정에 사용자의 과실이 개입된 경우라면 비례적으로 상계될 수 있어야 한다.

한편, 근로자에 대한 징계양정의 판단대상이 되는 행위를 어느 시점의 행위에 대해서 고려해야 하는지 논란이 있다. 판례 중에는 피징계자의 '징계사유 전'의 행위 외에도 '징계사유 이후부터 징계처분 시까지' 저지른 행위뿐만 아니라 '징계처분 이후'의 행위도 징계양정의 판단 자료로 삼을 수 있다고 하는 경우도 있고,[19] 단체협약이나 취업규칙에서 징계는 징계위원회의 의결을 거쳐 행하도록 규정하였다면 그 징계처분의 당부는 징계위원회에서 징계양정의 사유로 삼은 것에 따라 판단하여야 하고, 징계위원회에서 거론되지 않은 사유를 징계처분의 정당성 판단근거로 삼아서는 아니 된다는 판결도 있다.[20] 징계대상 근로자에게 있어서는 징계사유의 존부 못지않게 징계양정도 방어권의 행사에 있어서 중요한 사항이므로 징계처분 당시에 존재하지도 않았던 그 이후의 사정을 가지고 징계처분의 정당성을 판단한다는 것은 부당하다. 그 점에 대해서는 근로자의 절차적인 권리가 보장되지도 않았을 뿐만 아니라

17) 대법원 1992. 5. 12. 선고 91다27518판결; 대법원 2003. 7. 8. 선고 2001두8018판결 등.

18) 대법원 1994. 5. 24. 선고 93다26854판결.

19) 대법원 1998. 5. 22. 선고 98다2365판결; 대법원 2004. 6. 25. 선고 2002다51555판결.

20) 대법원 2003. 6. 24. 선고 2001다23652판결; 대법원 2006. 6. 15. 선고 2005두8047판결.

그에 따라 실체적으로도 적정한 판단을 내린다는 것도 불가능하다.[21]

3. 징계해고가 가능한 비위행위의 정도

징계해고는 근로관계를 종료시키는 징계처분으로 당사자 모두에게 가장 중요한 처분이기도 하여 어떠한 경우에 징계해고가 가능한지 문제된다. 이에 대해 우리 판례는 '사회통념상 근로계약을 계속시킬 수 없을 정도로 근로자에게 책임 있는 사유'를 제시하고 있다.

먼저, 근로자의 비위행위가 개별적으로는 해고사유에 해당하지 않지만 그것들이 다수가 중첩된 경우에 해고가 가능한지 문제된다. 이에 대해 해고의 중대성이나 징계사유와 해고사유가 명백히 구분되어야 할 것이라는 이유로 반대하는 견해가 있다.[22] 그러나 징계규범 상의 분류가 징계규범의 규범성을 강력히 인정할 정도로 반드시 명백한 것도 아니고, 다수의 경미한 징계사유라도 양과 질에 있어서는 충분히 해고에 이를 정도의 사안도 있을 수 있으므로 부정할 것은 아니라고 본다. 판례도 대표이사에 대한 폭언, 회사에 대한 명예훼손 등 개별 사유만으로 징계해고사유가 되는지는 분명하지 않더라도 전체의 사유를 종합하면 징계해고에 해당한다고 본 사례가 있다.[23]

다음으로, 징계해고는 근로관계를 종료시키는 것이므로 최후의 수단으로 행해져야 한다. 최후수단의 원칙(Ultima-ratio-prinzip)은 독일에서 판례에 의해 특별해고나 일반해고에 적용되는 원칙으로 근로자에게 해고보다 더 완화된 수단을 사용할 수 없다거나 혹은 완화된 수단의 사용을 해고권자에게 기대할 수 없는 경우를 말한다.[24] 우리 판례의 해고의 정당성 기준 중, '근로계약을 계속시킬 수 없을 정도'라는 부분은 이를 반영하고 있는 것이다.

---

21) 같은 취지의 견해 : 이승욱, "징계처분의 범위와 한계", 129-130쪽.
22) 이승욱, "징계처분의 범위와 한계", 129쪽.
23) 대법원 1997. 12. 9. 선고 97누9161판결.
24) Brox/Rüthers/이학춘역, Arbeitsrecht, 224쪽.

제2절 징계사유별 검토

Ⅰ. 학력 및 경력의 사칭행위

1. 징계사유 해당성

(1) 사용자는 근로자를 채용하는 과정에서 근로자에게 학력이나 경력 등을 기재한 이력서의 제출을 요구하기도 하고, 면접과정에서 그에 관한 질문을 하기도 한다. 그 과정에서 일부 근로자들은 명시 혹은 묵시적인 방법으로 자신의 경력을 사칭하기도 하는데, 후에 근로관계 중에 어떤 계기로 그것이 발각될 경우에 사용자들은 종래부터 징계해고로 대응하여 왔다. 기업에 따라서는 이러한 경우를 징계사유로 규정해 놓고 있는 경우도 있다. 그런데 여기서 근로자의 경력사칭은 아직 근로자가 되기 전의 근로계약의 체결과정에서 발생한 일이므로 이를 가지고 근로관계의 존속 중에 있는 근로자의 징계사유로 삼는 것이 가능할지 종래부터 많은 논란이 되어 왔다.

(2) 판례와 학설의 개요

판례는 근로자의 경력사칭은 그 자체가 근로자의 정직성에 대한 중요한 부정적인 요소가 되고, 기업이 고용하려고 하는 근로자들에 대한 전 인격적인 판단을 그르치게 하는 것이므로, 채용 당시부터 사용자에 대하여 그 채용 여부 등에 중요한 영향을 미칠 경력을 은폐하고 허위의 경력을 기재하는 것은 사용자와 피용자 사이에 요구되는 신의칙상의 의무에 위배되는 것이고, 기업질서 문란의 현실적 결과가 발생하지 않았더라도 징계사유가 된다고 한다.[25)]

---

25) 대법원 1989. 3. 14. 선고 87다카3196판결; 대법원 1995. 3. 10. 선고 94다14650판결 등.

이러한 판례의 태도에 대해 학설은 대체로 부정적인데, 그 이유는 다음과 같다. 첫째, 징계는 근로계약을 전제로 근로자의 기업질서 위반에 대하여 과해지는 제재벌이므로 근로계약 체결 중에 있는 근로자가 행한 경력사칭은 징계사유가 되지 못한다.[26] 둘째, 근로자의 경력사칭이 단지 기업질서 위반에 대한 추상적 위험이 있다고 하여 징계사유로 삼을 수 없고, 기업질서에 구체적인 피해를 준 경우에 한하여 징계사유로 인정되어야 한다.[27] 셋째, 경력사칭의 문제는 원칙적으로 계약 성립의 문제로서 계약의 착오나 사기에 의한 취소사유가 되는 것이지 징계의 대상이 되는 것이 아니다.[28]

(3) 검토와 의견

먼저, 경력사칭의 문제를 원칙적으로 계약 성립의 문제로 보면서 그 과정에서 발생한 일에 대해서는 징계사유로 삼을 수 없다는 견해는 징계를 기업질서 위반에 대한 제재벌로 이해하는 견해로서 징계를 계약책임으로 보는 필자의 입장에서는 지지할 수 없다. 의사표시의 취소의 문제로 해결하여야 한다는 논리도 근로계약이 계속적 채권계약이라는 점에서 부합할 수 없다. 근로계약을 통해 근로자는 사용자에게 신의칙상의 의무를 부담하며 이는 근로계약의 체결을 전제로 하여 진행되는 근로계약체결과정에서도 발생한다고 보아야 한다. 또한 사용자가 근로자의 적격성을 평가하는 것은 단순히 근로자의 근로능력 뿐만 아니라 노사 간의 신뢰 형성과 기업질서 유지를 위한 근로자의 지능과 경험, 교육 정도, 정직성, 직장에 대한 정착성과 적응성 등 전인격적인 영역에 관한 것을 포함한다고 보는 판례의 논리도 수긍이 간다.

---

26) 김형배, 「노동법」, 647쪽.

27) 하경효, "징계해고의 정당사유와 절차에 관련된 문제", 38쪽.

28) 이종복, "학력 내지 경력사칭으로 인한 근로관계종료에 관한 법리구성", 「사법관계와 자율」, 이종복교수논문집간행위원회, 1993. 261쪽; 하경효, "학력은폐 시 징계해고의 타당성", 「노동법률」, 중앙경제사, 1999. 6, 16-17쪽.

다음으로, 근로계약체결 과정에서 근로자가 경력을 사칭하고 그 것이 사용자와의 관계에서 신의칙상의 의무에 위배된다고 하여 기업질서 문란의 현실적 결과가 발생하지 않았음에도 징계사유가 된다고 보는 판례의 태도는 수긍할 수 없다. 근로계약의 체결 과정에서 근로자가 신의칙상 진실의무를 부담한다고 하더라도 그러한 의무는 일반적이고 추상적인 의무에 불과할 뿐 책임을 전제로 하는 구속력이 있는 의무로까지 볼 수는 없다. 가사, 구속력이 있는 의무로 보더라도 그에 따라 침해되는 사용자의 이익도 추상적인 신뢰에 불과하므로 본질적으로 이해관계의 실체를 가지고 있는 근로관계에서 구체적인 사용자의 손해로 발전하지 않은 상태의 일반적 위험을 가지고 징계사유로 삼을 수는 없다고 할 것이다. 따라서 근로자의 경력사칭이 징계사유로 되기 위해서는 그에 따른 위험이 근로관계 중에 구체적으로 발현되어 근로자의 근로능력이나 기업질서에 구체적인 침해를 야기한 경우에 한할 것이다. 나아가, 그러한 위험이 장기간 발현되지 않은 경우에는 근로자의 신의칙 위반의 문제는 치유되어 더 이상 징계사유로 인정되지 않는다고 보아야 한다.[29]

2. 징계의 정당성

판례는 종래부터 경력사칭에 따른 징계해고의 정당성 판단기준으로 이른바 가정적인 인과관계에 의한 판단을 하고 있다. 즉, 판례는 경력사칭이 사전에 발각되었다면 사용자는 고용계약을 하지 아니하였거나 적어도 같은 조건으로는 고용계약을 하지 아니하였을 것으로 인정되는 정도의 것이라면 징계해고사유가 된다고 한다.[30]

---

29) 같은 취지의 견해 : 박지순, “징계제도의 법적구조 및 개별 쟁점의 재검토”, 255-256쪽. 그러나 판례는 이 문제에 있어서 하자의 치유를 인정하지 않았다(대법원 1989. 3. 14. 선고 87다카3196판결).

30) 대법원 1985. 4. 9. 선고 83다카2202판결; 대법원 1995. 8. 22. 선고 95누5943판결; 대법원 2000. 6. 23. 선고 98다54960판결 등.

이러한 판례에 대해 학설은 다음과 같은 비판론을 전개하였다.

첫째, 판례는 다른 모든 해고사건에서는 '사회통념상 근로계약을 계속시킬 수 없을 정도로 근로자에게 책임 있는 사유'를 정당한 이유의 기준으로 적용하고 있는데, 경력사칭에 따른 해고에 있어서만 달리 판단하고 있어 일관성이 없다. 또한 판례는 구체적인 해고의 정당성 판단기준으로 사업의 목적과 성격, 사업장의 여건, 당해 근로자의 지위 및 담당 직무의 내용, 비위행위의 동기와 경위, 기업의 위계질서가 문란하게 될 위험성 등 기업질서에 미칠 영향, 과거의 근무태도 등 여러 가지 사정을 종합적으로 검토하고 있는데, 이 문제에 있어서는 오로지 근로계약 시 사용자의 주관적인 사정만을 고려하고 있어 부당하다.[31)]

둘째, 판례가 기업질서 문란의 현실적 결과가 발생한 것이 없어도 상당기간이 지난 뒤에 전인격 판단의 문제를 시비하는 것은 부당하다. 수년간 근무하였다면 인격적 판단에 근거한 근로관계는 이미 형성되었다고 보는 것이 타당하고, 수년 전의 입사 시 허위 경력사실을 기재했다는 것을 들추어 전인격 판단이 처음부터 잘못되었으니 해고하여야 한다는 것은 부당하다.[32)]

한편, 최근의 판결은 이와 같은 학계의 비판을 반영하여 가정적인 인과관계에 의한 판단 외에도 고용 이후 해고시점까지의 제반사정을 종합적으로 고려하는 태도를 취하고 있다. 즉, 판례는 경력사칭에 의한 해고에 있어서 '사회통념상 고용관계를 계속할 수 없을 정도인지는 사용자가 사전에 그 허위 기재사실을 알았더라면 근로계약을 체결하지 아니하였거나 적어도 동일 조건으로는 계약을 체결하지 않았을 것이라는 등 고용 당시의 사정뿐만 아니라, 고용 이후 해고에 이르기까지 그 근로자가 종사한 근로의 내용과 기간, 허위기재를 한 학력 등이 종사한 근로의 정상적인 제공에 지장을 초래하였는지 여부, 사용자가 학력 등의 허위

---

31) 조건주, "학력 또는 경력을 사칭한 경우 징계해고의 정당성", 「민사판례연구」(제25권), 박영사, 2003. 2, 378-379쪽.

32) 박홍규, 「고용법 · 근로조건법」, 307쪽.

기재 사실을 알게 된 경위, 알고 난 이후 당해 근로자의 태도 및 사용자의 조치 내용, 학력 등이 종전에 알고 있던 것과 다르다는 사정이 드러남으로써 노사간 및 근로자 상호간 신뢰관계의 유지와 안정적인 기업경영과 질서유지에 미치는 영향 기타 여러 사정을 종합적으로 고려하여 판단'하고 있다.[33)]

근로자의 경력사칭을 이유로 하는 해고에 대해 경력사칭 당시의 사용자의 주관적인 내심과 경력사칭 사실 사이의 가정적 인과관계에 의하여 정당성을 판단하였던 종래의 판례는 근로권을 보호하고자 하는 근로기준법 제23조 제1항의 취지를 제대로 반영하고 있지 못하였다. 따라서 최근의 판결이 이 문제에 있어서도 일반적인 해고의 정당성 판단기준으로 돌아 간 것은 정상으로 회복된 것으로 평가할 수 있다. 여하간, 근로계약 당시의 경력사칭 행위와 그에 대한 사용자의 주관적인 사정은 이에 따른 해고의 정당성을 판단하는 하나의 고려요소에 불과한 것이고, 궁극적으로는 징계시점에서 과거의 경력사칭이 그 후의 근로관계에서 구체적인 근로계약위반의 결과로 나타나야 하고 기타 여러 제반사정들에 대한 판단을 통해서 징계해고의 정당성이 인정되어야 한다.

Ⅱ. 무단결근 등

1. 징계사유 해당성

기업실무에서 근로자가 무단결근을 하거나 잦은 지각이나 조퇴 혹은 직장 이탈 등을 하였다는 이유로 징계처분을 당하는 것은 흔히 있는 일이다. 대부분의 사업장에서 사용자들도 이러한 사유를 징계사유로 설정하고 있기도 하다. 이러한 사유들은 그 자체 근로자가 양적인 측면에서

---

33) 대법원 2012. 7. 5. 선고 2009두16763판결; 서울행정법원 2008. 4. 3. 선고 2007구합31560판결도 같은 취지(항소 및 상고기각으로 확정).

채무불이행을 한 것이므로 별도의 징계에 의하지 않고 그에 상응하는 만큼의 급여를 공제하는 등의 계약법적 수단으로 대응할 수 있다.

여기에 더 나아가 이러한 사유들을 이유로 근로자를 징계하는 것이 가능할까? 이에 대해 무단결근 등이 고의적인 근무해태의 결과가 아닌 이상, 이는 노무제공의무를 게을리 하는 것으로서 채무불이행에 해당하고 직장질서 위반으로 볼 수 없으므로 징계처분의 대상이 될 수 없다는 견해가 있다.[34] 그러나 집단적인 근로제공을 특징으로 하는 근로관계에서 근로자 개인의 양적인 근로제공 불이행이 그 자신의 문제로만 끝날 수 없다는 점에서 징계는 충분히 가능하다 할 것이다. 즉, 근로자 개인이 무단결근 등의 비위행위를 하는 경우 그것은 사용자에게 예측할 수 없는 업무상황을 초래하게 되어 사용자의 업무에 지장을 초래하게 되고, 동료작업자인 다른 근로자들의 업무나 근무태도에도 악영향을 초래하는 등 기업질서 전반에 피해를 가져온다. 판례는 무단결근, 불성실 근무 등을 징계해고사유로 규정한 취업규칙 등은 특별한 사정이 없는 한, 법에 위반되어 무효라고 할 수 없으므로 무단결근 등을 징계해고의 사유로 삼아 근로자를 해고하는 것은 정당한 이유가 있다고 한다.[35]

2. 징계의 정당성

어느 정도의 양적인 노무제공불이행이 있을 경우에 징계사유로 인정될 것인지는 취업규칙 등에 상세히 규정된 경우가 많다. 판례 중에는 정당한 이유 없이 1개월 동안 연속 3일 무단결근한 것을 해고사유로 규정한 단체협약이 법에 저촉되는 것이 아니라고 하거나[36] 5일 이상 무단결근을 징계해고사유로 규정한 것은 정당하다[37]고 한 사례가 있다. 그

34) 하경효, “징계해고의 정당사유와 절차에 관련된 문제”, 37쪽.

35) 대법원 1989. 9. 26. 선고 89다카5475판결; 대법원 1990. 4. 27. 선고 89다카5451판결; 대법원 1992. 4. 24. 선고 91다17931판결.

36) 대법원 1991. 3. 27. 선고 90다15631판결.

37) 대법원 2002. 12. 27. 선고 2002두9063판결.

러나 일반적인 징계사유라면 모를까 징계해고사유로 삼기 위해서는 단지 '1개월에 며칠' 정도의 단기의 의무불이행으로는 곤란하다. 구체적으로 기간이나 횟수를 특정하기는 곤란하지만 어느 정도 상당한 기간의 근로의무의 불이행이 있어야 하고, 징계에 이르기 전에 사용자의 출근 독촉이나 사전 주의 등의 경고조치가 있어야 할 것이다.[38] 근로자의 양적인 근로의무불이행이 있을 경우에는 사용자의 업무에 지장을 초래하게 된다는 점은 당연히 예상할 수 있는 것이므로 그러한 결과가 현실적으로 발생할 것까지 필요하지는 않다.

근로자의 무단결근 등의 근로제공불이행에 대한 징계처분이 정당성을 얻기 위해서는 단지 그러한 비위행위가 발생하였다는 객관적인 사실의 존재로 충족되지 않고, 그러한 결과에 근로자의 귀책사유가 존재해야 한다. 따라서 무단결근 등이 사용자의 작업배치나 일시적인 업무변경 등을 불가능하게 하고, 장래에도 안정적인 근로의 제공을 기대할 수 없어 사회통념상 근로계약을 계속할 수 없을 정도로 근로자에게 책임이 있는지 여부에 따라서 해고의 정당성을 구체적이고 개별적으로 판단하여야 할 것이다. 판례는 단체협약서에 해고사유의 하나로 '계속 7일 또는 월 3회 이상 무단결근 하였을 때'로 규정하였다고 하더라도 그 취지가 정당한 사유의 유무를 불문하고 계속 7일 이상 결근하기만 하면 무조건 해고할 수 있다는 취지라고는 해석할 수 없다고 한다.[39] 또한 무단결근이 사용자가 근로의 수령을 부당하게 거절한 데서 비롯된 경우에는 무단결근을 이유로 한 해고는 정당성이 없다.[40] 상사・동료의 폭행, 협박으로 직장 생활을 감당할 수 없어 휴직신청을 하였으나 회사가 이를 승인하지 아니하자 계속 승인을 요구하면서 출근을 거부하고 결근한 것은 무단결근에는 해당하지만 이를 이유로 해고를 한 것은 징계권의 남용으로 본 판결도 있다.[41]

---

38) 이병태, 「최신노동법」, 966쪽.

39) 대법원 1989. 3. 14. 선고 87누980판결.

40) 대법원 2000. 9. 5. 선고 99두10650판결.

Ⅲ. 근무성적불량

1. 징계사유 해당성

(1) 사용자들은 기업 내부적으로 인적자원을 효율적으로 활용하기 위해서 근로자들 간의 경쟁을 조장하고, 그 한 방편으로 근로자들에 대한 인사고과 혹은 근무평정을 실시하여 근무성적이 불량한 근로자들에 대해 징계처분을 시행하고 있다. 사용자들이 근무성적을 토대로 근로자들에 대해 징계를 하는 것은 근로자들이 다른 비위행위를 범하지 않은 것을 전제로 하면 근로자가 제공한 근로가 근로계약상 예정된 객관적 기준에 미치지 못하다는 것을 의미한다. 이는 근로자가 제공한 근로가 질적인 측면에서 채무불이행이 있다는 것을 전제로 그에 대한 책임을 묻고 있는 것이다. 그런데 이와 같이 근로자가 제공한 근로의 질이 객관적으로 채무불이행에 해당하고 근로자의 귀책사유도 있다고 전제하여 징계사유로 삼는 것이 타당한 것일까?

(2) 근로계약에 있어서 채무불이행에 해당되지 않는 즉, 채무의 내용에 좇은 이행(근로의 제공)은 어떤 것인가? 구체적으로 특정 근로자가 어느 정도의 성과를 도출해 내야 해당 근로자의 근로가 근로계약의 취지에 맞는 근로의 제공으로 평가를 받을 수 있을 것인가?

근로자가 제공한 근로가 하자있는 근로인가를 판단할 수 있기 위해서는 근로의무의 이행기준이 명확히 설정되어 있어야 한다. 채무의 내용에 좇은 이행의 기준이 설정되어 있지 않고서는 채무의 이행이 적정한 것인지 여부에 대해 평가를 할 수 없기 때문이다. 채무내용에 좇은 이행기준의 설정과 관련해서는 민법상 종류채무가 중요한 의미를 갖는다. 종류채무에 있어서는 채무자가 어떠한 품질의 물

41) 대법원 1997. 7. 22. 선고 95다53096판결.

건을 급부하여야 하는지 특정되어 있지 않기 때문이다. 종류채무의 품질에 대해 민법 제375조 제1항은 먼저 법률행위의 성질이나 당사자의 의사에 의하여 정하도록 하고, 그래도 정할 수 없는 때에는 중등품질로 이행하도록 규정하고 있다. '법률행위의 성질'과 '당사자의 의사'의 적용순서에 관한 논란이 있으나 양자는 서로 적용순위의 문제가 아니라 구별되는 별도의 기준이므로 함께 고려되어야 한다. 여기서 '법률행위의 성질'에는 거래관계의 객관성이 고려되어야 하고, '당사자 의사'의 내용은 해석에 의해 정해진다(민법 제106조). '어떤 품질이 중등인가'의 여부는 거래관념에 의해 결정된다. 이러한 논의는 물건의 급부 이외의 다른 불특정물 급부에도 준용될 수 있다.

(3) 계약 당시 근로의 질이 확정되지 않는 일반적인 근로계약의 경우에도 이와 같은 종류채무(불특정물채무)의 이행기준에 관한 논의를 적용할 수 있다. 먼저, 근로의무의 경우 근로계약의 성질에 의해서 근로의 질을 도출해 낼 수는 없다. 근로계약에 따른 근로자의 의무는 통상 어떤 결과를 요구하는 것(결과채무)이 아니고 근로계약의 취지에 맞게 근로를 제공하는 채무(하는 채무)이기 때문이다.[42] 본래 근로 그 자체는 자유의지대로 행동하는 사람이 하는 일이고, 종류채무의 경우 채무자는 종국적으로 인도할 목적물을 임의로 선정할 수 있는 자유를 갖고 있다는 것을 전제한다면, 근로계약에 있어서 근로의 질을 특정하기는 더더욱 곤란하다.

'당사자의 의사'를 해석하는 방법에 의할 때, 당사자 간에 근로의 질을 명시적으로 약정한 경우에는 그에 따르면 되므로 별도의 문제가 없다. 그러나 근로계약체결의 실태를 보면 대부분의 경우 근로의 질을 약정하지 않는다. 이 경우 당사자의 묵시적인 의사를 추정하여

42) 같은 취지로는 조임영, "직무수행능력 부족 및 근무태도 불량을 이유로 한 대기발령과 직권면직의 정당성", 「노동법률」, 중앙경제사, 2000. 10, 50쪽 참조.

근로자가 제공해야 할 근로의무의 질을 결정할 수 있을까? 이는 기업이 근로자를 채용하는 형태에 따라 달리 판단할 여지가 있다.

먼저, 근로계약을 체결하면서 근로의무의 내용을 확정하지 않고 근로자를 채용하는 경우이다. 이 때 사용자는 해당 근로자가 일정 정도의 능력을 가지고 있다는 것을 전제하여 근로자를 채용하고, 근로자는 추후 사용자의 지시에 따라 근로를 성실히 제공하려는 의사를 가지고 근로계약을 체결한다. 그런데 대부분의 경우 사용자가 판단하고 있는 근로자의 능력과 근로자가 제공한 근로의 결과는 일치하지 않는다. 그와 같은 원인은 근로자의 능력에 대한 사용자의 부정확한 판단과 근로의무의 질과 관련된 양자 간의 의사에 괴리(주관적 인식의 괴리)가 존재하기 때문이다. 결국, 근로계약의 내용이 확정되지 않은 경우 근로의무 이행기준에 관한 당사자의 의사를 추정하는 것은 불가능하다.

다음으로, 근로계약 체결 시, 근로의 내용을 지정하는 경우(근로자에게 일정한 자격이나 기능이 있는 것을 전제로 채용하는 경우 등)이다. 이 경우 양 당사자의 의사는 근로자가 해당 업무를 수행하기에 적합할 정도의 근로능력을 보유하고 있을 것에 대한 의사의 합치가 있는 것으로 볼 수 있고, 나아가 제공할 근로의무의 질도 어느 정도 구체화가 가능하다고 볼 여지가 있다. 그러나 근로자가 그러한 능력이 있다고 해도 해당 업무를 수행하면서 어느 정도의 근로를 제공할 것인지에 대한 당사자의 의사를 추정하는 것은 위의 주관적 인식의 괴리 문제가 있기에 추정이 어렵다. 특수한 기능이나 자격의 보유자체가 그 업무의 질과 밀접한 관련성이 있는 경우 근로자의 능력과 근로의 질을 동일하게 볼 여지도 있겠지만, 모든 경우를 일률적으로 판단할 수는 없다.

위와 같이 두 가지 기준으로도 급부의 품질을 정할 수 없는 경우에 민법은 중등품질로 이행하도록 하고 있다. 중등의 품질을 요구하고 있는 것은 거래관념을 통해 물건의 품질에 대한 질적인 차이가 존재한다는 것을 전제로 한다. 근로자가 제공하는 근로에 대해서도 질적인 차이가 존재한다면 이와 같은 논리가 근로계약에도 적용이 가능할 수는 있겠다.

(4) 근로자가 근로계약상의 의무에 따라 제공하는 근로에 대해서도 질적인 차이가 존재하고 이에 기초하여 중등수준의 근로의 제공을 요구할 수 있을까? 이에 대해서 노동법학계에서는 그다지 깊이 있는 논의를 하고 있지는 않고 단순히 민법의 논리를 추종하여 근로의 의무가 종류채무인 것을 전제로 중등의 품질을 요구하거나[43] 선량한 관리자의 주의의무 기준을 제시[44]하는 경우도 있다.

그러나 사람에 의해서 품질이 정해진 상태의 완성품인 물건과 근로계약에 따른 근로의 제공을 동일하게 해석할 수는 없다. 특정 근로자만을 기준으로 한다면 추상적으로는 어떤 가상의 경계로서의 중등의 질을 설정할 수 있을지 모르겠다. 그러나 사용자가 특정 근로자의 근로제공의 결과를 기초로 그 근로자의 능력과 근로의 질을 아무리 잘 판단하려고 해도 이를 객관화·구체화시키기에는 근본적인 어려움에 봉착한다. 잠재된 상태일 수도 있는 근로자의 능력을 정확히 판단하기도 어려운 일이며, 근로제공의 결과와 해당 근로자의 근로능력과의 연관성을 쉽사리 단정 짓는 것도 무리가 있다. 근로계약에 따라 제공하는 급부인 근로는 자유의지를 가진 사람이 사용자 및 다른 여러 사람들과의 관계 속에서 영향을 주고받으며 하는 일이기 때문에 근로제공의 결과를 바로 해당 근로자의 근로의

43) 김형배, 「노동법」, 301쪽 참조.

44) 박홍규, 「고용법·근로조건법」, 254쪽 참조. 동교수가 선량한 관리자의 주의의무 기준을 제시하고 있다고 해서 근로의 의무를 특정물채무로 이해하고 있는 것으로 보이지는 않는다. 근로계약 시나 추후 사용자의 지시권의 행사에 의해서 근로자가 수행할 업무가 정해진 경우에 근로자는 업무에서 일반적·객관적으로 요구되는 주의력을 가지고 업무를 수행할 것을 요구하는 것으로 보아 종류채무에 있어서 중등 품질기준과 별반 다르지 않는 것 같다.

질로 평가하기도 어렵다. 근로계약상 근로자의 의무는 근로를 사용자가 처분할 수 있는 상태에 두는 것으로 족하다.[45] 근로자의 근로를 어떻게 이용하느냐는 사용자의 자유(나아가 사용자의 능력)이고, 이로부터 사용자는 사용위험부담을 지게 된다.[46] 구체화된 근로제공의 결과에 사용자의 능력이 결합된 경우라면 더더욱 근로자의 능력과 근로의 질을 특정하는 것이 불가능하다.

(5) 결론적으로, 근로계약상 근로자의 의무는 근로계약의 취지에 맞게 근로를 제공'하는 채무'로서의 성질을 가지고 있다는 점 및 근로의무의 질에 관한 노사당사자의 주관적 인식이 불일치한 점을 이유로 근로의무의 이행기준을 확정할 수가 없다. 또한 근로제공의 결과와 해당 근로자의 능력 · 근로의 질과의 관련성도 밀접하다고 볼 수 없기 때문에 근로의 제공에 질적인 차이가 있음을 전제로 이를 객관화 · 구체화시켜 중등수준의 근로의 제공을 요구할 수도 없다. 따라서 근로계약에 있어서는 채무의 내용에 좇은 이행의 기준을 확정할 수 없으므로 근로자의 근로제공에 대한 평가를 하는 것이 사실상 불가능하다.[47] 다만, 예외적으로 근로계약 시에 근로의 내용과 근로의 질을 구체적으로 특정한 경우에는 그 시점에 근로의무의 이행기준이 확정되므로 이를 기초로 근로제공에 대한 평가가 가능하다. 결국, 객관적인 이행기준을 확정할 수 없는 대부분의 근로관계에서 근무성적이 불량하다고 하여 징계사유로 삼는 것은 허용될 수 없다.

45) 임종률, 「노동법」, 337쪽 참조.

46) 「주석민법」, 채권각칙(4), 1999. 10(제3판), 하경효 집필부분 106쪽 참조.

47) 이런 이유로 근로계약상 채무의 내용에 좇은 이행(근로의 제공)에 대해 '성실하게 근로할 의무'로 설명하고 있는 임종률 교수의 견해는 타당하다(임종률, 「노동법」, 336쪽).

2. 징계의 정당성

(1) 해고가 가능한 근무성적불량의 정도

해고는 민법상 계약의 해지로서 이것이 가능하기 위해서는 근로자의 노무제공의 결과가 객관적으로 채무불이행으로 평가될 수 있어야 한다. 이는 근로의무에 있어서 채무내용에 좇은 이행의 기준을 확정할 수 있고, 구체적이고 객관적인 평가가 가능하다는 것을 전제로 한다. 그러나 앞서 보았듯이 (근로계약 시 근로의 내용과 질이 특정된 경우를 제외하고) 단지 근로를 제공'하는 채무'로서의 근로계약의 성질에 있어서나 근로의무의 질에 관한 당사자의 인식이 불일치한 점에 있어서나 혹은 근로제공의 결과와 해당 근로자의 능력・근로의 질과의 관련성이 밀접하지 않다는 점을 고려한다면 그와 같은 평가는 본질적으로 사실상 가능하지 않다고 보아야 한다. 따라서 실무에서 근로제공에 대한 평가를 통해 저조한 근무성적을 보인 근로자에 대해서 하자있는 근로제공을 한 것으로 섣불리 단정하는 모습은 신중하지 못한 판단이다.

이와 같은 사정에도 불구하고 사용자에 의해 근로제공에 대한 평가가 이루어진 경우에도 다시 그 객관성이 인정되기 위해서는 여러 근무평가의 문제점이 해소되어야 한다. 즉, 평상시에 근로자에 대한 사용자의 업무배치가 구조적으로 공정해야 한다. 업무배치가 불가피하게 공정하지 못할 경우에는 업무에 따른 성취도의 차이를 평가에 반영해야 한다. 평가대상인 업무의 성격이 평가에 적합하여야 한다. 평가를 위해 근로자에 대해서 목표가 부여된 경우에 그 자체가 합리적이어야 한다. 평가자의 능력은 평가의 공정성을 담보할 수 있는 정도이어야 하며, 평가자의 자의가 개입될 수 있는 요소는 합리적으로 배제되어야 한다. 근로계약은 개별 근로자와 체결되는 것이므로 평가에 있어서도 근로자 개인에 대한 절대평가를 위주로 해야 한다. 근로자집단에 대한 상대평가를 하는 경우에는 그 평가의 요소나 기준이 사용자의 주관적 인식에 기초한 것임을 고려해야 한다. 마지막으로, 이러한 모든 내용이 반영될 수 있도록 기업의 평가제도는 합리적으로 설정되어 있어야 한다.

설령 근로제공에 대한 평가에 있어서 이러한 단계를 모두 거쳐 객관적이고 공정한 결과가 도출될 수 있다고 하더라도 그 결과가 단지 저조하다는 것은 채무불이행의 객관적 요건에 해당될 수 있을지언정 해당 근로자에 대한 책임귀속에 있어서 노동법상 정당성이 인정된다고 볼 수는 없다. 근로계약이 계속적 채권관계라는 성질과 노동법 영역에서 해고(해지)는 원칙적으로 금지(예외적 허용)되도록 설정되어 있는 구조를 전제로 한다면 평가에 따라 나타난 결과를 적용하는 기준도 엄격해야 한다. 따라서 저조하다고 평가되는 정도는 사회통념상 해당 근로자와의 근로관계의 유지를 사용자에게 더 이상 기대할 수 없을 정도로 극단적이고 현저한 정도이어야 하고, 그런 결과가 평가된 기간은 일시적인 것이 아닌 장기적인 평가이어야 한다.

(2) 근로자의 귀책사유

근로제공에 대한 평가의 결과가 객관적으로 보아 해고가 가능할 정도로 저조할 지라도 이에 대해 채무불이행으로 평가되기 위해서는 근로자의 귀책사유가 있어야 한다. 근로자의 귀책사유는 고의·과실 혹은 신의칙상 이와 동등시 될 수 있는 정도의 사유이어야 한다. 구체적으로는 근로자가 고의로 근무를 태만히 하여 업무능률을 저하시킨 경우, 과실에 기해 생산량 또는 생산품의 품질의 불량을 초래하였음에도 이를 개선하려는 노력을 전혀 보이지 않는 경우, 사용자의 업무명령에 위반하는 근로제공으로 근로의 질을 저하시킨 경우, 근로계약체결과정에서 자신의 근무능력·적성·질병이나 건강상태 등을 과장 혹은 기망한 경우, 사용자가 근로능력을 개선하기 위한 교육과 훈련의 기회를 부여하였음에도 이를 따르지 않는 경우, 근로자가 고의 또는 그에 준하는 부주의로 스스로 정신적·신체적인 문제를 야기하여 근로능력을 저하시킨 경우 등을 들 수 있다.

(3) 근로자의 근로제공의 결과에 대해 장기간에 걸쳐 객관적으로 평가를 한 결과 해당 근로자의 근무능력과 근로의 성과가 현저히 저조하고 이러한 결과에 대해 해당 근로자에게 책임이 있는 경우에는 일응 채무불이행에 해당하고, 그에 대해서는 해고가 가능하다고 볼 여지가 있다. 다만, 최종적으로 노동법상 정당성을 충족하기 위해서는 다음의 모든 요소들이 고려되어야 한다.

첫째, 앞서 검토한 대로 근로의 능력·질에 관한 평가가 본질적으로 불가능하다는 점을 고려해야 한다.

둘째, 평가 그 자체가 공정성·객관성이 담보되는 합리적인 시스템에 의해서 이루어졌는지 여부에 대한 고려가 있어야 한다.

셋째, 저조한 평가의 결과에 대해 근로자의 귀책사유가 인정된다고 하더라도 그 결과에 대해 사용자의 책임도 함께 인정되는 경우에는 과실상계의 법리, 책임비례의 원칙에 따라 근로자의 책임이 감면되어야 한다. 예컨대, 사용자가 업무배치에 있어서 해당 근로자를 성취도가 적은 업무에 배치하는 경우, 업무배치에 있어서 근로자의 적성이나 소질을 고려하지 않은 경우, 사용자나 동료 근로자가 해당 근로자의 불성실한 근무태도에 영향을 끼친 경우 등을 들 수 있다.

넷째, 근로자의 근무태도를 문제 삼는 경우 사용자의 자의를 배제할 수 있을 정도로 객관적이고 명백한 사유가 있어야 한다.

이러한 모든 요소들이 충족이 되어 사회통념상 해당 근로자와의 근로관계의 유지를 사용자에게 더 이상 기대할 수 없는 경우에는 해고가 가능(정당)하고, 그 기준이 충족되지 못한 경우에는 사안에 따라 다양한 양정의 징계가 가능할 것이다.

Ⅳ. 인사 · 업무상 지시 불응

1. 징계사유 해당성

사용자는 근로자에게 전근 · 전보 · 전적 등 인사에 관한 사항이나 연장근로, 출장, 소지품 검사, 시말서 제출 등 다양한 형태의 업무상 명령(지시권의 행사)을 발하고, 이를 근로자가 따르지 않을 경우에 징계권을 행사한다. 근로자가 사용자의 업무명령을 거부하는 것은 근로계약에 따른 본질적이고 기본적인 의무인 근로제공의무를 이행하지 않는 것으로서 채무불이행에 해당하고, 이에 대해서는 계약책임으로서의 징계권이 발동될 수 있다.

이 때 근로자가 사용자의 업무상 명령에 위반한 것이 정당한 징계사유에 해당되는지는 그 명령이 정당한 것인지에 따라 달라진다. 사용자의 명령이 강행법규나 공서양속에 위반되는 것도 아니고, 단체협약이나 취업규칙, 근로계약 등에 근거가 있는 정당한 명령이라면 그에 위반한 행위는 징계사유로 될 수 있고, 그렇지 않고 사용자의 업무상 명령이 부당한 것이라면 징계사유로 삼을 수 없다. 예컨대, 판례는 정당한 인사명령을 따르지 않고 부임 등을 거부하는 것은 잘못이고, 회사가 이를 무단결근으로 보고 그 근로자를 해고할 수 있지만, 부당한 인사명령을 거부하고 새로운 근무지 출근을 거부하는 것은 징계나 해고사유가 될 수 없다고 한다.[48] 사용자가 노사합의로 정한 소정 근로시간 또는 법이 정한 기준 근로시간을 넘어 근로자에게 근로를 명한 경우나 휴일근로를 명한 경우, 이것이 적법 · 정당한 근무명령이 아니라면 근로자가 이를 거부하였다고 하여 징계해고사유로 삼을 수 없다.

사용자의 명령을 거부한 근로자의 행위가 징계사유로 되는지 논란이 되는 것 중에 사용자의 시말서 제출명령을 근로자가 거부하는 것이 징계사유로 되는지 문제되는 경우가 있다. 판례는 취업규칙 등에 징계처

---

48) 대법원 1997. 12. 12. 선고 97다36316판결.

분을 당한 근로자에게 시말서를 제출하도록 규정하고 있는 경우 근로자가 시말서를 제출하지 않은 것은 그 자체가 사용자의 업무상 정당한 명령을 거부한 것으로서 새로운 징계사유가 될 수 있다고 한다.[49] 그러나 사용자가 근로자에게 사죄 또는 반성의 뜻이 포함된 시말서의 제출을 강요하는 것은 헌법상 양심의 자유에 따라 누구도 양심표명을 강제당하지 아니하고 인격형성의 자유를 침해받아서는 안 된다는 법 원리에 반하므로, 시말서 제출 거부를 이유로 새로운 징계나 다른 불이익취급의 사유로 삼는 것은 허용될 수 없다고 보아야 한다.[50]

2. 징계의 정당성

업무명령 위반에 대한 징계권 행사의 정당성은 일반적으로 업무명령이 근로계약의 범위 내에 있는 것으로서 유효한 것인지 여부, 근로자가 그 명령에 복종하지 않은 것에 대해 부득이한 사유가 없었는지 여부(귀책사유의 부존재), 그 명령 위반에 대한 징계수단이 상당한 것인지 등을 구체적으로 판단하여야 한다.

사안에 따라서는 사용자의 업무상명령의 정당성이 명백하지 않은 경우가 있을 수 있다. 이 경우, 결과적으로 사용자의 업무명령이 정당하였다는 점이 밝혀지더라도 곧바로 근로자의 업무명령 불응이 징계사유나 징계해고사유에 해당한다고 단정할 수는 없다. 업무명령의 정당성과 함께 그 업무명령의 정당성이 명백하지 않았던 사정, 근로자의 결근일수,

---

49) 대법원 1995. 3. 3. 선고 94누11767판결.

50) 같은 취지의 견해 : 박지순, "징계제도의 법적구조 및 개별 쟁점의 재검토", 244쪽; 헌법재판소 1991. 4. 1. 선고 89헌마160결정에서는 사죄광고의 위헌성을 인정하면서 "자기의 신념에 반하여 자기의 행위가 비행이며 죄가 된다는 윤리적 판단을 형성, 강요하여 외부에 표시하기를 명하거나 의사에 맞지 않는 사과라는 도의적 의사까지 공표하게 하는 것은, 우리 헌법이 보호하고자 하는 정신적 기본권의 하나인 양심의 자유의 제약이라고 보지 않을 수 없으며, 한편으로 인격의 자유로운 발현을 위해 보호받아야 할 인격권이 무시되고 인격형성에 분열을 필연적으로 수반하게 된다는 의미에서 헌법에서 보장된 인격의 존엄과 가치 및 그를 바탕으로 하는 인격권에 큰 위해가 된다."고 판시하였다.

처분 경위 등을 따져 징계해고가 재량권 범위 안인지 여부를 가려야 한다. 또한 사용자의 업무상 명령이 명백히 위법한 것이 아니더라도 근로자로서는 그 명령의 부당성에 대해 항의할 수 있다. 그리고 이 경우 근로자가 사용자의 업무명령의 정당성에 항의하는 수단은 적정해야 하고, 단순 출근거부 또는 인사명령의 부당성 호소 등 사회적으로 상당한 범위 안이어야 한다.[51] 판례는 상당한 이유 없이 기능직 사원을 사무직으로, 다시 사무직에서 기능직으로 수시로 여러 차례 전직처분을 하고, 다른 기능직 사원과 차별하여 연장근로 등을 시키지 않음으로써 급여가 감소된 데 대한 항의 내지 시정 요구의 수단으로 5일간 작업을 거부한 근로자를 해고한 것은 징계권의 남용이거나 형평의 원칙에 위배되어 무효로 보았다.[52]

근로자에게 업무명령 위반의 징계사유가 인정되더라도 그에 따른 징계수단은 적정성을 유지해야 한다. 판례는 근로자의 시말서 제출 거부행위에 대해 징계해고를 선택한 것은 징계재량권의 남용으로 보고 있다.[53] 또한 회사 측으로부터 근로자들의 쟁의행위 참가를 위한 휴가신청을 승인하지 말라는 업무지시를 받았음에도 직원 20명 중 절반이 연차휴가와 조퇴를 신청한 것에 대해 이를 승인하여 정당한 지시에 불복했다는 이유로 징계해고 한 것은 사회통념상 고용관계를 지속시킬 수 없을 정도로 근로자에게 책임 있는 사유가 있다고 보기 어렵고, 다른 징계대상자들과 비교하여 보아도 형평을 유지하였다고 보기 어렵다는 판결이 있다.[54]

---

51) 대법원 1994. 5. 10. 선고 93다47677판결.

52) 대법원 1991. 5. 28. 선고 90다8046판결.

53) 대법원 1991. 12. 24. 선고 90다12991판결; 대법원 1995. 3. 3. 선고 94누11767판결.

54) 대법원 2006. 4. 27. 선고 2004두12766판결.

V. 기업 내 질서위반행위

1. 징계사유 해당성

사용자는 기업 내에서의 질서유지에 관련된 행위를 사전에 징계규범에 설정하고 근로자들이 해당 질서규정을 위반한 경우에 징계권을 행사한다. 기업 내 질서위반행위의 예로는 동료 또는 상사에 대한 폭력행위, 회사 내에서의 횡령·배임·절도 등의 범죄행위, 기업 내에서의 시설 및 안전에 관한 규정 위반행위, 음주나 도박 등 기초질서 위반행위, 유인물의 무단 배포행위 등 다양하다.

징계의 본질을 질서벌로 이해하는 입장에서는 기업질서위반행위에 대한 제재를 징계로 보기 때문에 이러한 기업질서위반행위가 징계사유로 되는 것은 지극히 당연하다. 징계의 본질을 계약책임으로 이해하는 필자의 입장에서도 기업질서위반행위가 징계의 사유로 인정되는 것에 대한 설명에 특별한 어려움은 없다. 즉, 기업질서에 관련된 규정들은 사용자들이 사업목적의 달성을 위해서 사전에 징계규범으로 설정하여 놓고 근로자들에게 근로계약상의 의무로서 부과하는 것으로 그에 대한 위반행위는 곧바로 근로자들의 근로계약상의 의무위반으로 인정될 수 있는 것이다. 근로자들의 기업질서에 관한 규정위반행위는 개별적으로나 즉시로 혹은 직접적으로는 사용자의 업무에 지장을 초래하지 않는 것으로 보일 수 있으나 다수의 근로자들이 질서규정을 위반하거나 상당기간이 경과한 후, 혹은 잠재적으로는 사업의 운영을 저해할 수 있는 것이다. 예컨대, 동료 또는 상사에 대한 폭력행위는 그 자체 범죄행위에 해당될 수 있지만 그와는 별도로 동료 근로자들이나 상하 근로자들 간에 신뢰관계에 손상을 가져오고, 이는 궁극적으로 집단적인 근로제공에 있어서 협업에 따른 업무의 효율성 및 체계적인 업무수행을 저해한다.

2. 징계의 정당성

기업 내 질서위반행위가 징계사유에 해당한다고 하더라도 그 정당성을 판단함에 있어서는 그 유형의 다양함만큼이나 신중을 기해야 한다. 왜냐면, 해당 질서규정의 유형에 따른 제한의 취지나 사업장의 업무의 성질, 근무여건 등이 각기 다르기 때문이다. 예컨대, 대부분의 사업장에서는 사내에서의 흡연행위가 특별히 문제될 게 없지만 화약류를 취급하는 공장의 근로자가 폭발의 위험성이 가장 높은 위험시설로부터 1미터 떨어진 금연구역에서 흡연한 근로자에 대한 해고는 정당성을 인정받을 수 있다.[55]

한편, 기업 내 질서위반행위의 정당성 판단에 있어서 고려하여야 할 요소가 많다는 것은 근로자의 비위행위와 징계수단 사이의 적정성이 특별히 더 요구된다 할 것이다. 판례는 회사 직원들과 술집에서 단합대회를 하다가 술기운에 상사의 멱살을 잡아당기다가 옷이 찢어지게 하는 등의 폭행을 가한 근로자에 대하여 회사가 종업원의 징계에 관한 인사규정이나 상벌규정에 의하여 징계면직처분을 하였다 하더라도, 해당 징계처분은 징계사유와 징계처분 사이에 사회통념상 상당하다고 인정되는 균형의 존재가 결여되어 징계권의 범위를 일탈한 처분으로서 정당한 이유 없는 면직처분에 해당한다고 한다.[56]

Ⅵ. 기업 외에서의 비위행위

1. 징계사유 해당성

근로자가 기업 외부에서의 사생활 중의 행위와 관련하여 사용자가 기업의 명예·신용의 실추나 품위유지의무 위배 등을 이유로 징계를

55) 대법원 1991. 8. 27. 선고 91다20418판결.

56) 대법원 1992. 5. 22. 선고 91누5884판결.

하는 경우가 있다. 그런데 근로자는 근무시간 외의 사업장 밖에서의 행위에 대해서는 일반 시민으로서의 사생활의 자유를 누린다는 점에서,[57] 또한 그러한 행위들이 사용자에 대한 근로제공의무와의 관련성이 떨어진다는 점에서 징계사유로 삼는 것이 가능한지 문제로 될 수 있다.

이에 대해서는 징계의 본질을 질서벌로 이해할 경우, 근로자의 기업 외에서의 비위행위가 기업의 질서와 어떠한 관련이 있는지 설명이 궁색해질 수 있다. 그러나 징계의 본질을 계약책임으로 이해할 경우에는 근로자의 기업 외에서의 비위행위에 대해서도 그 행위가 직접 기업의 경영활동에 지장을 초래하는 경우에는 그에 대한 제재가 가능하므로 쉬이 징계사유로 인정할 수 있다. 이와 관련하여 판례는 사용자는 사업 활동을 원활히 수행함에 필요한 범위 내에서 규율과 질서를 유지하기 위해 근로자에 대하여 징계권을 행사할 수 있는 바, 근로자의 사생활의 비행이 사업 활동에 직접 관련이 있거나 기업의 사회적 평가를 훼손할 염려가 있다면 그러한 경우에 한하여 그 근로자를 징계할 수 있다고 한다.[58]

2. 징계의 정당성

근로자의 기업 외에서의 비위행위에 대한 징계권 행사의 정당성을 판단함에 있어서는 그 행위가 근로자의 사생활영역에서의 행위로서 그 유형이 다양하고, 사용자의 사업과의 관련성도 막연하다는 점에서 적용기준을 명확히 할 필요가 있다. 이에 대해 판례는 '사업 활동과의 직접 관련성', '기업의 사회적 평가를 훼손할 염려'라는 두 기준을 적용하고 있는데, 적정한 기준으로 본다.

---

57) 그와 같은 이유로 시민생활영역에서의 근로자의 행위는 그것이 비록 사회적으로 비난받고 위법시 되더라도 사용자는 근로자에게 책임을 추궁할 수 없다는 견해도 있다{권혁재, "판례를 통하여 본 해고사유", 「근로관계소송상의 제 문제」(상), 법원행정처, 1987, 289쪽}.

58) 대법원 1994. 12. 13. 선고 93누23275판결.

구체적인 적용례를 보면, 판례는 근로자의 징계혐의사실이 회사의 취업규칙상 징계사유에 해당한다고 하더라도, 그 비위내용이 근로자가 수행하는 업무와는 아무런 관계가 없는 사생활에 관한 것이어서 회사의 경영질서나 영업활동에 별다른 영향을 미치지는 않는다는 점과 그 비위의 정도, 그로 인한 형사처벌의 결과, 그 밖에 근로자가 수행하는 업무의 성격, 근로자의 입사 후 근무태도 등에 비추어 근로자를 징계해고한 것은 징계권을 남용한 것으로 무효라고 본다.[59] 또한 판례는 근로자의 기업 외에서의 비위행위가 사회적 평가를 훼손할 염려가 있다고 하기 위해서는 반드시 구체적인 업무 저해의 결과나 거래상의 불이익이 발생하여야 하는 것은 아니고 당해 행위의 성질과 정상, 기업의 목적과 경영방침, 사업의 종류와 규모, 그 근로자의 기업 내 지위와 담당 업무 등 여러 사정을 종합적으로 고려하여, 그 비위행위가 기업의 사회적 평가에 미친 악영향이 상당히 중대하다고 객관적으로 평가될 수 있어야 한다는 구체적인 기준을 제시하고 있다.[60] 그에 따라 판례는 도시개발공사에서 부동산에 관련된 사무를 담당하는 직원이 부동산매매업을 영위하였다고 볼 수 있을 정도로 부동산 투기를 계속한 행위에 대해서 징계해고의 정당성을 인정하였다.[61]

59) 대법원 1993. 9. 24. 선고 93다21736판결.

60) 대법원 2001. 12. 14. 선고 2000두3689판결.

61) 대법원 1994. 12. 13. 선고 93누23275판결은 "근로자에 대한 징계사유인 부동산 투기행위가 근로자의 사생활에서의 비행에 불과하다고 볼 여지가 없지 아니하다 하더라도, 택지의 개발과 공급, 주택의 건설, 개량, 공급 및 관리 등을 통하여 시민의 주거생활의 안정과 복지향상에 이바지함을 목적으로 지방공기업법 제49조에 의하여 특별시가 전액 출자하여 설립한 도시개발공사의 설립목적, 그 업무의 종류와 태양, 부동산보상 관련 업무를 담당하는 근로자의 업무내용 등의 여러 사정을 종합적으로 고려하면, 도시개발공사 소속 근로자의 부동산투기행위는 객관적으로 그 공사의 사회적 평가에 심히 중대한 악영향을 미치는 것으로 평가될 수 있는 경우라고 할 것이므로, 이는 공사의 인사규정 소정의 '공익을 저해하는 중대한 행위를 하였을 때'에 해당한다."고 하였다.

Ⅶ. 기업에 대한 비방행위와 내부고발

1. 징계사유 해당성

근로자가 기업 내부의 사실을 유인물이나 언론사에 제보 등의 방법을 통해 외부에 알리는 경우 사용자는 기업의 비밀이나 명예·신용 등을 훼손하였다는 이유로 징계권을 행사한다.

그런데 징계의 본질을 질서벌로 이해하는 견해 중에는 위와 같은 사유들로 징계를 행하는 것에 대해 의문을 표시하는 견해도 있다. 그에 따르면 근로자가 회사의 기밀이나 영업상의 비밀을 누설하는 것은 근로계약상의 부수적 의무인 성실의무를 위반하는 것이기 때문에 기업의 공동 질서를 위반하는 행위로서 징계의 대상으로 보기 어렵다고 한다.[62) 그러나 징계의 본질을 계약책임으로 이해할 경우에는 근로자의 그와 같은 행위들은 사용자의 이익을 배려해야 할 근로계약상의 성실의무를 위반하는 것이 될 수 있기 때문에 징계사유로 삼는 것에 문제가 없다.

2. 징계의 정당성

근로자의 회사에 대한 비방행위와 내부고발 등에 대한 사용자의 징계권 행사의 정당성을 판단함에 있어서는 근로자의 행위가 기업의 비밀이나 명예·신용 등을 훼손하였다고 하여 곧바로 징계의 정당성을 인정해서는 안 된다. 그에 대해서는 명예·신용 등의 훼손이 일시적인 것인지(혹은 궁극적인 것인지), 근로자에게 귀책사유가 있는지, 근로자의 행위를 정당화할 요소가 있는지 등에 대해 신중한 고려가 필요하다.

판례는 구체적으로 근로자가 공표한 내용과 그 진위, 공표 경위와 목적, 공표의 방법 등에 비추어 그 정당성을 판단하고 있다.[63) 예컨대, 판례는 근로자가 뚜렷한 자료도 없이 사업체 대표자를 고소, 고발하거나

62) 김형배, 「노동법」, 555쪽.

63) 대법원 1999. 9. 3. 선고 97누2528판결; 대법원 1999. 12. 21. 선고 98두7787판결 등.

그의 인격을 비난하는 내용이 담긴 진정서 등을 다른 기관에 제출하는 행위, 공개 석상에서 진실과 다른 내용이나 과장된 내용을 가지고 회사를 비방하는 행위 등은 징계사유로 인정하지만,[64] 고소나 언론에 제보한 내용이 거짓이 아니거나, 상당한 근거가 있는 경우에는 징계사유에 해당하더라도 징계해고까지 하는 것은 재량권을 일탈한 것으로 본다.[65] 공표의 목적과 관련해서는 공표된 내용이 공법인 업무의 공익성에는 영향을 미치지 않는 경미한 사항으로서 주로 사적인 목적이나 동기에서 이루어진 공표 행위에 대하여는 징계가 가능하다고 보며,[66] 근로자의 외부 공표행위가 상사나 회사의 명예를 훼손하더라도 그것이 공공의 이익에 관한 것이라면 근로자의 행위가 면책이 될 수 있다고 본다.[67]

한편, 공표의 방법과 관련해서는 기대가능성의 법리가 적용되어야 할 것이다. 근로자는 일반적으로 사용자의 이익을 배려해야할 성실의무를 부담하므로 원칙적으로 기업 내부에서 문제를 해결할 수 있으면 그에 따른 절차를 거쳐야 하고, 그러한 절차를 거쳤거나 혹은 그렇지 않다고 하더라도 내부적으로 문제를 해결하는 것이 기대가능하지 않는 경우라면 방법의 적정성을 인정해야 할 것이다. 이와 관련하여 판례는 공무원이 외부에 상사를 비판하는 의견을 발표하는 행위를 한 것에 대해 외부에 의견을 발표하는 행위 그 자체로서 행정청 내부의 갈등으로 비춰져 행정에 대한 국민의 신뢰를 실추시키는 요인으로 작용할 수 있다고 하면서 징계사유로 인정하였다.[68] 공무원의 신분상 일정 정도 행동에 제약이 불가피하다는 점에서 수긍할 수 있는 판결이다.

---

64) 대법원 1996. 3. 12. 선고 95다51403판결.

65) 대법원 1995. 3. 3. 선고 94누11767판결.

66) 대법원 1999. 9. 3. 선고 97누2528, 2535판결.

67) 대법원 2008. 7. 10. 선고 2007도9885판결은 교사가 언론에 '교장이 여성 기간제 교사에게 차 접대를 채용과 계약유지의 조건으로 세우고 이를 거부하자 부당한 대우를 하여 사직하도록 하였다.'는 취지의 글을 게재하였더라도 그와 같은 명예훼손행위가 공공의 이익에 관한 것이라면 위법성이 조각된다고 하였다.

68) 대법원 2007. 7. 13. 선고 2006두12364판결.

사항색인

(ㅊ)

(ㅌ)

(ㅍ)

(ㅎ)

판례색인

〈헌법재판소〉

〈대법원〉

〈고등법원〉

〈지방법원 등〉

김성진

- 전북대학교 법과대학 졸업
- 고려대학교 대학원 졸업(법학박사)
- 사법시험합격(제39회)
- 전국금속산업 노동조합연맹 법률원 변호사
- 서울지방노동위원회 및 전북지방노동위원회 심판담당 공익위원
- 행정안전부 공무원노사관계위원회 위원
- 현 전북대학교 법학전문대학원 교수
- 저서로 『노동법 사례연습』(공저), 『이행강제금제도의 합리적 운영방안에 관한 연구』(공저)가 있고, 논문으로는 「경영권의 단체교섭대상여부」 외 다수가 있다.

징계의 이론과 실무

지은이 김성진
펴낸이 이남호
펴낸곳 전북대학교출판문화원

초판 1쇄 인쇄 2016. 2. 15
초판 1쇄 발행 2016. 2. 19

전북대학교출판문화원 전북 전주시 완산구 어진길 32 (풍남동2가)
기획 송덕호
디자인 이소형, 이진영
회계 · 행정 이진주
전화 (063) 219-5321~2
FAX (063) 219-5323
출판등록 2012년 8월 20일 제465-2012-000021호

값 18,000원

ISBN 978-89-98534-79-0 93360

이 도서의 국립중앙도서관 출판예정도서목록(CIP)은 서지정보유통지원시스템 홈페이지(http://seoji.nl.go.kr)와 국가자료공동목록시스템(http://www.nl.go.kr/kolisnet)에서 이용하실 수 있습니다.(CIP제어번호: CIP2016002386)